CNTAC

U0740790

2024/2025 中国纺织工业发展报告

2024/2025 CHINA TEXTILE INDUSTRY DEVELOPMENT REPORT

中国纺织工业联合会　编著

中国纺织出版社有限公司

图书在版编目（CIP）数据

2024/2025 中国纺织工业发展报告 / 中国纺织工业联合会编著 . -- 北京：中国纺织出版社有限公司，2025.6. -- ISBN 978-7-5229-2810-4

Ⅰ. F426.81

中国国家版本馆 CIP 数据核字第 20254VA044 号

2024/2025 ZHONGGUO FANGZHI GONGYE FAZHAN BAOGAO

责任编辑：沈 靖　　责任校对：高 涵　　责任印制：王艳丽

中国纺织出版社有限公司出版发行
地址：北京市朝阳区百子湾东里 A407 号楼　邮政编码：100124
销售电话：010—67004422　传真：010—87155801
http://www.c-textilep.com
中国纺织出版社天猫旗舰店
官方微博 http://weibo.com/2119887771
北京华联印刷有限公司印刷　各地新华书店经销
2025 年 6 月第 1 版第 1 次印刷
开本：889×1194　1/16　印张：16.75
字数：412 千字　定价：380.00 元
京朝工商　广字第 8172 号

《2024/2025中国纺织工业发展报告》

内 容 提 要

《2024／2025 中国纺织工业发展报告》集中反映我国纺织工业及其子行业年度发展现状与趋势。主要内容包括：行业运行（包括纺织工业及化学纤维、棉纺织、毛纺织、麻纺织、丝绸、长丝织造、印染、针织、服装、家用纺织品、产业用纺织品、纺织机械等各子行业的年度分析与展望），现代化产业体系，扩内需·促转型，行业研究，原料供求及国内外统计资料。该书主要为国内外纺织企业，金融与投资、贸易与咨询、科研与教育等机构，以及各级政府综合管理部门和行业社团组织提供权威性指南，为相关企业、部门机构科学决策和国家宏观经济管理提供可靠依据。

Abstract:

2024/2025 China Textile Industry Development Report, is the only report that reflects the annual development trend of China's textile & apparel industry and individual sectors within the industry chain. The main contents of the 2024/2025 edition include the followings:

● The performance analysis of China's textile & apparel industry in 2024 and the development trend prospection in 2025
● Annual review and prospection of the 12 sectors within China's textile & apparel industry chain, including chemical fiber, cotton textile, wool textile, bast fiber textile, silk, filament weaving, printing and dyeing, knitting, apparel, home textile, industrial textile and textile machinery
● Modernization of the Industrial System
● Expanding Demand · Promoting Transformation
● Industrial Research
● Raw Material Demand and Supply
● Statistics

The target readers of the report are mainly domestic and overseas textile enterprises, agencies of finance, investment, textile trade, scientific research and education, as well as the government, textile industrial associations and organizations. The report provides an authoritative guide for all textile organizations related.

目 录 Contents

行业运行 Industries

现代化产业体系　Modernization of the Industrial System

CNTAC

扩内需·促转型　Expanding Demand · Promoting Transformation

行业研究　Industrial Research

CNTAC

原料供求　Raw Material Demand and Supply

统计资料　Statistics

2024/2025 中国纺织工业发展报告

2024/2025 *CHINA TEXTILE INDUSTRY DEVELOPMENT REPORT*

行业运行

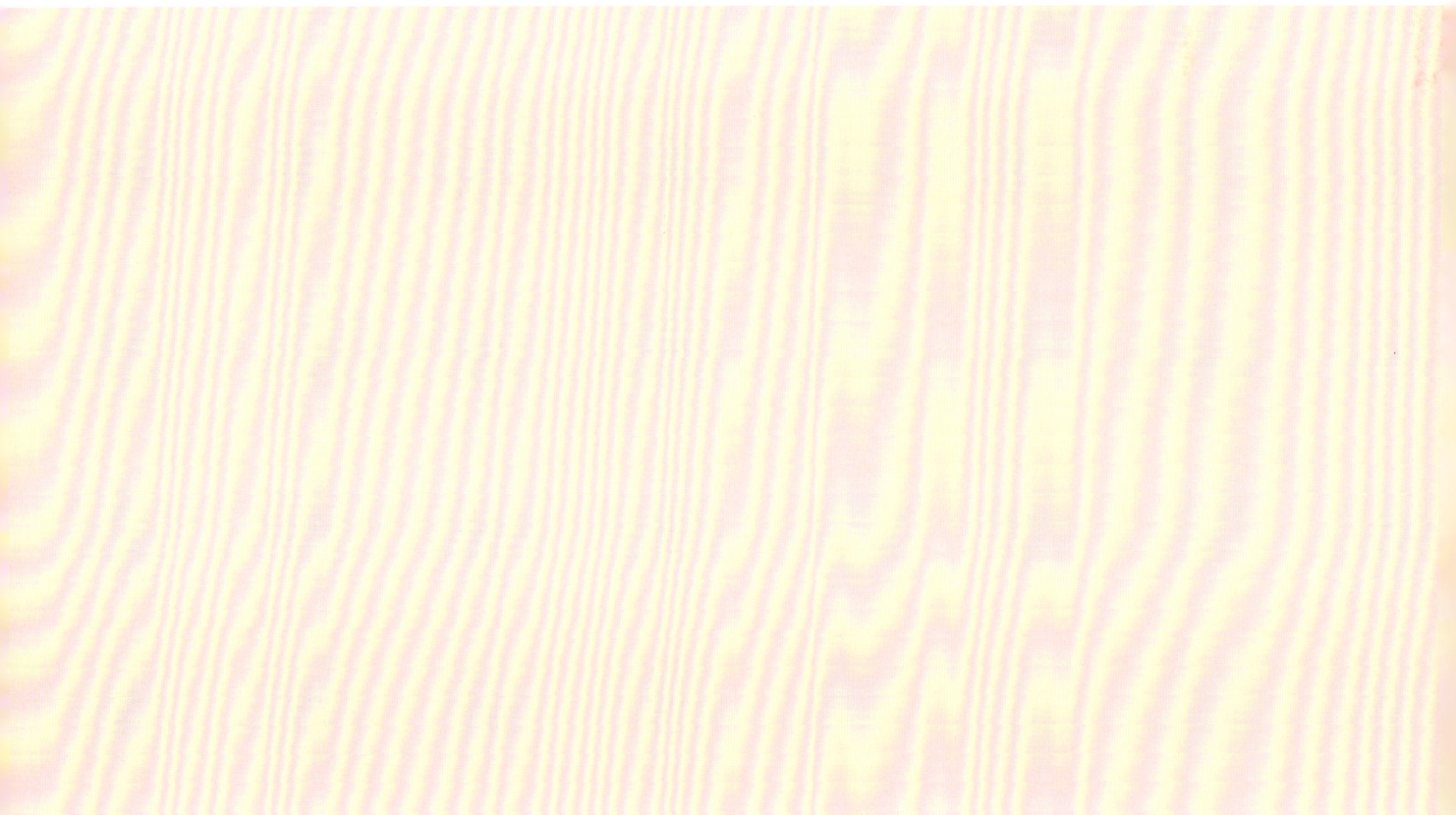

纺织工业

中国纺织工业联合会产业部

2024年，我国纺织行业面临的发展环境更为复杂严峻。世界经济复苏缓慢，地缘冲突升级、贸易保护主义蔓延等风险挑战加大全球增长压力。全球平均通货膨胀水平虽有所下降，但仍处于相对高位，对需求端形成明显制约，经济合作与发展组织（OECD）消费者信心指数全年均低于趋势水平。制造业景气度下挫，J.P. Morgan制造业采购经理人指数（PMI）全年均值在50%荣枯线以下。但与此同时，变革与机遇也不断塑造着全球发展韧性。科技创新和产业革命方兴未艾，绿色转型成为大势所趋，不断催生新经济形态、新创新范式；发展中经济体深度融入国际产业链、供应链合作，日益成为维系世界稳定发展的力量。

受外部环境复杂影响，我国宏观经济在第二、第三季度下行压力增大，国家因势部署一揽子存量增量政策，发挥了激活市场、提振信心的重要作用，全年经济运行态势总体稳中有进。统计数据显示，2024年，我国国内生产总值（GDP）达134.9万亿元，同比增长5%；规模以上企业工业增加值、货物出口总额（美元计价）、固定资产投资完成额（不含农户）同比分别增长5.8%、5.9%和3.2%，但国内有效需求不足、企业经营压力加大等问题仍然存在。

在复杂形势下，纺织行业全面贯彻落实党中央、国务院决策部署，深入推进产业转型升级，积极发挥国家系列存量增量政策效能，不断积累发展韧性，全年经济运行态势总体平稳，生产、投资等主要经济运行指标改善回升（表1）。

表1　2024年纺织工业主要经济运行指标分季度累计同比增长情况

主要指标	一季度	上半年	前三季度	全年
工业增加值同比增长（规模以上企业）（%）	4.9	4.6	4.5	4.4
营业收入同比增长（规模以上）（%）	8.1	6.0	4.0	4.0
利润总额同比增长（规模以上）（%）	35.2	21.1	10.3	7.5
纺织品服装出口总额同比增长（美元值）（%）	-2.2	0.3	-0.4	2.5
服装、鞋帽、针纺织品限额以上零售额同比增长（%）	2.5	1.3	0.2	0.3
穿类商品网上零售额同比增长（%）	12.1	7.0	4.1	1.5

资料来源：国家统计局，中国海关

2025年是"十四五"规划的收官之年，也是开启"十五五"发展的关键之年。纺织行业将坚持稳中求进工作总基调，围绕"全方位扩大国内需求"这一首要任务，进一步深化转型升级，增强内生动力，有效控制、化解外部风险，全力推进现代化产业体系建设，为高质量完成"十四五"国民经济和社会发展规划目标任务筑牢基础。

2024年纺织行业经济运行情况

一、综合景气指数保持扩张

2024年，受到外部环境影响，我国纺织企业生产经营压力较大。但在供需两端稳步修复带动下，企业发展预期及信心有所巩固，全年行业综合景气水平均位于50%荣枯线以上。根据中国纺织工业联合会调查数据，2024年四个季度，纺织行业综合景气指数分别为53.5%、63.3%、52.7%和59.5%，延续了自2023年以来的扩张态势（图1）。

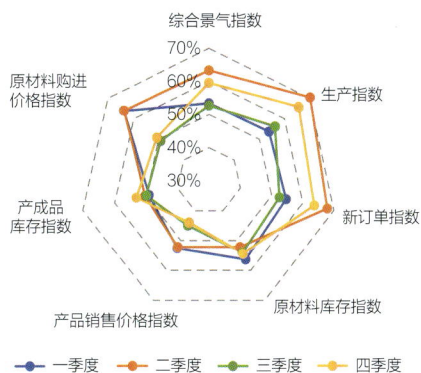

图1　2024年纺织工业景气指数及分项指数情况

资料来源：中国纺织工业联合会

二、生产形势稳中有升

2024年，纺织行业生产形势总体呈现稳中有升态势。根据国家统计局数据，2024年我国纺织业、化纤业产能利用率分别为78.5%和85.4%，较2023年分别提高2.1个百分点和1.1个百分点，均高于同

期全国工业产能利用水平。规模以上纺织企业工业增加值同比增长4.4%，增速较2023年回升5.6个百分点。除麻纺织行业外，纺织产业链各子行业工业增加值均实现正增长，其中化纤、棉纺、毛纺、长丝织造、纺机制造等行业连续两年实现正增长，其他子行业较2023年均有不同程度修复（图2）。

图2　2024年规模以上纺织工业及分行业工业增加值同比增速情况

资料来源：国家统计局

在国家统计局统计的15大类纺织产品中，有10类产品产量同比实现增长（图3）。根据国家统计局数据，2024年规模以上企业化学纤维产量为7910.8万吨，同比增长9.7%，增速较2023年小幅回落0.6个百分点；纱、布产量分别为2277.9万吨和306.3亿米，同比分别增长1.3%和2.2%，增速较2023年分别回升3.5个百分点和7个百分点，其中纱产量增速自2024年11月由负转正后微幅加快。

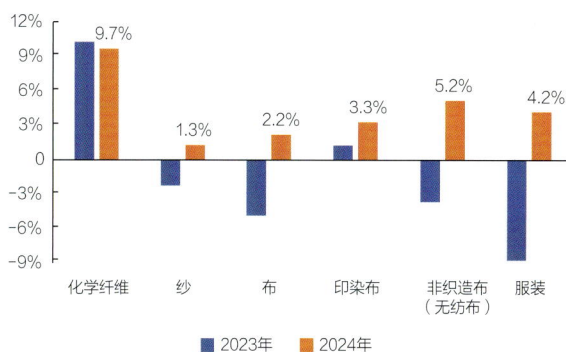

图3　2024年规模以上纺织企业主要大类产品产量增长情况

资料来源：国家统计局

3

同期，印染布、非织造布（无纺布）和服装产量同比分别增长3.3%、5.2%和4.2%，增速较2023年分别加快2个百分点、8.8个百分点和12.9个百分点。

三、内销市场稳中承压

2024年，我国纺织品服装内销零售保持增长，但增速震荡放缓，体现了在宏观经济运行压力加大情况下，消费需求增长动力偏弱。根据国家统计局数据，全年我国居民人均衣着消费支出为1521元，同比增长2.8%，占人均消费支出的比重为5.4%，较2023年下降0.1个百分点。限额以上服装、鞋帽、针纺织品类商品零售总额为14691亿元，同比增长0.3%，增速较2023年回落12.6个百分点。全国网上穿类商品零售额同比增长1.5%，增速较2023年回落9.3个百分点（图4）。

图4 纺织品服装内销指标累计同比增速情况
资料来源：国家统计局

虽然内销市场整体承压，但仍不乏亮点。休闲运动、国潮国风等热点领域消费保持活跃。魔镜洞察联合淘宝、天猫、抖音等电商平台合作发布的《2024年度消费新潜力白皮书》数据显示，2023年、2024年，户外鞋服线上销售额同比分别大幅增长79.3%、87.3%，增速居11个服装服饰细分品类之首；2024年"新中式/国风"女装总销售额达695亿元，同比大幅增长256%。第四季度，国家"消费品以旧换新"政策覆盖扩围，上海市、湖北省、江苏省多地将家用纺织品、家居服等纳入消费补贴

范畴，也为全年纺织行业内销平稳收官营造更为良好的市场环境。

四、出口压力韧性并存

2024年，我国纺织产业链国际竞争力保持稳定，部分海外市场需求相对平稳，对纺织行业出口发挥重要支撑作用。根据中国海关数据，2024年我国纺织品服装出口总额（包括海关HS编码50~63章及94章中的纺织品服装）为3182.3亿美元，同比增长2.5%，增速较2023年回升11.4个百分点，出口规模连续第五年达3000亿美元以上。其中，受到外贸企业为规避输美贸易风险提前"抢出口"因素影响，第四季度出口额增速有所回升。

从出口产品结构看，2024年我国纺织品出口额为1510.2亿美元，同比增长5.5%，其中，纺织纱线、织物及制成品出口额分别为141.6亿美元、648.8亿美元和719.8亿美元，同比分别增长3.1%、6.4%和5.2%。服装出口持续承压，全年出口额为1672亿美元，同比微减0.1%。服装出口额全年均处于负增长区间，直至第四季度降幅方加速收窄（图5）。

图5 纺织品服装出口金额累计同比增长情况
资料来源：中国海关

从出口市场结构看，我国对主要市场纺织品服装出口呈现分化态势。2024年，我国对美国、欧盟、东盟、孟加拉国等主要市场纺织品服装出口额分别为558.1亿美元、421.1亿美元、554.7亿

美元和90.7亿美元,同比分别增长8.0%、5.2%、6.4%和21.4%;但同期对非洲、日本、韩国纺织品服装出口额分别为231.5亿美元、169.3亿美元和104.0亿美元,同比分别减少5.6%、7.9%和1.8%(表2)。

表2　2024年中国对全球主要国家和地区纺织品服装出口情况

国家和地区	出口总额(亿美元)	同比(%)	出口金额占比(%)
全球	3182.3	2.5	100.0
美国	558.1	8.0	17.5
东盟	554.7	6.4	17.4
越南	190.8	5.1	6.0
欧盟	421.1	5.2	13.2
日本	169.3	-7.9	5.3
韩国	104.0	-1.8	3.3
孟加拉国	90.7	21.4	2.9
非洲	231.5	-5.6	7.3
"一带一路"共建国家	1271.0	3.0	39.9

资料来源:中国海关

五、质效表现总体改善

2024年,纺织行业经济效益总体呈现恢复性增长态势。国家统计局数据显示,全国3.8万户规模以上纺织企业实现营业收入同比增长4%,增速较2023年回升4.8个百分点;利润总额同比增长7.5%,增速较2023年回升0.3个百分点。产业链超八成环节利润总额实现增长,其中化纤、麻纺织、印染、针织、产业用和纺机制造业利润增速高于行业水平;棉纺织、家纺行业利润总额同比仍未扭转负增长态势。

企业盈利能力及多数运营指标有所改善。2024年,规模以上纺织企业营业收入利润率为3.9%,较2023年提高0.1个百分点;总资产周转率为1次,同比加快0.6%;三费比例为6.5%,较2023年下降0.1个百分点。但受到需求不足影响,行业产成品周转率自4月以来持续低于2023年,全年为10.9次,同比放缓2.3%(图6、表3)。

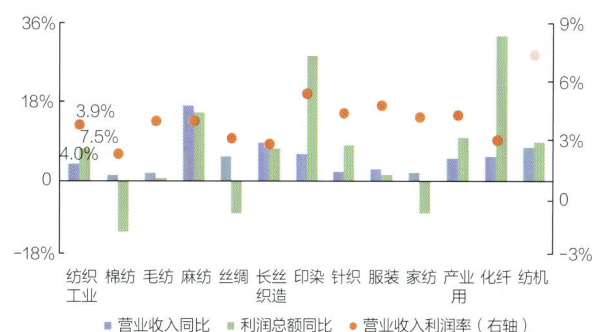

图6　2024年规模以上纺织分行业
主要效益指标增速情况

数据来源:国家统计局

表3 2024年纺织工业及主要分行业主要运行质量指标

行　业	营业收入利润率		产成品周转率		总资产周转率	
	2024年（％）	较2023年增减（百分点）	2024年（次）	同比（％）	2024年（次）	同比（％）
纺织行业	3.9	0.1	10.9	-2.3	1.0	0.6
纺织业	3.6	0.0	9.9	-2.5	1.0	0.2
化纤业	3.1	0.6	14.9	2.8	0.9	2.3
服装业	4.9	-0.1	10.4	-5.1	1.2	-0.3

资料来源：国家统计局

六、投资增速明显回升

2024年，纺织行业效益情况修复，带动企业投资信心有所增强，高端化、智能化、绿色化升级改造稳步推进，行业固定资产投资明显回升。根据国家统计局数据，2024年我国纺织业、服装业和化纤业固定资产投资完成额（不含农户）同比分别增长15.6%、18%和4.7%，增速较2023年分别加快16个百分点、20.2个百分点和14.5个百分点。根据中国纺联对重点企业开展的新增固定资产投资情况调查，2024年四个季度，分别有46.7%、51%、45.5%和53.5%的受访企业新增投资优先聚焦现有产能升级改造，是最为重要的新增投资用途（图7）。

图7 纺织分行业固定资产投资增速

资料来源：国家统计局

2024年纺织行业运行中存在的主要问题

一、市场需求维持疲弱态势

2024年，世界经济受到高通胀、地缘冲突增多、保护主义抬头等因素制约，复苏整体进度缓慢。特别是全球平均通胀率虽然从2023年6.9%下降到5.8%，但高通胀对于消费端的制约仍未消除。受外部形势严峻影响，我国宏观经济运行压力有所加大，内需增速也有所放缓。纺织企业普遍感受市场需求不旺，春秋两季销售旺季订单情况均未达到预期，市场也始终未能迎来终端补库带动的市场增容。根据中国纺联对重点企业开展的生产经营调查情况，需求不足始终是纺织企业面临的最突出问题，2024年四个季度，分别有37.8%、48.1%、53.8%和52.8%的受访企业将"内销订单不足"作为生产经营面临的最为突出问题；分别有53.9%、57.9%、57.3%和42.3%的受访企业认为"出口订单不足"压力更为凸显。

二、企业经营压力难以缓解

由于需求端全年没有明显改善，纺织企业产销形势波动性较强，大部分企业全年均囿于"正常生产—库存累升—调低产能—正常生产"的波动过程。需求不足引发市场竞争加剧，主要常规产品价格总体处于下行区间，企业在生产经营成本并无明显下降的情况下，经营压力十分突出。综合调研情况及市场数据，截至2024年末，涤纶短纤、32支纯棉纱、纯棉坯布价格较年初分别减少4.9%、6.8%和4.3%；年末纱线、短纤布平均库存水平分别达28.1天和30.2天，较年初分别提高7.6和3.4天（图8）。在市场行情偏弱、竞争加剧背景下，棉纺织行业规模以上企业营业收入利润率已降至1.9%，亏损面则上升至23.9%，为近十年来的较低盈利水平。

图8 2024年纱线、坯布综合库存变化情况

资料来源：棉纺织信息网

三、国际贸易形势不容乐观

2024年，全球政经格局更趋复杂，纺织行业国际贸易环境面临的风险因素明显增多。发达国家延续"去风险化"政策，采购商为规避贸易风险，加速将采购重心从我国转出，很多采购商要求我国纺织生产企业尽快在海外建设生产基地，作为获取新订单的条件。贸易保护主义在全球呈现蔓延趋势，墨西哥、印度、印度尼西亚等新兴经济体通过提高

进口关税、保障措施调查等方式增加贸易壁垒，阻碍我国纺织行业国际竞争力的充分发挥。在此形势下，我国纺织行业在发达国家消费市场所占份额持续下降，2024年，我国出口的纺织品服装在日本进口总额中占比为50.5%，较2023年下降1.7个百分点，同期越南、柬埔寨所占份额分别提高0.9个百分点和0.5个百分点；在美国进口市场份额虽然较2023年提高0.2个百分点，但我国棉制纺织品服装在美国进口市场份额已降至13.9%，为近年来低位水平，并被东盟、印度超越（图9）。

图9 2024年美国棉制纺织品服装主要进口来源国和地区占比统计

资料来源：OTEXA

2025年纺织行业运行走势预判

展望2025年，全球经济持续恢复、我国存量增量政策加码发力等积极因素将为纺织行业稳中向好提供重要支撑，但各类不确定不稳定因素将较2024年明显增多。特别是美国新一届政府针对我国采取加征关税措施，可能使我国纺织行业外贸形势面临显著压力，并通过经济循环将逐步传导到内需市场，需求疲弱情况预计难有明显改善。综合判断，2025年我国纺织行业总体将继续承压运行，部分经济运行指标不排除明显波动乃至负增长的可能性。

一、内需市场或延续稳中承压态势

中央经济工作会议将"全方位扩大内需"作为2025年九大经济工作任务之首，新一轮大规模设备更新和消费品以旧换新（简称"两新"）、国家重大战略实施和重点领域安全能力建设（简称"两重"）等一系列政策覆盖范围扩大并逐步显效，有助于激发宏观经济和消费增长的内生动力，"人工智能AI+""大健康""国潮"等消费热点保持活跃，有望支撑纺织服装内销规模实现增长。但受宏观形势影响，居民就业感受不佳、消费信心不足等制约因素仍然存在，压降负债、增加储蓄、减少消费的心态难有显著改善。我国消费者信心指数自2022年4月经历快速下降后始终在低位徘徊，到2025年2月已连续35个月持续处于100以下区间；2024年居民存款同比增速达10.9%。尼尔森IQ《2025中国消费者展望》报告称，有过半中国家庭财务状况仍未向好发展，消费者从谨慎性消费迈入目的性消费阶段，对与服装服饰关联度较高的美容、户外等非必需消费品的支出将较此前更趋严格。在此背景下，预计2025年我国纺织品服装内销仅维持低速增长态势。

二、出口压力将明显增加

2025年，纺织行业外贸形势更趋严峻，全球经贸活动大概率延续弱复苏态势，海外终端需求疲软、零售端库存高位将抑制衣着需求改善，国际贸易壁垒增加将进一步也将推高贸易成本，抑制进口需求。截至2025年2月，美国、德国、英国等发达经济体服装服饰零售同比或环比出现不同程度下降，2024年下半年以来美国服装零售库存停滞在600亿美元高位，并未显现补库意愿。全球贸易保护主义势头渐盛，2025年初美国试图以"对等关税"措施切断我国与国际供应链的合作。虽然我国纺织行业的规模、品质、效率优势均十分突出，短期内难以被其他国家完全替代，但过高的关税成本已经超出了正常企业通过技术与管理革新所能化解的成本范畴。

即便中美贸易摩擦在年内得到一定程度的缓解，供应链合作效率也将受到冲击；在贸易摩擦期间，我国在美国所占市场份额将部分被其他发展中国家所替代，后续恢复也对纺织企业的竞争实力形成考验。总体来看，在复杂多变的外部形势下，2025年纺织行业出口压力将贯穿全年，不排除持续负增长且波动加大可能。

2025年纺织行业重点发展方向

尽管风险挑战增多，我国纺织行业仍处于机遇与挑战并存的重要战略机遇期，科技创新、数实融合等诸多领域仍将为行业向上升级突破提供空间，全力保持经济运行稳定，则是行业转型升级稳步推进的重要基础。纺织行业将深入贯彻落实中央经济工作会议和全国两会精神，围绕科技、时尚、绿色、健康发展定位，全力推进现代化产业体系建设，为高质量完成"十四五"国民经济和社会发展规划目标任务筑牢基础。

一、供需适配，创造有效需求

全力激活内需潜力，把握国家"两重""两新"政策效应释放窗口期，实施好增品种、提品质、创品牌的"三品战略"。加强产品开发创新及消费潮流引领，促进优秀传统文化与自主原创品牌成长深度融合，推动纺织行业首发经济、银发经济、冰雪经济发展，巩固培养国风国潮、户外运动、绿色生态等消费新增长点。围绕健康、养老、母婴、医疗等重点领域，进一步推动纤维新材料至产业用纺织品全链条协同融合创新。促进纺织制造企业加快服务化转型，深化数实融合，不断创新渠道、场景、体验，更好满足个性化、多元化消费需求。深耕下沉市场，激发乡村消费活力。立足高端化、智能化、绿色化改造升级需求合理扩大投资，促进投资结构优化升级，形成投资与消费的互促循环。

持续深化外贸转型升级，依托自身产业体系优势和制造规模优势，巩固美欧日传统市场份额，开拓"一带一路"沿线西亚、东盟、非洲等新兴市场以及墨西哥、土耳其等美欧"近岸市场"，形成多元贸易格局，防范化解国际市场风险。积极创新贸易业态，有序扩大跨境电商覆盖范围，以模式创新开辟多元市场。安全、稳妥、高效推进纺织国际化供应链体系建设，充分立足国内产业优势，构建海外生产力布局体系，更好融入国际供应链体系，带动国内纺织中间品、装备等扩大出口。

二、动能转换，打造现代化产业体系

巩固夯实先进制造基础，加快纺织全产业链关键技术及装备研发应用，推动企业扩大高端化、智能化、绿色化升级改造投入，巩固夯实产业规模优势、配套优势和部分领域先发优势。完善工业互联网、知识数据资源平台等新型基础设施，强化AI在设计、制造、管理、营销全供应链的应用，提升数据资源价值转化能力。主动布局纺织前沿科技研究与未来产业，与低空经济、生物经济等先导产业深度融合，打造"万物可织"的现代纺织产业体系。

深入发掘文化经典，强化时尚引领。稳定丝绸、新疆棉、羊绒等特色纤维原料供给，稳固文化创新的物质载体。深度挖掘非遗文化、民族文化价值内涵，结合对流行趋势、生活方式的深度研究理解，开发适应消费需求的新品、精品，提升价值控制力、品牌溢价率。推动AI更好赋能创意设计，优化创新效率及市场对应性。

三、全面创新，提升创新效能

增加高质量科技供给，聚焦纺织产业链科技短板，针对纤维新材料、先进制成品工艺、高端纺织装备、智能制造专用软件等关键环节，加大研发投入，加强产业链、产学研协同，全力推进技术突破。强化企业科技创新主体地位，积极搭建以骨干企业为主体的纺织行业创新平台、中试验证平台，推动大企业开放平台资源，为中小微企业创新活动提供支持。促进科技成果加快转化应用，完善知识产权保护机制及合作创新利益分享机制。厚植创新土壤，强化科技创新、产业升级、教育变革、人才培育战略协同，加快培养创新型、应用型、技能型人才。

四、提质增效，推进组织进化

激发企业活力。支持大企业做强做优，鼓励中小企业走好"专精特新"发展路线，打造行业优质企业梯队。加强行业自律，规范平台经济行为，化解"内卷式"竞争问题，保障产业生态健康。发挥资本在塑造产业多元生态中的作用，优化投融资环境，吸引耐心资本、大胆资本；借助全球化资本整合优质资源，加快实现价值链跃迁。

打造现代集群。以专业性与引领性为核心，立足沿海产业基础，打造世界级纺织产业集群。挖掘中西部地区要素资源、民族资源、非遗资源，因地制宜发展特色集群。聚焦新业态、新模式，培育数字集群、绿色集群等新兴集群。用好国家区域战略，推动沿江合作、跨省协同，促进东、中、西、东北地区产业协作。建设现代化产业园区，提高产业集聚效应。平衡好国内发展与国际转移的关系，引导产业有序转移。

五、绿色转型，践行社会责任

加快绿色低碳转型，加强"降碳、减污、扩绿、增长"一体式发展。推动太阳能、风能等绿色能源使用，优化用能结构；强化企业资源综合利用改造，提升能源、资源利用效率。不断扩大纺织全流程绿色制造技术应用，提升生产过程清洁、低碳化水平。加快废旧纤维制品再生循环关键技术研发及产业化应用，开发高值化再利用产品。加强绿色供应链管理，完善纺织行业绿色低碳标准、核算、认证体系，提高从原材料采购到产品销售全过程符合绿色标准。

加强消费理念引导，推动形成绿色低碳的生活方式。

持续增强社会责任建设，坚持就业优先导向，持续改善就业环境，推动体面劳动、安全生产，保障劳动者权益和就业稳定。推进诚信体系建设，提升契约精神，维护公平竞争的市场环境。持续增强行业ESG（environmental、social、governance，环境、社会和公司）信息披露体系、ESG 绩效评估体系和ESG能力提升支持体系能力建设。增强与国际组织合作，在性别平等、保障人权等方面开展深度交流合作，助力全球纺织产业发展的公平性、平衡性、协调性持续提升。

（撰稿人：牛爽欣）

化纤业

中国化学纤维工业协会

2024年，是实现"十四五"规划目标任务的关键一年，也是党和国家谋定进一步全面深化改革总目标的关键一年。这一年，我国宏观经济运行总体平稳、稳中有进，高质量发展扎实推进，中国式现代化迈出新的坚实步伐。在此背景下，我国化纤行业呈现恢复性增长态势，主要经济运行指标呈现积极变化。其中，行业平均开工负荷处于高位，产量较快增长；面对出口压力加大的外部环境，化纤企业积极拓展国际市场，出口量实现正增长；规模以上企业效益同比提升，全年营收保持在1万亿元以上规模，运行质量有所改善。展望2025年，国际环境依然复杂多变，化纤行业仍需坚定发展信心，在不确定性中寻找确定性，将挑战转化为机遇，实现行业的持续稳定发展，为纺织产业链供应链韧性注入更强稳定性。

2024年化纤行业运行基本情况

一、负荷相对高位，产量较快增长

2024年，我国化纤行业平均开工负荷水平总体高于2023年，并继续处于高位，其中涤纶直纺长丝、锦纶民用长丝平均开工负荷均达到90%以上，较2023年分别提升7.8个百分点、8.8个百分点。分阶段来看：2024年3~4月，由于下游需求好于预期，化纤大部分子行业负荷处于近年高位；但高开工造成库存累积、效益收窄，叠加进入淡季后需求转弱，部分聚酯涤纶企业甚至出现亏损，2024年6~8月聚酯涤纶开工负荷有所下滑；2024年9月下游开机率提升，带动化纤行业开工负荷小幅抬升；2024年四季度继续保持高位运行。

在较高产能负荷支撑下，2024年化纤产量较快增长。根据国家统计局、中国化纤协会统计，2024年我国化纤产量为7475万吨，同比增长8.8%（表1）。其中，涤纶长丝和氨纶产量同比均增长10%左右，锦纶产量同比增长6.3%，黏胶短纤产量同比增长5.8%，莱赛尔纤维产量同比增幅达27.4%。

表1　2024年中国化纤产量完成情况

产品名称	产量（万吨）	同比（%）
化学纤维	7475	8.8
再生纤维素纤维	515.5	7.5
其中：黏胶纤维	443.5	6.4
短纤	421	5.8
长丝	22.5	19.7
莱赛尔纤维	42.8	27.4
合成纤维	6960	8.9
其中：涤纶	6226	9.2
短纤	1246	4.4
长丝	4980	10.4
锦纶	459	6.3
腈纶	62	2.6
维纶	8.4	-1.2
丙纶	44.2	5.7
氨纶	105.5	9.9

注　以上统计包含循环再利用纤维产品，不包含加弹等后加工产品。

资料来源：国家统计局，中国化学纤维工业协会

二、终端需求实现增长，但压力有所显现

2024年，随着国家一揽子存量增量政策及时出台，推动社会信心有效提振、宏观经济明显回升，带动纺织服装内销实现温和增长。根据国家统计局数据，2024年我国居民人均衣着消费支出同比增长2.8%；限额以上服装、鞋帽、针纺织品类商品零售总额同比增长0.3%，增速较2023年回落12.6个百分点；网上穿类商品零售额同比增长1.5%，增速较2023年回落9.3个百分点。

出口方面，2024年我国纺织产业链竞争力持续释放，努力应对复杂严峻外贸形势考验，全年纺织品服装出口实现正增长。根据中国海关数据，2024年我国纺织品服装出口总额为3011亿美元，同比增长2.8%。其中，纺织品出口额为1419.6亿美元，同比增长5.7%；服装出口额为1591.4亿美元，同比增长0.3%。对主要市场，我国纺织服装出口情况整体良好，但表现有所分化，对美国、欧盟、东盟等主要市场出口增势良好，对日本、土耳其、俄罗斯等市场出口负增长。

从化纤行业直接下游需求来看，化学纤维纱、化

学纤维短纤布产量分别同比增长8.2%、3.4%；从化纤下游主要行业（加弹、织机、涤纱）开机率来看，均较2023年有所提升，且加弹开机率提升明显。从中国轻纺城成交量来看，平均值略低于2023年。

三、出口增速前低后高，全年恢复增长态势

根据中国海关数据，2024年，我国化学纤维出口总量共计665万吨，同比增长2.16%（表2），全年恢复增长态势。分出口目的地看，对印度出口减量影响较大。2023年10月印度对涤纶长丝执行BIS（The Bureau of Indian Standards，印度标准局认证）认证，企业在此前抢出口，导致2023年涤纶长丝出口量大增。2024年涤纶长丝出口未能延续2023年的高速增长态势，全年出口量同比减少2.50%，但对印度以外的其他国家和地区涤纶长丝出口实际保持增长。从出口市场份额变化来看（图1），印度、土耳其在我国出口市场占比分别下降5.6个百分点、2.6个百分点，越南、巴基斯坦、埃及在我国出口市场份额有明显提升。

表2　中国化纤主要产品进出口情况

产品名称	进口量			出口量		
	2024年（吨）	2023年（吨）	同比（%）	2024年（吨）	2023年（吨）	同比（%）
化学纤维	682240.5	623053.6	9.50	6648171.1	6507300.3	2.16
其中：涤纶长丝	75450.2	69494.4	8.57	3932976.2	4033800.6	-2.50
涤纶短纤	106879.7	101838.7	4.95	1338262.7	1230617.2	8.75
锦纶长丝	48668.8	45710.6	6.47	452686.5	391725.2	15.56
腈纶	52491.1	50980.6	2.96	45090.7	42065.1	7.19
黏胶长丝	1386.1	561.6	146.81	110345.5	102672.4	7.47
黏胶短纤	125924.4	94732.6	32.93	204112.0	266024.7	-23.27
氨纶	45633.3	47938.9	-4.81	78838.4	69628.2	13.23

资料来源：中国海关

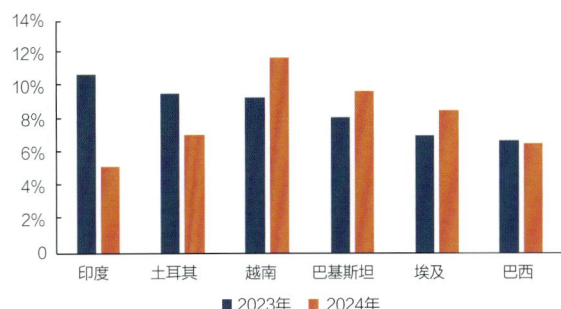

图1　中国化纤主要出口市场份额变化情况

资料来源：中国海关

四、市场价格上半年相对平稳，下半年震荡筑底

2024年，国际原油价格在66~87美元/桶区间波动（图2），上半年受地缘政治扰动带来上涨行情，4月初达到全年高点，87美元/桶；下半年美联储开启降息周期，市场预期经济下滑，加之需求弱化，国际油价不断回落，9月上旬降至全年低点，66美元/桶，此后转入震荡筑底阶段。

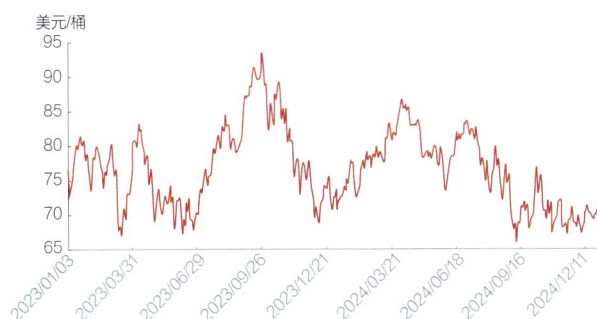

图2　2023~2024年WTI油价走势图

资料来源：化纤信息网

虽然上半年国际原油价格呈现上涨行情，但精对苯二甲酸（PTA）、涤纶价格与原油价格关联性稍弱，市场波动较为平稳，价格受供需博弈影响较大（图3）。下半年随着原油价格不断回落，成本端支撑力度有所减弱，化纤价格呈现下行趋势。以聚酯链为例，PTA价格由7月初6015元/吨降至年末4760元/吨，降幅达21%；涤纶POY由7月初8015元/吨降至年末7040元/吨，降幅达12%。

图3　2023~2024年涤纶及其原料价格走势

资料来源：化纤信息网

五、经济效益同比提升，运行质量有所改善

2024年，化纤行业经济效益指标呈现积极变化。根据国家统计局数据，规模以上化纤企业实现营业收入11666亿元，同比增加5.72%；实现利润总额358亿元，同比增加33.58%，但由于低基数效应逐步减弱，利润增速逐步收窄。规模以上化纤企业营业收入利润率为3.07%，虽然仍处于近年来相对低位，但环比呈现改善趋势。化纤行业为纺织全行业贡献约18.5%的利润，较2023年提升3.6个百分点；行业亏损面为23.12%，较2023年收窄2.4个百分点，亏损企业亏损额同比减少10.03%（表3）。

分行业来看，涤纶、锦纶和纤维素纤维行业盈利较2023年显著改善，分别贡献化纤全行业利润的48%、18%、23%。具体来看，涤纶行业上半年利润水平存在一定压力，下半年随着加工差的逐步改善，利润水平有所提升；锦纶行业利润水平表现较为稳定，户外及运动领域需求旺盛，拉动锦纶消费量增长，为行业带来利润空间；氨纶行业利润总额下降较为明显，一方面是原料价格下跌的拖累，另一方面是新增产能叠加需求不及预期，行业库存处于偏高水平，产品价格呈现下行趋势。

表3　2024年化纤及相关行业经济效益情况

项目	营业收入（亿元）	同比（%）	营业成本（亿元）	同比（%）
纺织行业	48353.66	3.87	42619.99	3.65
其中：纺织业	23988.05	3.57	21204.23	3.33
纺织服装、服饰业	12699.15	2.76	10694.66	2.87
化学纤维制造业	11666.47	5.72	10721.10	5.06
项目	利润总额（亿元）	同比（%）	亏损企业亏损额（亿元）	同比（%）
纺织行业	1850.62	7.45	447.96	9.36
其中：纺织业	868.70	3.44	230.37	12.06
纺织服装、服饰业	623.81	1.54	89.67	2.16
化学纤维制造业	358.12	33.58	127.92	10.03

注　表中纺织行业数据由纺织业，纺织服装、服饰业，化学纤维业加总所得。

资料来源：国家统计局

六、固定资产投资增速回升，实际新增产能放缓

根据国家统计局数据，2024年化纤业固定资产投资完成额（不含农户）同比增长4.7%，而2023年同比减少9.8%，在低基数效应下行业投资增速有所回升。但从新增产能来看，2024年聚酯纤维新投196万吨，行业新增产能压力有所缓解。此外，行业企业更加聚焦原有产能的高端化、智能化、绿色化升级改造，转型升级步伐坚实有力（图4）。

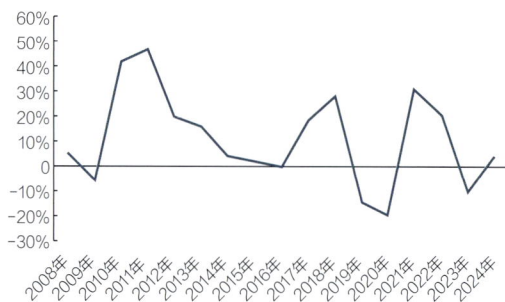

图4　2008~2024年化纤业固定资产投资增速变化情况

资料来源：国家统计局

2025年我国化纤行业运行展望

从外部环境来看，2025年全球经济将继续处于低速增长轨道，2025年3月经济合作与发展组织（OECD）将2025年世界经济增长预期由3.3%下调至3.1%。同时，全球生产与消费成本抬高、国际贸易受阻、全球供应链更趋碎片化、地缘局势走向难以预料，全球经济不确定性增加。

从内部环境来看，《2025年国务院政府工作报告》提出预期目标，其中：国内生产总值增长5%左右；居民消费价格涨幅2%左右；居民收入增长和经济增长同步。为此，国家将实施更加积极的财政政策，实施适度宽松的货币政策，强化宏观政策民生导向，全方位扩大国内需求等。可以预见，宏观政策精准发力，将推动我国经济向好向优，内销市场"压舱石"作用也将更为突出。

预计2025年，纺织品服装内销或将延续稳中承压态势，而出口压力将明显增加。化纤行业总体上具备保持平稳运行的基础，但也依然面临着竞争加

剧、企业经营压力较大、贸易摩擦增多等问题，需要全行业继续凝心聚力应对。行业需充分激发内生动力，凭借行业自律、技术创新、产品升级、产业转型等举措，切实有效地应对成本与竞争压力，积极推动行业运行稳中提质。

（撰稿人：关晓瑞　宁翠娟）

棉纺织业

中国棉纺织行业协会

2024年，国际环境依然严峻复杂，贸易保护主义、产业安全等问题持续影响棉纺织企业经营形势，受原料供应端冲击和终端有效需求不足双向挤压，我国棉纺织行业在纺织产业链各主要环节中恢复力度偏弱。棉纺织行业淡旺季周期性减弱，"旺季不旺、淡季持续"局面长时间维持，规模以上企业利润率达到十余年来最低迷水平，行业承受压力极其明显。在压力面前，我国棉纺织行业深入贯彻落实党中央、国务院决策部署，围绕建设棉纺织现代化产业体系目标，迎难而上、积极作为，沉着应对各种风险和挑战，努力实现行业经济运行平稳发展。在正视困难的同时，一些积极因素也在累积。从行业经济数据来看，在国家存量和增量政策叠加作用下，多项经济数据出现边际改善修复。2025年，棉纺织行业亟须进一步把握与棉纺织相关的国家宏观政策，通过发展新质生产力，提高全要素生产率，深化产业转型升级，着力推动高质量发展。棉纺织行业要继续稳定市场预期，提振信心，加速闯过新旧动能转换阵痛期，同时要强化行业自律，防止"内卷式"竞争加剧。

2024年我国棉纺织行业经济运行概况

一、主要经济指标承压明显，利润率为十余年来新低

根据国家统计局数据，2024年，棉纺织行业主要经济运行指标承压明显，与规模以上工业企业、制造业和纺织行业相比，棉纺织业营业收入、利润总额、营收利润率、每百元营业收入中的成本、资产负债率、产成品存货周转天数等主要经济运行指标偏弱，仅每百元资产实现的营业收入和应收账款平均回收期等个别指标稍好。2024年，规模以上棉纺织企业营业收入同比增长1.4%，但利润总额降幅明显，达到11.7%，拖累行业营业收入利润率较2023年下降0.5个百分点，仅为2.4%。从2024年年内趋势看，棉纺织行业利润率整体呈现持续修复态势，前11个月逐月累计利润率均在2%以下。与此前年度相比，2024年营收利润率为2011年规模以上工业企业起点标准从年营收500万元提高到2000万元以来的低位水平。规模以上棉纺织企业22.5%的亏损面仅低于2020年和2022年（图1、图2）。

2024年，棉纺织行业继"金三银四"传统销售旺季行业未达预期之后，"金九银十"旺季周期几乎落空，行业淡旺季周期性明显减弱，淡季长时间持续，行业承压持续加大。根据中国棉纺织行业协会测算，2024年末，棉纺织行业产成品库存周转天数

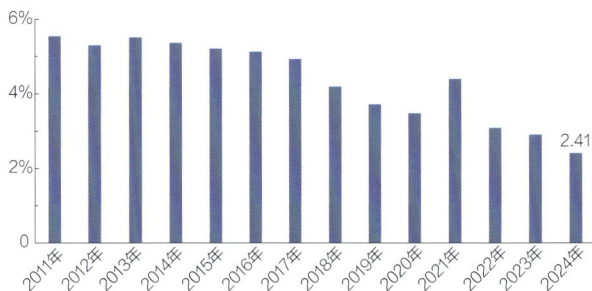

图1　2011年以来规模以上棉纺织企业营业收入利润率变化情况

资料来源：国家统计局

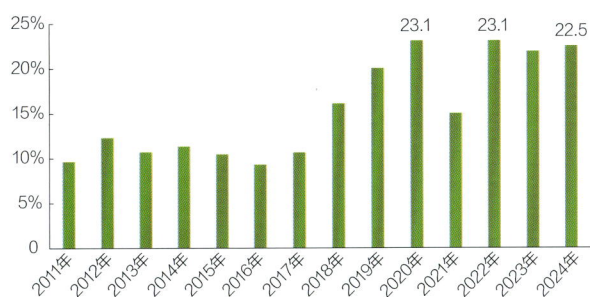

图2　2011年以来规模以上棉纺织企业亏损面变化情况

资料来源：国家统计局

为37.8天，较2023年同期扩大1.3天，产品库存压力持续，应收账款平均回收期为44.9天，较2023年同期扩大2.9天，企业现金流更加紧张。

在棉纺织行业的细分子行业中，棉纺纱、棉织造两个子行业经济运行走势有所分化，其中棉纺纱经济运行压力更为突出。2024年，规模以上棉纺纱企业营业收入和利润规模均呈现收缩态势，利润总额降幅达到12.1%，拖累营收利润率仅为2.05%。与棉纺纱企业相比，规模以上棉织造企业主要效益指标较好，2024年营业收入同比增长4.8%，利润总额同比下降11.1%；营收利润率为3.08%，虽不及2023年3.75%的水平，但较棉纺纱行业仍然高出1.03个百分点（表1、表2）。

表1　2024年规模以上棉纺织企业主要效益指标对比情况

项目	亏损面（%）	营业收入同比（%）	营业成本同比（%）	利润总额同比（%）
工业企业	—	2.1	2.5	-3.3
制造业	—	2.4	2.7	-3.9
纺织行业	20.8	4.0	3.7	7.5
棉纺织业	22.5	1.4	1.2	-11.7
其中：棉纺纱	24.4	-0.4	-0.6	-12.1
棉织造	19.5	4.8	4.8	-11.1

资料来源：国家统计局，中国纺织工业联合会，中国棉纺织行业协会

表2　2024年规模以上棉纺织企业主要运营质量指标对比情况

项目	营业收入利润率（%）	每百元营业收入中的成本（元）	每百元资产实现的营业收入（元）	资产负债率（%）	产成品存货周转天数（天）	应收账款平均回收期（天）
工业企业	5.39	85.16	79.5	57.5	19.2	64.1
制造业	4.63	85.60	92.3	56.9	21.5	65.6
纺织行业	3.91	87.98	101.5	59.5	33.0	47.6
棉纺织业	2.41	90.50	93.7	62.5	37.8	44.9
其中：棉纺纱	2.05	91.32	90.4	66.3	36.4	36.9
棉织造	3.08	89.02	100.3	54.9	40.3	59.5

资料来源：国家统计局，中国纺织工业联合会，中国棉纺织行业协会

二、中国棉纺织景气指数多处于收缩区间，发展信心亟待提振

2024年，受外部形势复杂影响，中国制造业采购经理人指数（PMI）半数以上时间位于50%荣枯线以下，其中前三季度表现总体偏弱，仅3~4月位于荣枯线上，到第四季度回升势头逐步巩固，10~12月回归荣枯线上。中国棉纺织景气指数整体走势和我国制造业PMI指数大致保持一致，整体呈现"前弱后强"特点，前8个月仅1月、3月位于荣枯线上，随后在国家宏观政策等积极因素支撑下，9~12月仅11月短暂落入荣枯线下方（图3、表3）。

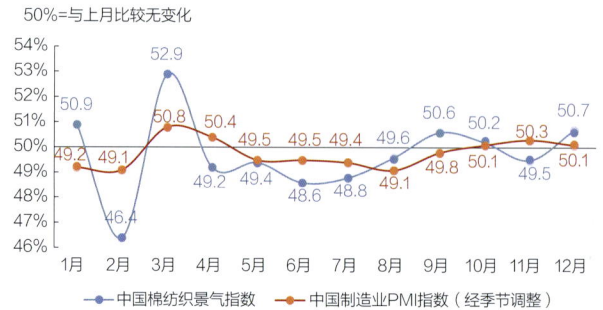

图3　2024年中国棉纺织景气指数变化情况

资料来源：国家统计局，中国棉纺织行业协会

表3　2024年中国棉纺织景气指数及各分项指数

月份	棉纺织景气指数（%）	分项指数						
		原料采购指数（%）	原料库存指数（%）	生产指数（%）	产品销售指数（%）	产品库存指数（%）	企业经营指数（%）	企业信心指数（%）
1月	50.9	52.9	52.5	50.9	50.7	49.7	49.8	50.4
2月	46.4	48.0	48.1	45.0	47.5	48.0	44.2	48.2
3月	52.9	52.7	49.4	54.8	52.9	49.4	55.8	48.6
4月	49.2	49.8	49.6	49.4	49.4	50.8	49.9	44.7
5月	49.4	49.3	50.8	50.2	48.1	48.0	49.9	47.6
6月	48.6	48.6	49.1	49.0	48.5	48.4	49.4	46.0
7月	48.8	48.5	49.2	49.3	48.7	48.2	49.1	47.3
8月	49.6	48.5	49.9	50.3	49.8	48.7	49.1	50.6
9月	50.6	50.4	48.9	50.4	51.1	51.1	50.5	52.5
10月	50.2	50.9	48.5	49.7	51.0	50.9	50.6	50.0
11月	49.5	50.1	50.5	50.7	48.6	49.4	49.7	45.0
12月	50.7	48.8	50.3	51.2	50.1	53.0	51.9	47.5

资料来源：中国棉纺织行业协会

三、纱和布产量实现增长，化纤替代棉花原料趋势明显

根据国家统计局数据，2024年规模以上企业纱产量为2277.9万吨，同比增长1.32%，其中含棉类纱线和化学纤维纱产量分化明显，棉纱和棉混纺纱产量分别下降0.76%和3.59%，化学纤维纱同比增长8.16%，棉纺纱原料中化学纤维对棉花替代趋势更趋显著。2024年，规模以上企业布产量为306.3亿米，同比增长2.23%（图4）。

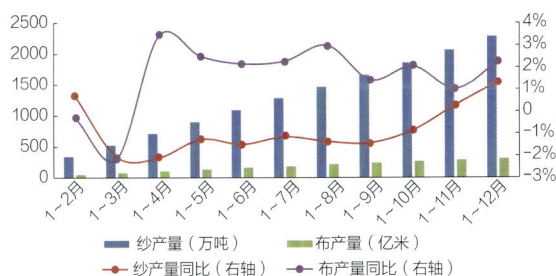

图4 2024年规模以上企业纱、布产量变化情况

资料来源：国家统计局

2024年我国棉纺织原料及产品价格走势分析

一、多数时间国内棉价高出国外，滑准税配额数量为发放年份最低

2024年2～3月期间，国外棉花价格加剧波动，国内棉花价格相对平稳，内外棉花价格出现短期倒挂。4月之后，内外棉价同频下降，国内棉价高于国外的情况恢复常态。2024年国内较国外棉价平均高出约424元/吨。7月21日，国家发展改革委发布棉花进口滑准税配额公告：发放棉花进口滑准税配额数量为20万吨，全部为非国营贸易配额，限定用于加工贸易方式进口。除2015～2017年为配合抛储没有发放滑准税配额的年份，20万吨为我国加入世界贸易组织（WTO）以来发放最少的一年，结合

限定为加工贸易配额。在国家目标价格政策支持下，新疆棉农利益已得到充分的保障。但新疆棉消化进展仍然偏慢，一方面是由于部分加工企业收购时未完全进行套保，希望更好的市场价格以顺价销售，另一方面是产业链下游需求仍然较为低迷。近年来，国家持续优化棉花进口配额相关政策，以满足纺织企业原料需求，但限制配额数量并限定加工贸易方式对缓解国内棉花销售压力效果尚不明显，棉花价格下行态势反映了市场内在规律（图5）。

图5 2024年国内外棉花价格及价差走势

资料来源：棉纺织信息网（TTEB）

二、棉花与棉纱即期价差大幅收缩，化纤短纤价格走势更为平稳

2024年，标准级棉花最高价为16980元/吨，最低价为13975元/吨，平均价格为15548元/吨，最低到最高价波动幅度为21.5%；涤纶短纤最高价为7935元/吨，最低价为6960元/吨，平均价格为7396元/吨，最低到最高价波动幅度为14.0%；黏胶短纤最高价为13820元/吨，最低价为12600元/吨，平均价格为13395元/吨，最低到最高价波动幅度为9.7%。32支纯棉纱与标准级棉花平均即期差价6371元/吨，较2023年缩小453元/吨，花纱即期价差大幅收缩反映纯棉纱产品的利润被严重压缩或亏损加大；32支涤纶短纤纱与涤纶短纤平均即期差价为4080元/吨，较2023年扩大72元/吨，30支黏胶短纤纱与黏胶短纤平均即期差价3973元/

吨，较2023年扩大97元/吨。与棉花相比，化纤短纤价格走势更为平稳，且加工费更加稳定，单位价格更低，在棉花价格波动且趋势向下时，企业更倾向于以化纤短纤为加工原料（图6~图8）。

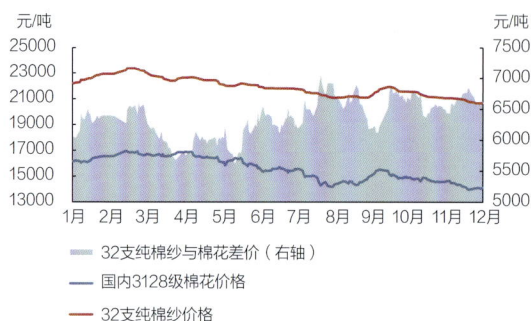

图6　2024年棉花和32支纯棉纱价格及即期价差走势

资料来源：棉纺织信息网（TTEB）

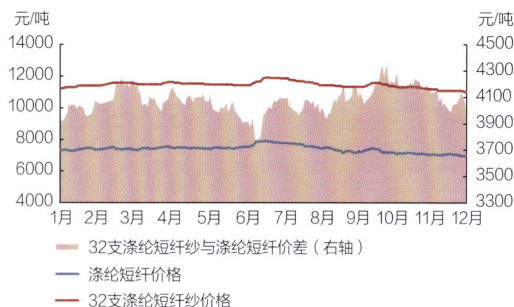

图7　2024年涤纶短纤和32支涤纶纱价格及即期价差走势

资料来源：棉纺织信息网（TTEB）

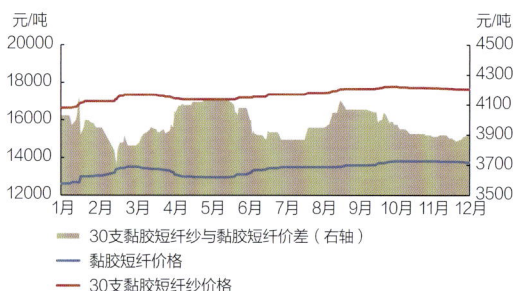

图8　2024年黏胶短纤和30支黏胶纱价格及即期价差走势

资料来源：棉纺织信息网（TTEB）

2024年我国棉纺织产业链进出口市场分析

一、棉花进口量大增，加工领域用量受到配额限制

根据中国海关数据，2024年我国进口棉花量为260.9万吨，同比增长33.8%，国内较国外棉价平均高出约424元/吨，较2023年内外棉价差扩大346元/吨，内外棉价差的扩大提升了外棉价格的竞争优势。从贸易方式看，除海关特殊监管区域物流货物有所降低，以一般贸易、进料加工和保税监管场所进出境货物方式进口的棉花量均有大幅增加。2024年发放的棉花进口滑准税配额数量为20万吨，且限定仅用于加工贸易方式，尚难以全部满足棉纺织企业用棉需求，导致进料加工进口量同比增长51%。在2024年内外棉价差仍然较大，进口棉资源相对稀缺的背景下，直接以加工贸易进口的棉花量为11.4万吨，占滑准税配额数量的比重仅为57%，这一情况也反映了棉花进口加工贸易制度仍然具有改革完善空间。

从棉花进口来源国来看，2024年进口数量达到1万吨以上的来源国有10个，排在前三位的分别是巴西、美国和澳大利亚。我国从巴西进口棉花数量为110.2万吨，同比增加92.8%，占进口份额的比重达42.2%，再次超越美国。来源于美国和澳大利亚的棉花进口量分别为87.6万吨和32.9万吨，同比分别增加16.5%和21.2%，同比均有较大幅度增长（表4）。

二、纯棉纱进口量同比下降，越南纱线市场份额增加

根据中国海关数据，2024年我国进口纯棉纱为137万吨，同比下降11.9%。从进口来源国和地区份

表4 2024年中国棉花进口量

类别		数量（万吨）	同比（%）	占比（%）
贸易方式	总计	260.9	33.8	100
	一般贸易	130.6	60.8	50.1
	进料加工	11.4	51.0	4.4
	保税监管场所进出境货物	65.3	31.6	25
	海关特殊监管区域物流货物	53.6	-4.5	20.5
主要国别	巴西	110.2	92.8	42.2
	美国	87.6	16.5	33.6
	澳大利亚	32.9	21.2	12.6
	印度	7.4	105.5	2.8
	土耳其	6.5	31.4	2.5
	哈萨克斯坦	4.3	37.7	1.7
	苏丹	2.2	-57.9	0.8
	阿根廷	2.1	-11.3	0.8
	布基纳法索	1.6	50.3	0.6
	塔吉克斯坦	1.0	-52.7	0.4

资料来源：中国海关

额来看，越南仍居首位，达到48.9%，较2023年提升6.0个百分点；巴基斯坦市场份额为14.2%，较2023年下降3.2个百分点；印度纯棉纱的市场份额从2023年的第三位下滑至第四位，被乌兹别克斯坦超越，市场份额也从15.9%下降到8.6%。在主要纯棉纱进口来源国和地区中，越南凭借区位及东盟零关税优势，国际竞争力仍在增强（表5）。

三、棉制纺织品服装出口下降趋势缓解，在美进口市场份额触底

近年来，受欧美发达经济体终端需求不足、所谓"涉疆问题"等因素影响，我国棉制纺织品服装出口规模下滑态势较为显著，在美进口市场竞争力也面临较大考验。2021～2023年，棉制纺织品服装出口金额连续下降，占纺织品服装出口比重持续下降。对美出口棉制纺织品服装占对全球出口该品类的比重持续下降，我国棉制纺织品服装在美市场份额也在持续下降，且降幅更加明显。2024年，我国棉制纺织品服装出口同比增长0.8%，涨幅虽不及全部纺服，但连续下降趋势有所缓解，棉制纺织品服装对美出口同比增长11.2%，对美出口占该品类对全球出口比重回升至17.4%，较2023年回升2.5个百分点（表6）。

表5　2024年中国纯棉纱进口量

国别和地区	数量（万吨）	2024份额（%）	2023份额（%）
总计	137.0	100	100
越南	67.0	48.9	42.9
巴基斯坦	19.5	14.2	17.4
乌兹别克斯坦	14.4	10.5	8.4
印度	11.8	8.6	15.9
马来西亚	8.1	5.9	4.3
孟加拉国	7.4	5.4	3.7
中国台湾	3.4	2.5	2.9
印度尼西亚	2.7	2.0	2.7

资料来源：中国海关

表6　2024年中国棉制纺织品服装出口金额变化情况

年份	纺织品服装出口		其中：棉制纺织品服装出口		棉制纺服出口额占行业出口额比重（%）	棉制纺服对美出口		棉制纺服对美出口占该品类对全球出口比重（%）
	金额（亿美元）	同比（%）	金额（亿美元）	同比（%）		金额（亿美元）	同比（%）	
2021年	3154.7	8.4	1051.7	-15.7	33.8	177.9	28.6	16.9
2022年	3233.4	2.6	1013.2	-3.7	31.7	166.5	-6.4	16.4
2023年	2936.4	-8.1	871.1	-14.0	29.7	138.3	-17.0	15.9
2024年	3011.0	2.8	874.5	0.8	29.0	152.0	11.2	17.4

注　表中棉制指棉花制品，不包括棉型化纤制品。

资料来源：中国海关

　　2024年，美国自全球进口纺织品服装同比增长2.7%，其中棉制品进口额同比增长2.6%，占纺织品服装进口总额的比重为41.3%，与2023年持平。美国自我国进口的纺织品服装和棉制品纺服同比增幅分别为3.5%和4.8%，其中棉制品比重为23.6%，较2018年比重下降近10个百分点，较

2023年稍有回升。2024年，我国纺织品服装和棉制品在美市场份额分别为24.2%和13.9%，较2018年分别下降12.4个百分点和14.3个百分点，较2023年市场份额分别回升0.2个百分点和0.3个百分点（表7）。

表7　2024年美国自全球及中国进口纺织品服装情况

| 年份 | 自全球进口纺织品服装 | | | | | 自中国进口纺织品服装 | | | | | 中国纺织品服装在美市场份额 | |
| | 合计 | | 其中：棉制品 | | | 合计 | | 其中：棉制品 | | | | |
	进口额（亿美元）	同比（%）	进口额（亿美元）	同比（%）	棉制品比重（%）	进口额（亿美元）	同比（%）	进口额（亿美元）	同比（%）	棉制品比重（%）	全部纺服份额（%）	棉制品份额（%）
2018年	1106.8	4.6	473.3	3.5	42.8	404.8	3.5	133.4	1.1	33.0%	36.6	28.2
2019年	1110.0	0.3	470.0	-0.7	42.3	364.1	-10.1	110.9	-16.9	30.5%	32.8	23.6
2020年	896.0	-19.3	374.3	-20.4	41.8	252.6	-30.6	67.2	-39.4	26.6%	28.2	18.0
2021年	1137.0	26.9	491.9	31.4	43.3	315.5	24.9	84.1	25.1	26.7%	27.7	17.1
2022年	1320.1	16.1	568.5	15.6	43.1	326.7	3.5	82.3	-2.1	25.2%	24.7	14.5
2023年	1049.8	-20.5	433.5	-23.7	41.3	251.8	-22.9	58.8	-28.6	23.4%	24.0	13.6
2024年	1077.2	2.7	444.7	2.6	41.3	260.7	3.5	61.6	4.8	23.6%	24.2	13.9

注　表中棉制指棉花制品，不包括棉型化纤制品。

资料来源：中国海关

2025年我国棉纺织行业发展形势展望

一、面临的挑战

终端有效需求不足。2024年，全国居民消费价格同比仅上涨0.2%，全国工业生产者出厂价格当月同比自2022年10月以来至2024年底持续为负值。2024年，服装、鞋帽、针纺织品类零售额同比增长0.3%，低于全社会消费品零售总额增速3.2个百分点。部分宏观经济指标显示国内纺织服装终端需求仍显不足，棉纺织行业回升向好的基础仍待稳固。

国际形势复杂严峻。当前，贸易保护主义、单边主义和地缘政治冲突交织，世界经济运行的不确定性仍然很大。2025年美国采取单边加征关税举措，严重违反世界贸易组织规则，对中美乃至与全球各国间开展正常经贸合作造成破坏。我国棉纺织终端产品对美国出口占比较高，在加征关税负面影响中首当其冲。

新旧动能转换阵痛。棉纺织行业是我国纺织现代化产业体系中不可或缺的重要环节，必将随纺织行业发展步伐进入深度结构调整转型关键期。但当前行业发展信心和预期未见明显改善，增长动力机制亟须健全，新旧动能转换仍需时日，行业核心竞争力不显著，话语权偏弱，受原料供应端冲击和终端有效需求不足双向挤压，全要素生产率还有较大提升空间。

二、发展机遇

宏观政策环境发展机遇。2024年中央经济工作会议在部署2025年国家经济工作时将大力提振消费、提高投资效益，全方位扩大国内需求列为2025

年九大重点任务之首。更加积极有为的宏观政策，将有利于扩大国内需求，推动科技创新和产业创新融合发展，有利于棉纺织行业稳定预期、激发活力，推动经济持续回升向好。

新兴增长动能接续转换机遇。2024年4月，国家七部门联合印发《推动工业领域设备更新实施方案》，明确指出将"纺织行业更新转杯纺纱机等短流程纺织设备，细纱机、自动络筒机等棉纺设备"列入实施先进设备更新行动，加快落后低效设备替代

的重点任务。通过行业内发展新质生产力推动科技创新和产业创新融合发展，将促进棉纺织产业高端化、智能化、绿色化，有效提升全要素生产率。在传统增长动能和新兴增长动能接续转换加速演进的关键时期，棉纺织行业应乘势而为，加快培育新质生产力，把握数字化、智能化赋能产业"数实融合"新机遇，实现高质量发展。

（撰稿人：郭占军）

毛纺织业

中国毛纺织行业协会

2024年是充满压力挑战的一年。受新的经济发展周期、叠加地缘政治影响和全球供应链重构加速推进，欧盟可持续政策致使贸易壁垒加码、消费需求分化、原材料价格波动和技术创新冲击等影响，行业发展面临着复杂严峻的形势和有效需求不足的现实考验。中国毛纺行业通过科技创新、产业链的协同合作和调整市场结构，企业向智能制造和多元化服务转型，促进内需市场，持续优化出口结构，行业展现出较强的韧性。展望2025年，我国毛纺行业应积极应对国际贸易政策调整、加强企业技术创新能力，增强人才队伍培养，促进可持续化发展转型，积极应对挑战并把握机遇，提升我国毛纺行业竞争力实现创新、智造、可持续发展。

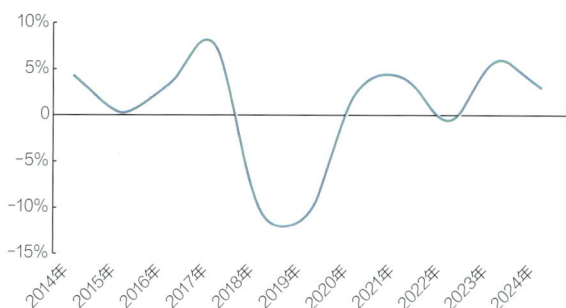

图1　2011～2024年毛纱线产量同比变化情况

资料来源：国家统计局

毛织物的产量在过去两年处于相对较低水平。2024年，规模以上企业毛织物产量同比下降8.64%，降幅较2023年继续加深3.37个百分点（图2）。

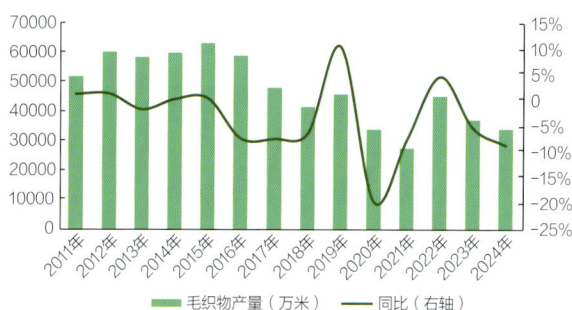

毛织物产量（万米）　　同比（右轴）

图2　2011～2024年毛织物产量同比变化情况

资料来源：国家统计局

2024年我国毛纺织行业经济运行情况

一、生产形势稳中有进，供需仍需调整

2024年，我国毛纺行业在产能优化与供需调整的双重作用下，呈现出"稳增长"与"深调整"并行的运行特征。面对国际供应链重构与国内消费升级的叠加影响，行业内部结构性矛盾不容忽视。根据国家统计局和中国毛纺织行业协会相关数据，2024年我国规模以上企业的毛纱线同比增长3.02%，生产规模呈现回升态势。2020年至今，毛纱线的生产持续保持增长，与毛针织服装市场的持续扩张趋势保持一致（图1）。

二、国内外市场呈现差异

（一）内销市场

根据国家统计局数据，2024年我国限额以上服装、鞋帽、针纺织品类商品零售额同比仅增长0.3%；同期全国网上穿类商品零售额同比增长

25

1.5%，增速与2023年相比呈现不同程度的回落态势（图3）。尽管我国纺织品服装内销总体保持增长态势，但在外部形势更趋严峻背景下，国内有效需求仍显不足，居民毛纺织产品消费能力及意愿均有待提升，特别是高档毛纺织面料消费需求仍待释放。

图3　2015～2024年中国纺织品服装内销指标增速变化情况

资料来源：国家统计局

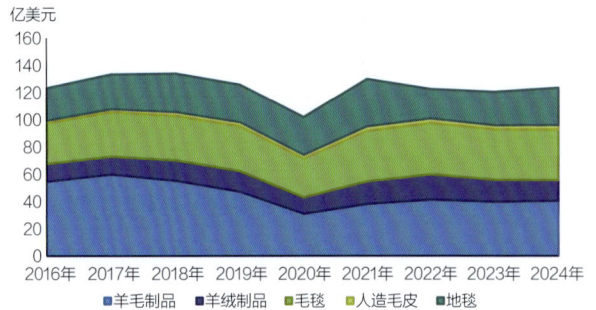

图4　2016～2024年中国毛纺原料与制品出口情况

资料来源：中国海关

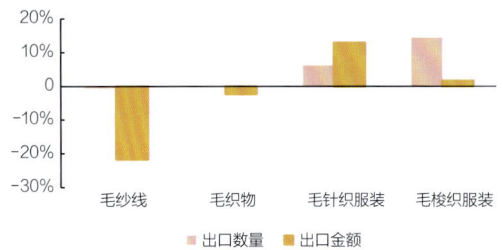

图5　2024年主要毛纺制成品出口增速变化情况

资料来源：中国海关

（二）出口形势发生波动

2024年，受外部环境更趋错综复杂影响，我国纺织行业出口环境整体承压。毛纺织行业外贸形势也受到相关因素影响，出口规模尚可保持正增长态势，但出口结构呈现分化态势：靠近终端消费的制成品出口表现好于中间产品出口；新兴出口市场表现好于传统市场。

根据中国海关数据，2024年我国毛纺原料及制品出口总额为122.7亿美元，同比增长1.4%（图4）。按大类出口产品来看，2024年羊毛制品、羊绒制品、毛毯、人造毛皮、地毯出口金额分别为40.6亿美元、15.2亿美元、36.9亿美元、3.2亿美元、27.6亿美元，同比分别增长1.5%、-5.3%、0.33%、9.4%、11.8%。

毛纺制成品出口表现好于毛纱线等中间产品。从出口规模来看，2024年我国毛纱线、毛织物、毛针织服装和毛机织服装出口金额同比分别增长-21.6%、-2.4%、12.9%和1.7%，从出口数量来看亦呈现相似走势（图5）。

毛纺中间产品与毛纺最终产品的出口目的地情况亦呈现分化态势（图6）。东盟是我国毛纱线、毛织物等中间产品最主要出口目的地，2024年我国对东盟出口毛纱线、毛织物金额分别为2.69亿美元和2.24亿美元，同比分别增长22.9%、0.9%，占我国对全球毛纱线、毛织物出口总额的占比分别为38.81%和48.05%。欧美发达经济体是我国毛制服装出口的主要目的地，2024年我国对欧盟出口毛制服装及衣着附件共计7.93亿美元，同比增长9.82%，其中对欧盟出口羊毛衫金额占比超过40%；同期对美国出口毛制服装及衣着附件共计5.48亿美元，同比增长12.9%，其中对美国出口羊绒衫金额占比接近45%。

（三）进口量有所回升

根据中国海关数据，2024年我国羊毛进口额为20.47亿美元，同比增加0.58%，进口均价为6.28美元/千克，同比回落8.4%（图7）；进口量为32.6万吨，同比增长9.7%。其中，进口含脂毛27.5万吨，同比增长8.62%，占比超过70%。2024年，中国进口各类动物纤维进口额共2.7亿美元，同比下跌7.08%，共计2.1万吨，同比增长4.97%。主要受国际市场需求波动及汇率影响，进口单价下降叠加国内规模化采购策略，有效降低了企业原料成本压力。

图6　2024年中国毛纺中间产品与毛纺最终产品的
出口目的地

资料来源：中国海关

图7　2014～2024年羊毛进口量与单价变化情况

资料来源：中国海关

从各类毛纺原料价格看，在汇率与需求的影响下，羊毛进口单价在年内较为平稳，年末上扬。出口羊毛价格短期出现震荡但快速恢复平稳。其他动物毛的价格在年内波动巨大，年中高价可能与特定品类，如稀缺特种动物毛集中进口有关，年末回落或反映供需平衡恢复。羊绒作为奢侈品原料，价格受国际品牌采购周期影响（图8）。

（四）我国在全球主要毛纺织进口市场份额有所下滑

近两年来，欧美、日本等全球主要毛纺织产品

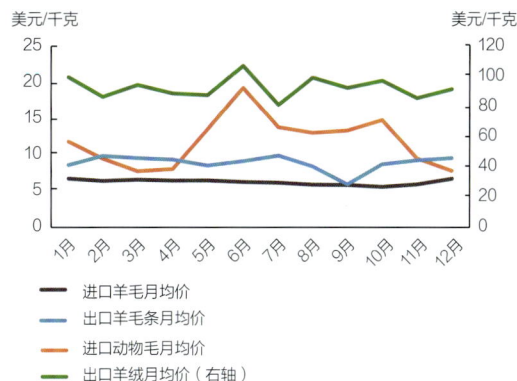

图8　2024年主要毛纺原料月度进出口单价变化情况

资料来源：中国海关

消费地区经济增长动力不足，终端需求呈现较为明显的放缓态势，全球毛纺织产品进口需求更显疲软。2024年，美国、欧盟、日本自全球进口各类毛纺产品金额分别为42亿美元、45.6亿美元和13.8亿美元，其中仅美国进口额同比小幅增长0.78%，欧盟、日本毛纺产品进口额同比分别减少7.79%和1.59%。同期，我国在美国、欧盟和日本进口市场所占份额分别为25 %、36 %和33%，较2023年分别4.12%、−6.1%、−9.44%（图9）。从2014~2024年这十年间的变化来看，我国毛纺织产品在国际市场面临的竞争压力逐步加大，与十年前相比，我国在美国、欧盟和日本毛纺织产品的进口市场份额分别下滑12.25个百分点、2.34个百分点和24.56个百分点。

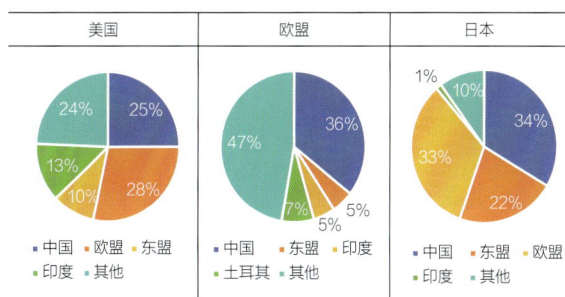

图9　2024年美国、欧盟、日本主要毛纺消费市场
进口目的地份额情况

资料来源：美国商务部、日本财务省、欧盟统计局

（五）山羊绒进出口

2024年，中国山羊绒原料及制品进出口总额为20.2亿美元，同比下降4.69%。其中，出口额为15.2亿美元，同比下降6.09%；进口额为5.1亿美元，同比微降0.26%。整体市场呈现量价双降趋势，但进口跌幅有所缓和。同时，国际市场波动、价格压力及供应链调整对行业影响显著，需进一步优化产品结构以平衡量价关系。

1.出口概况

传统市场需求疲软，东盟、韩国等市场增长显著，但低价竞争加剧，导致高端化与低价化并存的结构性矛盾。无毛绒出口量为3034.11吨，同比下降20.13%；出口金额为28936.42万美元，同比下降17.36%。传统市场如意大利、日本、英国出口量大幅下滑，但单价保持稳定，平均单价为95.37美元/千克，同比增长3.47%。纱线出口量为2706.21吨，同比下降37.73%；出口金额为28857万美元，同比下降37.18%。对美、欧盟等主要市场出口量骤降超70%，但高价值产品占比提升，平均单价为133.32美元/千克，同比上涨26.97%。韩国、越南等新兴市场出口量增长，但单价低于传统市场。粗梳织物出口量为8.53万米，同比下降25.61%；出口金额为445.85万美元，同比下降3.62%。产品结构向厚重高价值方向调整，单价为52.29美元/米，同比上涨29.59%。羊绒衫出口量为2426.49万件，同比增长11.06%；出口金额为79392.41万美元，同比增长19.17%。对美出口量增长31.6%，单价达42美元/件；但对欧盟出口单价同比下降10.9%，低价产品占比显著增加。东盟市场出口量激增119.5%，但价格偏低。围巾出口量为748.71万条，同比增长27%；出口金额为12032.42万美元，同比微增2.9%。市场竞争加剧导致单价跌至16.07美元/条，同比下降19%（表1）。

表1　2024年中国山羊绒制品出口情况

产品类别	单位	数量	出口金额（万美元）	出口数量同比（%）	出口金额同比（%）
无毛绒	吨	3034.11	28936.42	−20.13	−17.36
纱线	吨	2706.21	28857.00	−37.73	−37.18
粗梳织物	万米	8.53	445.85	−25.61	−3.62
羊绒衫	万件	2426.49	79392.41	11.06	19.17
围巾	万条	748.71	12032.42	27.00	2.90

资料来源：中国海关

2.进口概况

2024年，山羊绒原料及制品进口呈现显著分化，国内消费分层加剧。高端纱线、织物及欧洲奢侈品需求稳定，东盟低价产品进口激增，反映国内消费多元化需求。未梳山羊绒进口量为2921.70吨，同比下降30.9%，金额下降27.8%，但单价微增4.6%，内蒙古和河北为主要进口省份。纱线进口量为302.18吨，增长10.6%，高端产品占比突出，广东省占总量89%，单价同比上涨20.1%。粗梳织物进口量为11.07万米，增长19.5%，意大利产品占82%，单价上涨19.2%。羊绒衫进口量为44.75万件，同比增长10.8%，但金额下降3.3%，东盟低价产品进口激增473.8%，均价为44美元，意大利高端产品单价达748美元，同比上涨7%。围巾进口量为52.88万条，同比增长18.7%，欧洲高端产品主导市场，均价为317美元，上涨16.7%。

三、效益情况基本平稳

在总体偏弱的产销形势和不确定因素较多的外部环境下，2024年我国毛纺织行业效益情况基本保持平稳，但市场竞争加剧、企业发展承压等困难和问题仍然存在。根据国家统计局数据，2024年规模以上毛纺织企业营业收入同比增长1.93%，利润总额同比增长0.17%，增速较2023年分别回升3.2个百分点和179个百分点；根据中国毛纺织行业协会测算，2024年规模以上毛纺织企业平均营业收入利润率为4.13%，与2023年基本持平（图10）。在国内外市场需求不足、产销衔接有待顺畅、产成品库存压力提升等诸多考验下，企业发展分化态势更趋显著。根据中国毛纺织行业协会测算数据，2024年规模以上毛纺织企业产成品占流动资产比例达21.16%，企业亏损面为24.9%，仍处于较高水平（图11）。

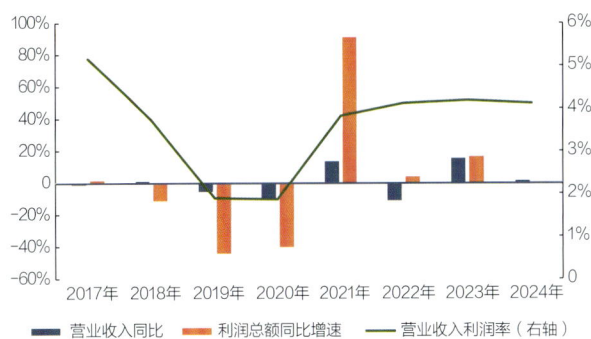

图10　2017~2024年中国规模以上
毛纺织企业效益情况

资料来源：国家统计局

图11　2015~2024年规模以上
毛纺织企业亏损面变化情况

资料来源：国家统计局

2025年毛纺织行业发展趋势及转型路径

在全球贸易加速重构与宏观经济复苏动能疲软的双重压力下，中国毛纺行业以产业链韧性和创新效能展现出稳中求进的态势，面对毛纺行业产品"高端回流、中低端分流"的全球产业竞争态势行业通过制造体系升维、价值链再造、生态化转型增强行业竞争优势。行业从规模扩张向价值跃迁演进，2025年，毛纺织行业将在全球供应链重构与低碳经济转型的双重驱动下加速变革。行业发展趋势将围绕智能化、可持续化与市场多元化展开，企业需通过技术创新与模式优化突破发展瓶颈。加速推动企业智能化制造全面覆盖，推动生产成本结构性下降、效率提升，同时为应对绿色贸易壁垒，循环经济体系构建成为行业必修课。市场格局仍需深度调整，以第三方认证机制将继续把控毛纺产品出口市场的趋势，随着中美贸易形势的变化，毛纺产品出口品类结构将进一步调整，毛纺企业的国际化布局在2025年将成为关键词，内需市场分层加剧，天然可持续的毛纺产品其健康性、功能性的市场潜力进一步显现。内外两个市场的协同发展，应及时调整企业应对措施积极布局市场调整。

（撰稿人：王睿哲　张书勤）

麻纺织业

中国麻纺织行业协会

2024年,面对外部压力加大、内部困难增多的复杂严峻形势,麻纺织行业作为独特的历史经典和民生产业,充分发挥行业资源、生产和国际贸易比较优势,依然取得了不错的经济效益。根据国家统计局数据,2024年麻纺织行业规模以上企业营业收入、利润总额和出口交货值等主要经济运行效益指标同比均有较高增长,亚麻纺纱锭规模接近80万锭,占全球亚麻纤维加工产能的70%左右,大麻、苎麻、黄麻等纤维纺织规模也稳中有升。根据中国海关数据,2024年不含麻制服装及附件的麻纺织产品出口金额同比增长27.1%,行业企业盈利状况较好。

2024年麻纺织行业运行基本情况

根据国家统计局、中国麻纺织行业协会数据,2024年规模以上麻纺织及染整精加工企业营业收入、利润总额、资产总计、流动资产合计和出口交货值较2023年都实现了较高的增长,分别为17.52%、15.9%、9.1%和8.1%,均高于同期纺织行业、纺织业增速水平(图1)。这与国际市场原材料价格上涨有关,但更离不开麻纺织产品的独特性能带来的满足消费升级需求优势、国内麻纺织行业的完整产业链优势以及企业设备技术工艺等创新带来的生产贸易新优势。

从季度环比数据看,2024年一季度我国规模以上麻纺织企业比2023年第四季度利润大幅下降,主要原因是受新年假期影响;第二季度企业盈利水平环比转正回升,第三季度环比再度回落转负

(图2),主要原因是由于近两年亚麻和大麻原料供应波动性增强;到第四季度企业出口交货值环比增幅较高,与麻纺织行业运行的季节性特点有关,也不排除年底"抢出口"以及国际上对进口产品加收关税等因素影响。

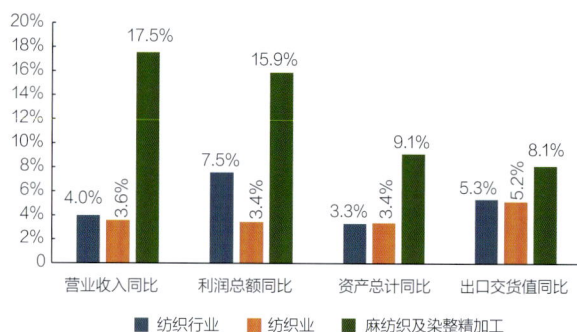

图1 2024年麻纺织行业主要经济指标
同比增速对比情况

资料来源:国家统计局,中国麻纺织行业协会

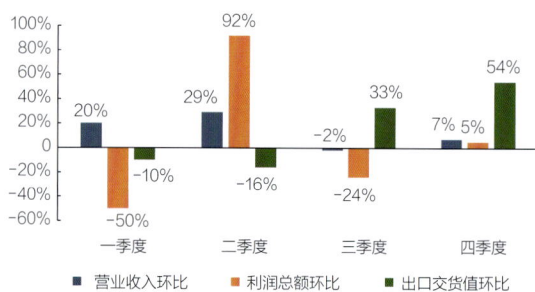

图2 2024年麻纺织行业主要经济指标环比
增速情况

资料来源:国家统计局

对比2024年麻纤维纺前加工和纺纱业以及麻织造加工业分季度主要经济指标环比变化，原料价格的起伏对上游纺纱环节的影响更为明显，价格的起伏对纺纱企业冲击更大。麻织造加工业主要经济指标变化与麻纺织行业经济指标变化较一致，这与麻织造加工业所处的产业链环节有关。

根据中国麻纺协会测算，2024年麻纺织行业企业经营成本、销售费用、管理费用和财务费用指标同比增幅分别为18.24%、9.65%、10.61%和4.42%，同期纺织业对应指标同比增幅分别为3.33%、5.06%、4.23%和−5.20%。麻纺织行业企业在盈利指标上有着不错表现的同时，由于原料价格大幅度上升，导致企业经营成本、管理费用和财务费用指标大幅上升。麻纺织行业企业经营管理效率有提升空间，也是提高核心竞争力，促进行业高质量发展的发力点。

2024年麻纺织行业进出口分析

麻纺织行业细分类别多（亚麻、大麻、黄麻、苎麻等）、体量小且"两头在外"特点突出，主要原料对外依存度高。根据中国海关数据，2024年亚麻纤维及短纤进口数量为19.5万吨，黄麻纤维及短纤进口数量为29621吨，大麻纤维及短纤进口数量为9275吨。其中，2024年亚麻打成麻进口数量为9.35万吨，比2023年14.32万吨减少35%；大麻纤维和黄麻纤维进口量较2023年也均有大幅增加，分别为114.46%和77.80%。究其原因，2023年欧洲亚麻歉收导致亚麻打成麻原料短缺、价格上涨，企业寻求亚麻打成麻的替代原料，以及部分产品从纯亚麻转向亚麻混纺，进而带来了亚麻二粗和其他麻类纤维的需求量增加。

2024年我国麻纺织产品（包括纤维、纱线、织物及制品）出口总额为23.81亿美元，同比增长27.13%，其中亚麻纺织产品出口占比为80%左右。

一、麻纺主要原料进口情况

（一）亚麻纤维进口情况

我国亚麻、黄麻纤维主要依靠进口，其中亚麻纤维进口呈相对平稳态势，近五年来均保持在20万吨左右，占比超过麻纤维（亚麻、苎麻、大麻、黄麻）进口量的80%。2024年，我国亚麻纤维进口总量为19.5万吨。由于2023年亚麻歉收导致打成麻原料短缺，对短麻的需求增加，2024年短麻进口量首次超过长麻（打成麻）的进口数量（图3）。

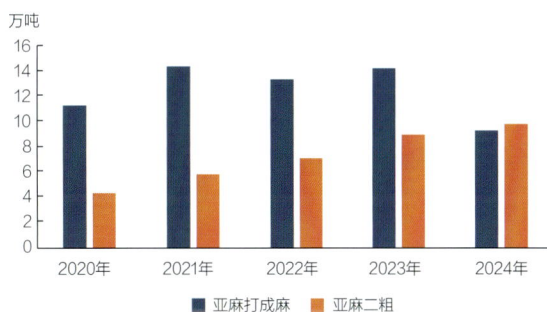

图3　2020～2024年中国亚麻纤维进口数量统计

资料来源：中国海关

从进口国别看，2024年法国、比利时、埃及依然是我国亚麻纤维主要进口国（图4）。因原料短缺而寻求更多渠道，2024年自白俄罗斯、俄罗斯的亚麻纤维进口量有所增加，且来自越南的进口主要以在越南进行初加工的亚麻短纤为主。

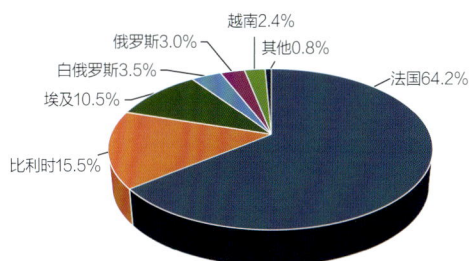

图4　2024年中国亚麻纤维进口数量国别统计

资料来源：中国海关

从亚麻纤维进口价格走势来看，受2023年欧洲亚麻歉收影响，2024年我国进口亚麻打成麻纤维数量大幅下降。但2024年欧洲亚麻迎来丰收，长纤维产量创历史纪录。在短期供给波动加剧背景下，2024年四季度，亚麻纤维价格出现大幅下跌，一度给市场造成一定恐慌。

由于2024年欧洲和埃及都大幅增加了亚麻种植面积，并且获得大丰收，因此终止了亚麻纤维价格的高涨，并转而回归正常的市场价格。受原料供应影响，亚麻打成麻价格剧烈波动虽在预料之中，但波动速度过快也加大了企业适应难度。

2023年打成麻价格的上涨以及2024年打成麻的短缺带动了亚麻二粗需求量的增长。通过数据对比，2023～2024年亚麻二粗的进口数量和价格变化趋势与打成麻的进口数量和价格变化趋势相呼应。

（二）大麻纤维进口情况

随着我国大麻纤维纺织产业的发展和大麻产品的宣传推广，市场对大麻纤维的需求量也在逐年上升。近年来我国大麻纤维的进口数量呈快速增长趋势（图5）。2024年进口大麻纤维及短纤为9275吨，比2023年增长115%，进口国包括法国、比利时、加拿大、俄罗斯、德国、荷兰和美国等。

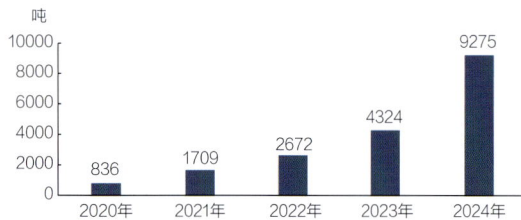

图5 2020～2024年中国大麻纤维及
短纤进口数量统计

资料来源：中国海关

（三）黄麻纤维、纱线进口情况

我国黄麻纤维主要依靠进口，主要进口国为孟加拉国，自菲律宾和印度有少量进口。2024年中国进口黄麻纤维数量为29621吨，比2023年增

长77.8%，创近五年黄麻纤维进口数量新高。其中，自孟加拉国进口黄麻纤维数量为28775吨，占总进口数量的97.1%。2024年我国进口黄麻纱线数量为110382吨，较去年同期略有减少（图6、图7）。

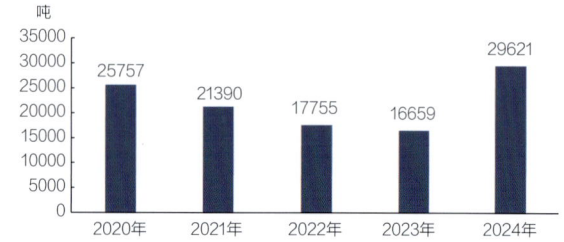

图6 2020～2024年中国黄麻纤维及
短纤进口数量统计

资料来源：中国海关

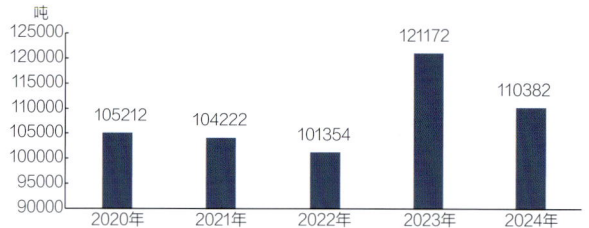

图7 2020～2024年中国黄麻纱线进口数量统计

资料来源：中国海关

二、麻纺织产品出口情况

2024年我国麻纺织产品出口金额为23.8亿美元，比2023年增长27.1%。2020～2024年间，除苎麻纺织产品出口金额年均增长率为负外，亚麻、黄麻和大麻纺织品的出口金额年均增长率均为两位数。2024年我国麻纺织产品出口贸易伙伴有180多个国家和地区，出口产品主要包括各类麻纱线、麻织物以及麻制床上用品和麻制餐桌、盥洗和厨房用品等。

（一）亚麻纺织品出口情况

2024年麻纺织产品出口中，亚麻纱线、织物出口金额占比为79.3%（图8）。其中亚麻纱线出口数量1.79万吨，同比小幅增加1.75%，出口金额为2.92亿美元，同比增长21.22%。亚麻织物出口总计34071万米，其中纯亚麻织物为7137万米，亚麻混纺织物为24256万米，同比增幅分别为7.74%、−9.72%、14.25%；出口金额同比增幅分别为30.83%、22.82%、39.46%。

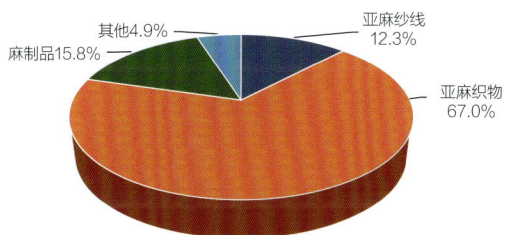

图8　2024年中国麻纺织产品出口金额占比统计

资料来源：中国海关

虽然受到原料减产的影响，纯亚麻纱、纯亚麻织物出口量呈现下降趋势，但是由于价格上涨，纯亚麻纱的出口金额依然实现较大幅度增长。亚麻混纺面料近年来快速增长，弥补了亚麻原料短缺造成的影响（图9、图10）。

根据中国海关数据，2024年我国亚麻纱出口主要集中在印度、意大利、土耳其、葡萄牙、孟加拉国以及越南等国家；亚麻织物出口则主要集中在以孟加拉国为主的东南亚地区，在这些地区做进一步加工后再销往全球市场。

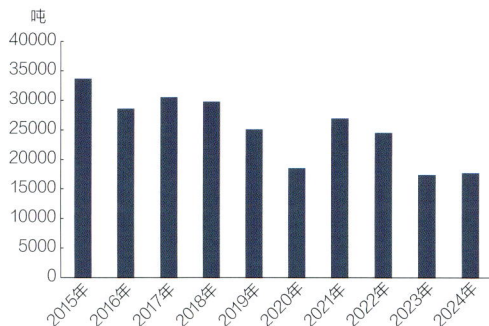

图9　2015～2024年中国亚麻纱线出口数量统计

资料来源：中国海关

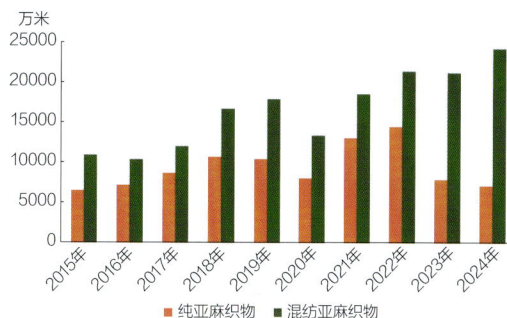

图10　2015～2024年中国亚麻织物出口数量统计

资料来源：中国海关

（二）苎麻纺织品出口情况

2024年我国苎麻纱线出口数量为282吨，出口数量与2023年基本持平；苎麻织物出口数量为1189万米，比2023年下降34.41%。虽然苎麻织物出口数量下降幅度比较大，但2024年苎麻织物内销十分紧俏，出现了供不应求的局面（图11、图12）。

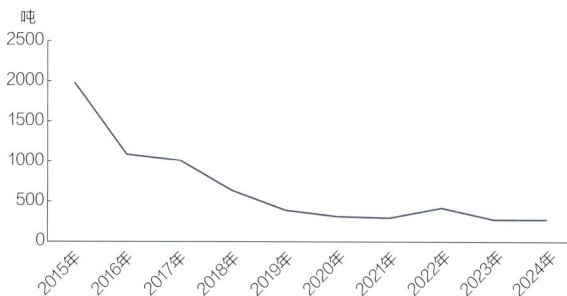

图11　2015～2024年中国苎麻纱线出口数量统计

资料来源：中国海关

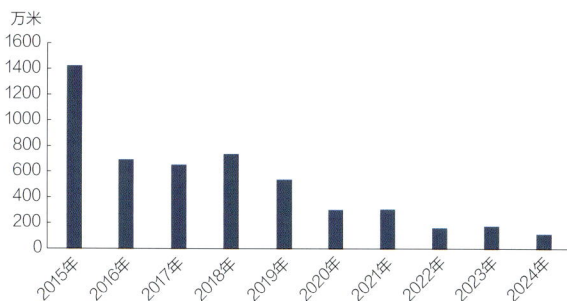

图12　2015～2024年中国苎麻织物出口数量统计

资料来源：中国海关

2024年中国苎麻织物主要出口国家为韩国、荷兰、巴西、土耳其、西班牙、印度、多哥、日本、印度尼西亚和德国。

（三）大麻纺织品出口情况

2024年大麻纤维受亚麻原料短缺影响，市场供不应求，部分纤维起到了替代亚麻的作用。2024年我国大麻纱线出口数量为499吨，同比减少20.89%；大麻织物出口数量为319万米，同比增长25.80%（图13、图14）。

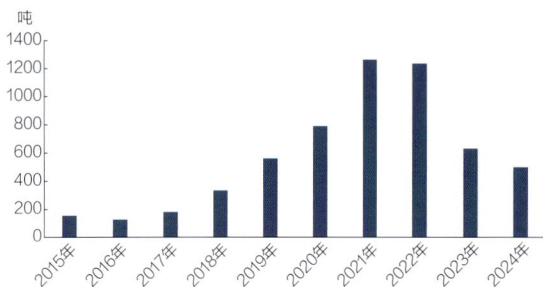

图13　2015～2024年中国大麻纱线出口数量统计

资料来源：中国海关

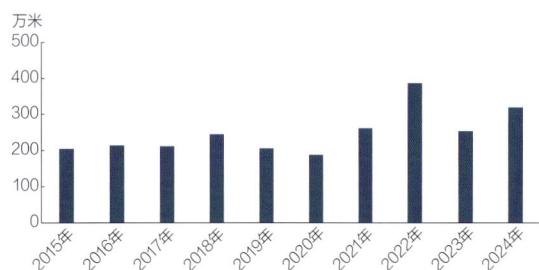

图14　2015～2024年中国大麻织物出口数量统计

资料来源：中国海关

2024年我国大麻织物主要出口国家为柬埔寨、德国、越南、日本、斯里兰卡、南非、韩国、印度尼西亚、孟加拉国、西班牙、印度、加拿大、美国、荷兰和尼加拉瓜。

（四）黄麻纺织品出口情况

黄麻纱线出口数量近年来呈逐渐上升趋势。2024年我国黄麻纱线出口数量为3264吨，比2023年增长36.72%；黄麻织物出口数量为1171万米，略低于2023年出口数量（图15、图16）。

我国黄麻纱线和黄麻织物出口市场主要集中在欧美等发达国家和东南亚地区。2024年，我国黄麻纱线主要出口国家为美国、德国、荷兰、法国、日本、波兰、俄罗斯、印度尼西亚、英国、韩国、加拿大、西班牙、澳大利亚、意大利和马来西亚；我国黄麻织物主要出口国家为印度尼西亚、沙特阿拉伯、英国、德国、美国、法国、越南、西班牙、荷兰、古巴、波兰和澳大利亚。

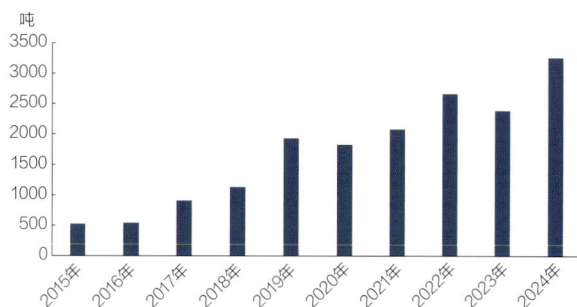

图15　2015～2024年中国黄麻纱线出口数量统计

资料来源：中国海关

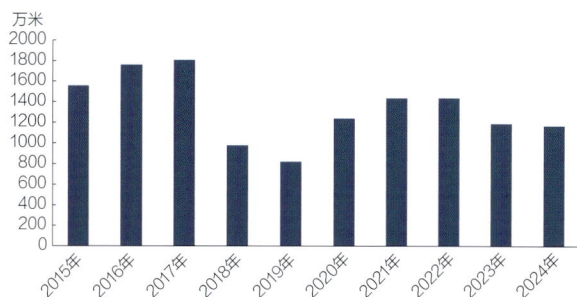

图16　2015～2024年中国黄麻织物出口数量统计

资料来源：中国海关

（五）麻制品出口情况

我国麻纺织产品出口中，麻制床上用品，麻制餐桌、盥洗及厨房用品和麻制装饰用品为主要出口麻制品。2024年中国麻制品出口金额为6.94亿美元，比2023年增长36.4%，其中麻制床上用品出口金额为2.04亿美元，比2023年增长18.4%，麻制餐桌、盥洗及厨房用品出口金额为1.15亿美元，比

2023年大幅增长117.8%。随着消费者对麻制品舒适、健康、绿色等优良纤维特性的了解与认同，麻制品的市场需求也日趋广阔（图17～图19）。

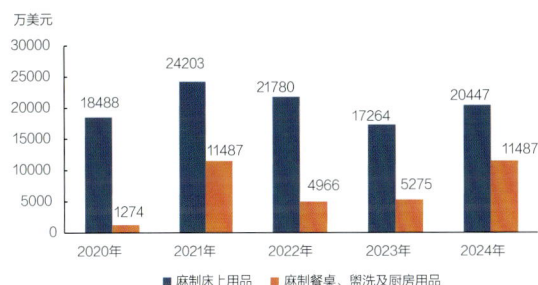

图17　2020～2024年中国主要麻制品出口金额统计

数据来源：中国海关

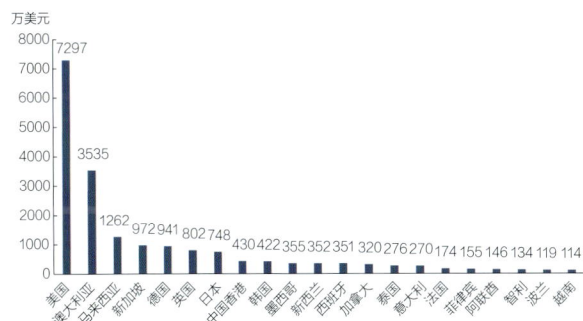

图18　2024年中国麻制床上用品出口金额国别/地区统计

数据来源：中国海关

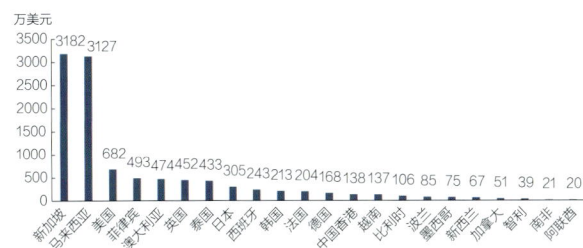

图19　2024年中国麻制餐桌、盥洗及厨房用品出口金额国别/地区统计

数据来源：中国海关

综上可以看出，终端麻制品多出口至收入水平较高的国家和地区，而亚麻纱线、织物作为中间产品，多出口至麻纺织产业下游加工能力强的国家和地区。这符合作为消费品和民生产业的麻纺织行业进行全球化资源配置的产业发展规律。

2025年麻纺织行业展望

2025年是"十四五"规划收官之年，也是谋划"十五五"发展的关键之年。麻纺织行业依然面临外部环境的不利影响和内部改革发展、产业转型升级过程中出现的困难挑战，但也有2025年中国经济实施更加积极有为的宏观政策，实施积极的财政政策和适度宽松的货币政策，打好政策组合拳，并将全方位扩大国内需求放在全年重点任务之首等政策带来的发展机遇。特别是2025年年初召开的民营企业座谈会，给民营企业占绝大多数的麻纺织行业企业增强了信心，指明了发展方向。虽然外部环境更趋复杂严峻，不确定因素将有所增多，但是麻纺织行业原料及产品的独特性将助力市场需求不断提升，行业企业要利用国内超大规模潜在市场优势和全方位扩大内需政策导向，充分发挥麻纺织终端产品覆盖百姓日常、自带绿色健康基因，以及更能满足消费者对舒适、绿色、时尚、健康等美好生活消费需求的独特优势，扩大内需市场份额。预计2025年麻纺织行业有望继续保持平稳向好经济运行态势，高质量发展基础或将进一步夯实巩固。

（撰稿人：李宏宇　孙凌）

丝绸业

中国丝绸协会

2024年丝绸业经济运行情况

2024年以来，面对复杂严峻的外部环境和国内经济发展新形势，丝绸行业深入贯彻落实党中央、国务院决策部署，坚持稳中求进总基调，在国家宏观政策效应持续释放及消费市场逐步恢复等积极因素的支撑下，创新发展成效显著，供给需求持续改善，行业经济运行总体平稳，继续延续回升向好态势。

一、工业生产情况

（一）主要产品产量有升有降

据国家统计局、中国丝绸协会统计，2024年，丝绸行业规模以上企业主要产品产量同比有增有降（见表1）。其中，丝类产量同比增长3.79%，绸缎产量同比增长6.25%，蚕丝被产量同比下降7.53%。

表1　2024年全国规模以上丝绸企业产量情况

主要产品	同比（%）
丝类	3.79
绢丝	9.34
绸缎	6.25
蚕丝被	-7.53

资料来源：国家统计局

（二）各省市产量差异明显

据国家统计局、中国丝绸协会统计，2024年，广西壮族自治区、江苏、浙江、四川和云南等省（区）的丝产量居全国前五位，合计产量占全国总产量的86.64%。五省（区）的丝产量同比均实现不同程度增长。其中，广西壮族自治区丝产量同比增长5.02%，占全国总产量的46.42%；江苏、浙江和四川三省的丝产量同比分别增长5.17%、2.49%、2.75%，分别占全国总产量的14.19%、12.28%、8.2%；云南省的丝产量大幅增长，同比增长21.14%，占全国总产量的5.55%。绸缎产量前五位的省份中，浙江省同比增长4.14%，占全国总产量的43.48%；四川省同比增长2.71%，占全国总产量的24.97%；江苏省同比增长18.62%，占全国总产量的11.47%；广西壮族自治区和安徽省的绸缎产量同比分别增长32.91%和25.28%，"东绸西移"的态势更趋明显。

蚕丝被年产量排名前五的是浙江、山东、江苏、广东、湖南等五省，各省产量增减不一。其中，浙江省产量同比下降12.83%，占全国总产量的34.11%；山东省产量同比下降10.27%，占全国总产量的24.56%；广东省产量同比下降20.21%，占全国总产量的5.56%；江苏和湖南两省的蚕丝被产量同比则分别增长3.45%和77.62%，分别占全国总产量的22.1%和4.7%（表2~表4）。

表2   2024年各省市丝类（含绢丝）产量情况

序号	地区	同比（%）	序号	地区	同比（%）
1	广西壮族自治区	5.02	9	山东省	4.17
2	江苏省	5.17	10	重庆市	16.08
3	浙江省	2.49	11	河南省	-37.30
4	四川省	2.75	12	陕西省	6.90
5	云南省	21.14	13	江西省	-36.25
6	安徽省	-9.73	14	广东省	7.17
7	辽宁省	-2.54	15	山西省	4.93
8	贵州省	19.26	16	湖北省	62.68

资料来源：国家统计局

表3   2024年各省市真丝绸缎产量情况

序号	地区	同比（%）	序号	地区	同比（%）
1	浙江省	4.14	6	山东省	-29.56
2	四川省	2.71	7	重庆市	-64.03
3	江苏省	18.62	8	青海省	5.17
4	广西壮族自治区	32.91	9	云南省	-14.37
5	安徽省	25.28	10	江西省	12.09

资料来源：国家统计局

表4   2024年各省市蚕丝被产量情况

序号	地区	同比（%）	序号	地区	同比（%）
1	浙江省	-12.83	9	贵州省	-58.32
2	山东省	-10.27	10	江西省	-74.73
3	江苏省	3.45	11	上海市	21.23
4	广东省	-20.21	12	四川省	8.10
5	湖南省	77.62	13	陕西省	-63.28
6	广西壮族自治区	26.17	14	安徽省	-62.31
7	湖北省	17.99	15	福建省	25.86
8	河南省	184.49	16	重庆市	-18.86

资料来源：国家统计局

二、经济效益情况

（一）经济运行稳中有进

据国家统计局、中国丝绸协会统计，2024年全国规模以上丝绸企业营业收入同比增长5.75%；其中，缫丝加工营业收入同比增长11.36%，丝织加工营业收入同比增长2.6%，丝印染加工营业收入同比下降1.4%。企业利润总额同比下降7.43%；其中，缫丝加工利润同比下降5.8%，丝织加工利润同比下降12.3%，丝印染加工利润同比增长10.71%（图1、图2）。

2024年丝绸行业经济运行呈现前高后低走势，特别是从8月开始企业营业收入增速持续放缓、行业利润增速由正转负。与2023年相比，丝绸行业规模以上企业营业收入增速下降3.26个百分点，利润增速下降48.24个百分点（图3、图4）。

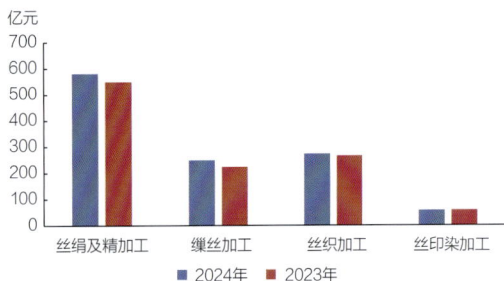

图1　2024年规模以上丝绸企业营业收入情况

资料来源：国家统计局，中国丝绸协会

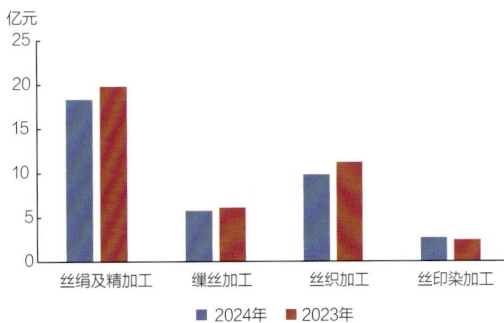

图2　2024年丝绸业各子行业利润情况

资料来源：国家统计局，中国丝绸协会

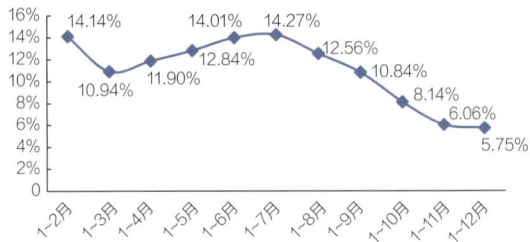

图3　2024年丝绸业营业收入增速情况

资料来源：国家统计局

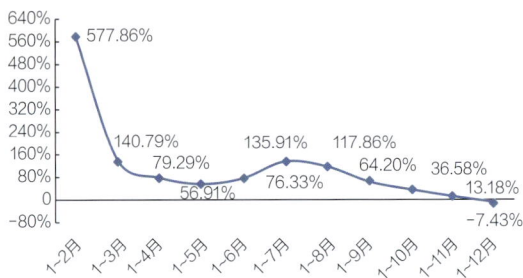

图4　2024年丝绸业利润增速情况

资料来源：国家统计局

（二）行业运行质效持续承压

据中国丝绸协会测算，2024年，丝绸行业规模以上企业亏损总额同比增长36.66%；亏损面25.32%，较2023年下降0.79个百分点，仍高于纺织行业平均水平4.49个百分点。企业存货同比增长7.68%；企业销售费用同比增长10.54%；管理费用同比下降2.02%；财务费用同比增长3.36%。总体来看，行业亏损企业的数量有所下降，亏损面进一步收窄，但由于丝绸出口持续下滑，内销市场增速放缓，叠加茧丝原料和劳动力等生产要素成本不断上涨等多重因素影响，三费支出居高不下，营业成本持续攀升，利润空间受到持续挤压，导致企业亏损总额同比大幅增长，丝绸企业两极分化情况进一步加剧，行业继续承压运行（表5）。

表5 2024年丝绸业主要经济指标变化情况

序号	主要经济指标	2024年同比（％）	2023年同比（％）	同比变化（百分点）
1	利润总额	-7.43	40.81	-48.24
2	营业收入	5.75	9.01	-3.26
3	营业成本	5.52	9.15	-3.63
4	三费支出	1.26	0.00	1.26
5	亏损面	25.32	26.11	-0.79
6	负债合计	4.00	2.57	1.43
7	亏损企业亏损总额	36.66	-2.7	39.36

资料来源：中国丝绸协会根据国家统计局数据测算

三、丝绸贸易情况

（一）丝绸内销市场小幅增长

据商务部监测，2024年，全国50家丝绸样本企业销售额为38.86亿元，同比增长4.2%。从分类丝绸产品的销售情况来看，真丝绸缎销售额为15.2亿元，同比增长13.68%；丝绸家纺销售额为13.85亿元，同比下降6.91%；真丝服装销售额为4.73亿元，同比增长10.48%；真丝服饰销售额为2.09亿元，同比增长0.19%；其他丝绸产品销售额为2.99亿元，同比增长11.75%。从2024年1~12月单月的销售数据看，2024年真丝绸产品月均销售额3.24亿元，较2023年月均增加1306.26万元，国内丝绸消费市场的潜力得到不断释放（图5）。

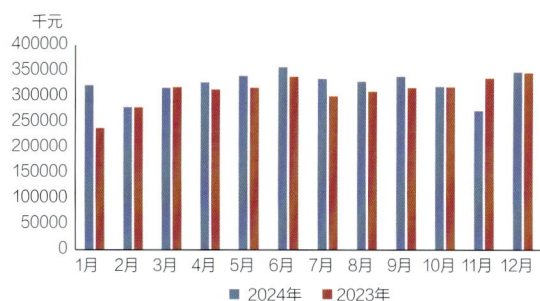

图5 2024年丝绸内销金额月度情况

资料来源：商务部

（二）真丝绸商品出口降幅收窄

根据中国海关统计数据，2024年全国真丝绸商品出口金额为14.38亿美元，同比下降3%，丝类、真丝绸缎和丝绸制成品等三大类商品出口金额同比增速呈"两降一升"态势。其中，丝类商品出口金额为38150.5万美元，同比下降11.26%，占比为26.53%，出口单价为54.71美元/千克，同比下降1.98%；真丝绸缎出口金额为35558.41万美元，同比下降7.74%，占比为24.73%，出口单价为7.12美元/米，同比增长8.63%；丝绸制成品出口金额为70101.11万美元，同比增长5.07%，占比为48.75%。

1. 主销市场出口企稳回升

2024年，对主销市场真丝绸商品出口较2023年降幅收窄9.5个百分点，止跌企稳迹象显现。欧盟27国与美国占据出口市场前两位，出口金额共计72609.41万美元，占出口总金额的50.49%。其中，对欧盟出口金额为43346.01万美元，同比增长1.24%；对美国出口金额为29263.4万美元，同比增长10.47%。排名前十的其他主销市场，出口金额同比均出现不同程度的下降。对印度、巴基斯坦、越南和澳大利亚的出口下降幅度较大，同比分别下降26.69%、19.78%、34.34%和17.82%（表6）。

表6 2024年中国真丝绸商品对主销市场出口情况

排名	国家和地区	出口金额（万美元）	同比（%）	占比（%）
1	欧盟27国	43346.01	1.24	30.14
2	美国	29263.40	10.47	20.35
3	印度	9702.44	−26.69	6.75
4	日本	7912.39	−12.83	5.50
5	中国香港	6375.77	−8.59	4.43
6	巴基斯坦	4479.82	−19.78	3.12
7	英国	4371.42	−8.51	3.04
8	越南	3998.86	−34.34	2.78
9	澳大利亚	3855.54	−17.82	2.68
10	韩国	3543.56	−9.07	2.46

资料来源：中国海关

在丝类商品出口方面，欧盟、印度、日本、越南、美国位列出口市场前五位。其中，对欧盟的丝类商品出口金额同比增长3.86%，占比为47.31%；对印度出口金额同比下降36.74%，占比为15.41%（表7）。

表7 2024年中国丝类商品对主销市场出口情况

排名	国家和地区	出口金额（万美元）	同比（%）	占比（%）
1	欧盟27国	18048.43	3.86	47.31
2	印度	5880.30	−36.74	15.41
3	日本	3614.82	−13.19	9.48
4	越南	2628.14	−42.87	6.89
5	美国	1543.70	5.37	4.05
6	巴基斯坦	1210.96	64.20	3.17
7	韩国	615.55	−20.85	1.61
8	缅甸	503.49	10.56	1.32
9	印度尼西亚	497.40	22.16	1.30
10	秘鲁	427.26	2.42	1.12

资料来源：中国海关

在真丝绸缎出口方面，排名前五位的国家和地区为欧盟、印度、巴基斯坦、中国香港和斯里兰卡，同比分别下降1.28%、1.79%、32.19%，增长19.65%和下降7.35%；分别占比增长25.61%、10.49%，下降1.4%和增长4.22%、1.65%（表8）。

在丝绸制成品出口方面，美国、欧盟、英国、澳大利亚和中国香港排主要市场的前五位。其中，对美国出口金额为26944.13万美元，同比增长10.73%，占比进一步提高，达到38.44%（表9）。

表8　2024年中国真丝绸缎对主销市场出口情况

排名	国家和地区	出口金额（万美元）	同比（%）	占比（%）
1	欧盟27国	9104.90	-1.28	25.61
2	印度	3728.50	-1.79	10.49
3	巴基斯坦	3251.88	-32.19	9.15
4	中国香港	2843.96	19.65	8.00
5	斯里兰卡	2556.87	-7.35	7.19
6	土耳其	1899.32	5.14	5.34
7	韩国	1698.67	-16.81	4.78
8	越南	1153.03	-3.03	3.24
9	日本	1029.17	-16.57	2.89
10	缅甸	941.27	-26.22	2.65

资料来源：中国海关

表9　2024年中国丝绸制成品对主销市场出口情况

排名	国家和地区	出口金额（万美元）	同比（%）	占比（%）
1	美国	26944.13	10.73	38.44
2	欧盟27国	16192.69	-0.13	23.10
3	英国	3686.14	-6.07	5.26
4	澳大利亚	3598.32	-15.67	5.13
5	中国香港	3401.83	-25.02	4.85
6	日本	3268.40	-11.17	4.66
7	新加坡	2561.50	79.16	3.65
8	马来西亚	2216.43	64.95	3.16
9	韩国	1229.34	14.08	1.75
10	加拿大	1009.19	-3.67	1.44

资料来源：中国海关

2.主要国内省市出口涨跌互现

2024年，浙江、江苏、广东、山东、上海等五省（区、市）真丝绸商品出口金额排名前五，出口总金额为115156.72万美元，占国内真丝绸商品出口总额的80.08%。除山东省出口金额同比增长13.88%外，其他四省市出口金额同比均有所下滑，其中，浙江省同比下降6.03%，江苏省同比下降0.92%，广东省同比下降2.93%，上海市出口金额降幅最大，同比下降21.3%（表10）。

表10　2024年真丝绸商品各省市出口情况

排名	省（区、市）	出口金额（万美元）	同比（%）	占比（%）
1	浙江省	49995.05	-6.03	34.76
2	江苏省	28083.77	-0.92	19.53
3	广东省	16230.08	-2.93	11.29
4	山东省	11365.04	13.88	7.90
5	上海市	9482.78	-21.30	6.59
6	四川省	9073.02	9.57	6.31
7	辽宁省	3585.27	4.94	2.49
8	福建省	3271.05	156.72	2.27
9	广西壮族自治区	3043.11	-40.34	2.12
10	云南省	1723.92	9.64	1.20

资料来源：中国海关

（三）真丝绸商品进口趋于稳定

2024年全国真丝绸商品进口金额为3.25亿美元，同比下降0.96%，较2023年降幅收窄8.21个百分点。其中，丝类商品进口金额为6952.8万美元，同比增长7.94%，占比21.42%；真丝绸缎进口金额为1634.94万美元，同比下降10.52%，占比为5.04%；丝绸制成品进口金额为23877万美元，同比下降2.58%，占比为73.55%。

从真丝绸商品自主要来源地进口情况来看，欧盟和印度是我国真丝绸商品进口占比较大的两个主要来源地，进口金额合计26351.44万美元，占进口总额的81.17%。其中，自欧盟进口金额为22544.47万美元，同比下降1.68%，占比为69.44%；自印度进口金额为3806.97万美元，同比增长14.65%，占比为11.73%（表11）。

从全国主要省（区、市）真丝绸商品进口情况来看，上海、浙江、广东三省位列前三，进口金额合计29174.67万美元，占比为89.86%。云南省真丝绸商品进口实现大逆转，从2023年下降66.8%转为2024年增长74.93%，进口金额排名全国第四（表12）。

表11 2024年真丝绸商品自主要来源地进口情况

排名	国家和地区	进口金额（万美元）	同比（%）	占比（%）
1	欧盟27国	22544.47	-1.68	69.44
2	印度	3806.97	14.65	11.73
3	乌兹别克斯坦	1277.53	-1.97	3.94
4	缅甸	746.53	48.23	2.30
5	朝鲜	689.94	2.71	2.13
6	越南	421.93	10.59	1.30
7	日本	321.00	-2.27	0.99
8	瑞士	210.85	-4.60	0.65
9	韩国	144.69	-23.03	0.45

资料来源：中国海关

表12 2024年真丝绸商品各省市进口情况

排名	省（区、市）	进口金额（万美元）	同比（%）	占比（%）
1	上海市	22557.02	-2.95	69.48
2	浙江省	4483.10	14.94	13.81
3	广东省	2134.55	19.11	6.57
4	云南省	601.72	74.93	1.85
5	北京市	471.74	-26.50	1.45
6	江苏省	415.51	-2.15	1.28
7	山东省	367.91	-13.66	1.13
8	海南省	333.76	-23.81	1.03
9	安徽省	289.40	-39.40	0.89
10	四川省	259.50	49.69	0.80

资料来源：中国海关

四、茧丝交易市场情况

2024年以来，受南方持续高温干旱天气、蚕茧生产成本增加等因素影响，各地桑蚕茧收购价格普遍达60元/千克左右，部分地区甚至超过70元/千克，较2023年上涨20%左右。生丝价格在3月初创出历史新高之后，受国内外市场需求不足影响，随后开始出现震荡回落走势。截至12月底，4A

级生丝价格为46.53万元/吨，较年初下降8.93%，较最高价53.61万元/吨下降13.21%，茧丝价格倒挂风险开始显现（图6、图7）。

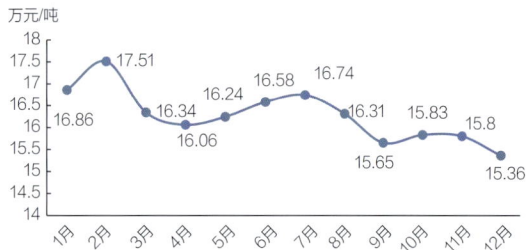

图6　2024年干茧价格走势

资料来源：中国茧丝绸交易市场

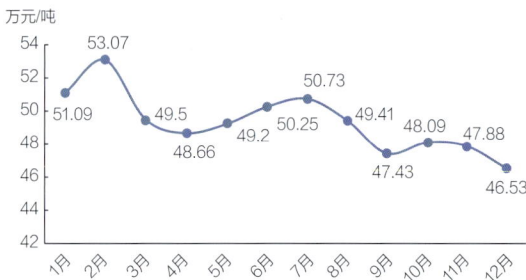

图7　2024年4A级生丝价格走势

资料来源：中国茧丝绸交易市场

2025年丝绸行业面临的发展环境

一、世界经济温和增长，不确定性上升

2025年，全球通胀有望持续放缓，主要经济体将处于降息通道，财政政策保持相对宽松，世界经济将继续保持温和增长。国际货币基金组织2025年1月17日发布《世界经济展望报告》，对2025年全球经济增长的预期上调至3.3%，较2024年10月预测值高出0.1个百分点。该组织也强调，由于贸易限制措施增多、地缘政治风险加剧、债务高企以及美联储货币政策对全球经济金融的影响交织叠加，部分国家政策的不确定性将影响世界经济走势，世界经济增长前景面临的下行风险仍然较大。此外，全球南方国家经济规模卓然壮大，占全球实际GDP的比重逐年攀升，目前已超过40%，尤其中国、印度等国的快速发展，为世界经济的复苏和增长注入了新活力。另外，数字化、人工智能成为促进经济发展的重要动力，在全球经济动荡变革中，正深刻改变着世界经济的格局与运行方式，尤其是各国在人工智能领域的科技创新和应用，有望推动产业升级和经济结构调整，加快全球绿色转型步伐，促进世界经济可持续发展。

二、中国经济总体平稳，稳中有进

中央经济工作会议指出，当前外部环境变化带来的不利影响加深，我国经济运行仍面临不少困难和挑战，主要是国内需求不足，部分企业生产经营困难，群众就业增收面临压力，风险隐患仍然较多。同时必须看到，我国经济基础稳、优势多、韧性强、潜能大，长期向好的支撑条件和基本趋势没有变。会议要求，2025年要坚持稳中求进、以进促稳，守正创新、先立后破，系统集成、协同配合，充实完善政策工具箱，提高宏观调控的前瞻性、针对性、有效性。要实施更加积极的财政政策，提高财政赤字率，确保财政政策持续用力、更加给力。要实施适度宽松的货币政策，发挥好货币政策工具总量和结构双重功能。要打好政策"组合拳"，加强财政、货币、就业、产业、区域、贸易、环保、监管等政策和改革开放举措的协调配合。2025年政府工作报告强调，实施更加积极有为的宏观政策，扩大国内需求，推动科技创新和产业创新融合发展，稳住楼市股市，防范化解重点领域风险和外部冲击，稳定预期、激发活力，推动经济持续回升向好，不断提高人民生活水平，保持社会和谐稳定，高质量完成"十四五"规划目标任务，为实现"十五五"良好开局打牢基础。在政策加力、改革发力、开放助力、转型给力、增长潜力等"多力"协同作用下，2025年国内经济运行将延续稳中有进态势。

2025年丝绸行业发展趋势展望

一、行业发展趋势预测

工业生产方面。据中国丝绸协会对全国230余家会员企业问卷调查分析显示，近八成的企业认为2025年行业发展将保持稳定，预计2025年主要丝绸产品产量将实现小幅增长。73.91%的样本企业预计企业营业收入与2024年基本持平或小幅增长，预计经营效益比2024年有所提升的企业占78.27%。预计2025年，技术创新和消费升级将推动产业供需两端双向发力，丝绸工业生产有望继续延续回升向好态势。

内销市场方面。中共中央办公厅、国务院办公厅印发《提振消费专项行动方案》，针对制约消费的突出矛盾问题，提出30项具体措施。商务部、工业和信息化部等部门共同印发《关于推动茧丝绸行业高质量发展促进丝绸消费的实施意见》，力促丝绸消费恢复和增长。柔性生产与数字化营销深度结合，国潮文化与非遗IP赋能品牌溢价，有机丝绸、碳中和认证产品成为新卖点。消费升级、文化复兴与政策红利，为全面激发市场活力提供有力支撑。

外贸出口方面。目前美国一直是中国丝绸商品出口第二大市场，2024年国内丝绸商品对其出口占出口总额的20.35%。2025年以来，美国政府突然宣布对所有中国输美商品加征额外关税，这意味着中国纺织品出口美国的成本将大幅上升，原本的价格优势将不复存在，许多依赖美国市场的纺织企业将面临严峻挑战。预计2025年丝绸行业对美出口订单或有所下降，跨境电商、绿色高端丝绸产品有望实现快速增长。

二、行业发展重点方向

2025年是"十四五"收官和"十五五"谋划的承上启下之年。丝绸行业将认真贯彻落实中央经济工作会议精神，坚持稳中求进工作总基调，把扩大内需同深化供给侧结构性改革有机结合，推进科技创新和产业创新深度融合，加快科技成果转化落地，以新质生产力催生产业新动能，推动行业平稳健康发展。

（一）深入推进区域经济协调发展

加强产业链上下游的整合与协同，巩固规模化、集约化蚕桑基地建设，提升蚕茧产量和质量，保障茧丝原料供应的稳定性。发挥东部产业配套优势，鼓励重点企业参与国家茧丝绸科创服务平台、品牌设计研发中心、专业市场的建设，加快融入全球纺织高端供应链。在中西部地区配套发展织绸、练染、家纺等产业链，提升精深加工集聚能力，做好产业延链补链强链，加快推进"东绸西固"，促进区域经济协调发展。

（二）持续提升行业科技创新能力

整合行业科技资源，加强多学科融合创新研究，加快机器选茧、智能化缫丝机、功能性后整理等关键技术装备改造升级，提升产业智能制造水平。加强高效短流程制丝、数字化高速织造、无水染色技术、机可洗后整理等创新工艺技术推广应用，提高产品质量和附加值。重点推进蚕丝蛋白在可降解手术缝合线、人造骨钉、微针材料、抗凝血丝素蛋白敷料等生物医药领域的产业化应用，满足高附加值领域需求。

（三）加强品牌建设构建竞争优势

完善行业标准化和质量评价体系，积极开展行业标准化培训和技术咨询服务，支持地方和企业创建国家级工业设计中心，提升质量管理和创意设计水平。鼓励参加国内外展会，加强国际合作，培育国际化大型骨干企业，增强中国丝绸品牌知名度和影响力。深入挖掘丝绸文化内涵，将传统文化和技艺保护传承与产业发展深度融合，推动非遗活化与国潮创新，通过举办丝绸文化活动、开发文化创意产品等方式，提升丝绸产品文化附加值，繁荣丝绸消费市场，提升产业竞争软实力。

（四）稳步推动产业绿色低碳发展

根据国家碳达峰、碳中和目标，扎实推进产业链生态化改造。推广桑园生态种植模式，采用无人机植保、土壤传感器等技术，减少化肥、农药使用。应用生物酶精练技术替代化学脱胶工艺，降低化学污染。推广无水染色、数码印花技术，减少废水排放。探索开展丝绸全产业链生命周期评价研究，优化工艺流程，降低能源消耗，实现降本增效。支持企业进行碳足迹和绿色供应链管理，有效应对国际绿色贸易壁垒，提升产品国际竞争力。

（五）加快市场拓展完善双循环布局

发挥国家扩内需、促消费政策红利，加大内销市场建设投入，依托直播电商、内容电商等渠道，打造"丝绸＋健康""丝绸＋文化"新消费场景，以差异化品牌战略激活内需潜力。利用"一带一路"建设和RCEP等机遇，支持国内企业与非洲、拉美、中亚、东南亚等地开展经贸合作，推动双方资源共享、优势互补，保障外贸产业链供应链畅通运转。通过政策引导、技术赋能与品牌升级，构建内外联动的高效循环体系，以"国内深耕＋海外突破"双轮驱动，助推产业高质量发展。

（撰稿人：柳恩见）

长丝织造业

中国长丝织造协会

2024年是实现"十四五"规划目标任务的关键一年，面对外部压力加大、内部困难增多的复杂严峻形势，我国长丝织造产业坚持稳中求进、以进促稳、先立后破，持续深化转型升级，行业运行总体平稳、稳中有进，出口规模创历史新高，展现出强大的韧性和可持续发展能力。2025年，我国长丝织造行业发展仍面临着诸多风险与挑战，也蕴含着无限的机遇与希望。中央经济工作会议提出，2025年要实施更加积极有为的宏观政策，一揽子政策和接续措施将全面落地，长丝织造产业需坚定发展信心，加强产业链协同创新，加快形成新质生产力，扎实推进现代化产业体系建设和高质量发展。

2024年长丝织造行业经济运行情况

一、行业运行总体稳健，经营压力持续

2024年，我国纺织行业充分展现发展韧性，在政策精准发力、创新驱动深化、内需延续恢复和开放合作扩大的多重支撑下，主要运行指标较上年实现回升。据国家统计局、中国长丝织造协会统计，2024年我国规模以上纺织全行业营业收入同比增长4%，利润总额同比增长7.5%，利润率为3.9%。分行业来看，2024年我国化纤织造及印染精加工业（规上）营业收入同比增长9.9%，利润总额同比增长22.6%，利润率为3.2%。其中，化纤织造行业（规上）营业收入同比增长8.9%，利润总额同比增长7.5%，利润率为2.9%；化纤织物染整行业（规上）营业收入同比增长14.3%，利润总额同比增长102.6%，增速较2023年大幅回升99个百分点，利润率为4.3%，较2023年提高1.9个百分点，盈利能力实现显著的恢复性增长（表1）。

2024年初，化纤织造行业（规上）营业收入及利润总额在2023年同期低基数下实现较快回升，随后增速逐步放缓，全年营收基本保持稳健增长，增速较2023年加快4.8个百分点；利润总额改善明显，增速较2023年加快4.8个百分点；利润率基本持平（图1）。规模以上化纤织造企业营业成本同比增长9.1%，三费合计同比增加11.5%。据长丝织造行业

表1　2024年中国化纤织造及印染精加工业主要经济指标同比增减情况

指标名称	营业收入同比（%）	营业成本同比（%）	三费合计同比（%）	利润总额同比（%）
化纤织造及印染精加工	9.92	9.92	11.04	22.64
化纤织造加工	8.89	9.09	11.52	7.45
化纤织物染整加工	14.34	13.66	9.76	102.60

资料来源：国家统计局，中国长丝织造协会

2024年度生产经营情况调查问卷（以下简称"调查问卷"）显示，过半数的企业反映全年营业成本有不同程度的增加，主要集中在用工成本和原材料的采购及储存（图2、图3）。

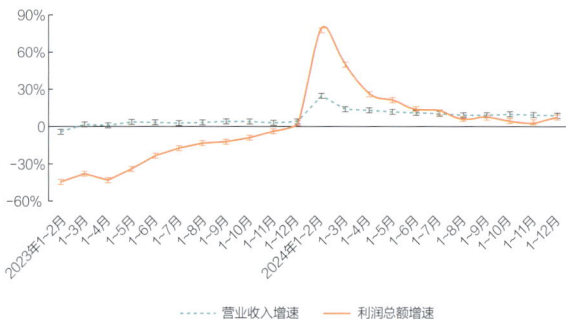

图1　2023~2024年化纤织造行业（规上）营业收入、利润总额同比增速变化情况

资料来源：国家统计局，中国长丝织造协会

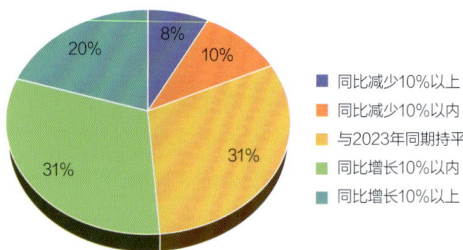

图2　2024年长丝织造企业营业成本同比变化情况

资料来源：中国长丝织造协会

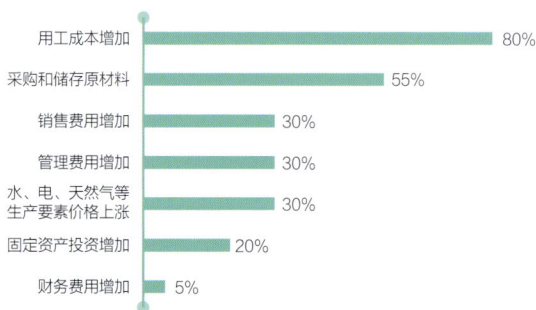

图3　2024年长丝织造企业营业成本增加主要的原因

资料来源：中国长丝织造协会

从企业运营效率方面，根据中国长丝织造协会测算，2024年我国长丝织造规模以上企业产成

品周转率为7.6次，应收票据及应收账款周转率为6次，总资产周转率为0.9次，同比分别放缓5.8%、4.3%和2.4%。资产负债率为67.6%，较2023年提高1.8个百分点。以上反映出企业存在库存略高、回款周期偏长、资金风险偏高等问题，为缓解此类经营压力，部分企业降价销售，对市场造成一定影响。

根据中国长丝织造协会测算，化纤织造行业（规上）亏损面持续收窄，一季度行业亏损面为31%，全年收窄至16%，收窄15个百分点，但亏损企业亏损额有所增加，亏损程度加深（图4）。总体来说，长丝织造行业企业盈利水平持续修复，但行业内部不同规模、不同经营模式、不同产品的企业盈利状况出现明显分化。

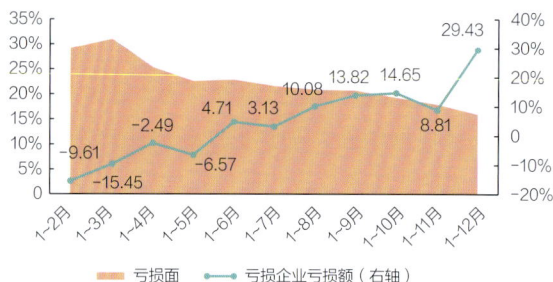

图4　2024年规模以上长丝织造企业亏损面及亏损企业亏损额同比变化情况

资料来源：国家统计局，中国长丝织造协会

二、产业结构持续优化，产量平稳增长

据中国长丝织造协会统计，截至2024年年底，我国长丝织造行业织机规模达94.1万台，同比增长1.6%，其中喷水织机达85.8万台，同比增长0.4%。据统计，新兴产业集群织机产能占总产能的66.1%，比重较2023年扩大0.8个百分点。目前，我国长丝织造产业以江苏、浙江、福建等东南沿海地区为产品研发和销售基地，以河南、安徽、湖北、江西等中西部地区为产品生产加工基地的产业分工格局趋势更加明显。

2024年全年我国化纤长丝织物总产量达692亿

米，同比增长9.7%（图5）。一方面，随着新增产能的不断释放，新兴集群产量明显增长，累计产量同比增长30.8%，位于河南省、湖北省、江苏省的淮滨、泗阳、邓州、盱眙、罗田等地增幅较大；传统集群产量同比减少2.2%。另一方面，全行业进行了大规模的设备更新，织机更新率达12%，生产效率显著提升，行业产量增速明显超过产能增速。

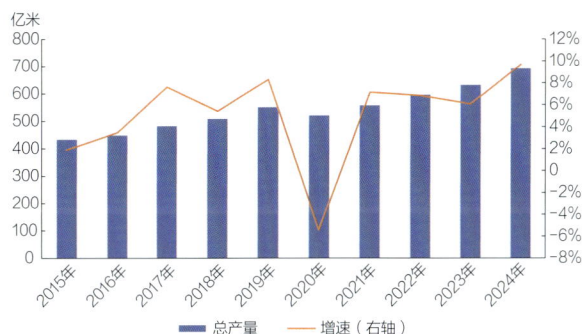

图5　2015~2024年中国化纤长丝织物产量及
同比增速变化情况

资料来源：中国长丝织造协会

三、原料价格重心下移

2024年上半年，布伦特原油价格高于2023年同期，整体在80~90美元区间震荡。三季度，随着欧洲央行兑现降息预期，宏观利多有所消化，加之全球需求增长放缓、供应形势逐渐宽松，布伦特原油价格明显下滑，9月底降至年内低点72美元/桶。第四季度，原油价格低位盘整，价差保持在2美元左右（图6）。

2024年上半年，PTA期货、涤纶DTY/FDY（150旦）价格与布伦特原油价格关联性稍弱，市场波动相对平稳，价格受供需博弈影响较多；第三、第四季度价格与原油价格关联性较强，受成本支撑减弱影响，PTA、涤纶DTY/FDY（150旦）价格震荡下跌。整体看，涤纶DTY/FDY（150旦）全年价格重心下移，高点出现在7月。锦纶FDY上半年价格高位震荡；下半年，己内酰胺与PA6切片市场价格大幅走跌，锦纶FDY成本端支撑乏力，宽幅下滑。本年度，原材料价格波动较大，长丝织造企业在采购原料时，不确定性增加，在成本核算、库存控制、风险管控、资金管理等方面均面临着更高要求，对利润水平有一定影响。

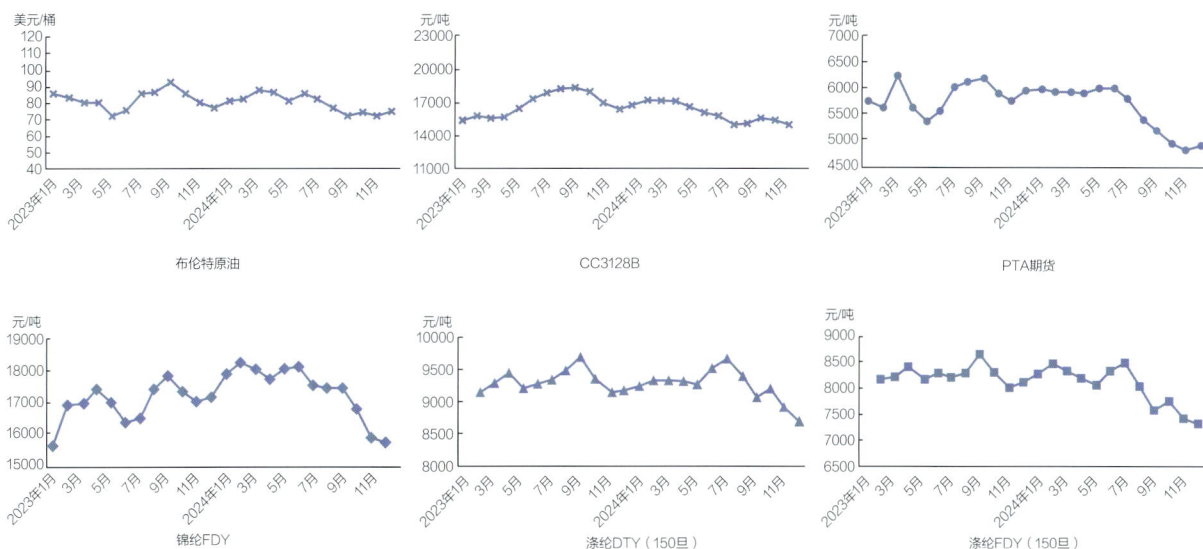

图6　2023~2024年中国化纤长丝、棉花、PTA期货及布伦特原油价格走势

资料来源：中国长丝织造协会

四、内销市场温和回升

2024年，我国纺织服装内需消费实现温和增长。根据国家统计局数据，2024年，我国居民人均衣着消费支出同比增长2.8%；全国限额以上服装、鞋帽、针纺织品类商品零售额同比增长0.3%；网上穿类商品零售额同比增长1.5%。

据调查问卷显示，46%的长丝织造样本企业2024年全年内销订单较2023年同比有所增长，13%的企业同比增长20%以上。另外，还有31%的企业表示全年内销订单与2023年基本持平（图7）。通过分析样本企业产品类型可以看出，在当前市场竞争激烈、经营成本高企、有效需求不足的情况下，产品结构单一的企业，普遍订单较2023年有所减少，订单减少的样本企业中63%均在降价销售，产品缺乏核心竞争力。

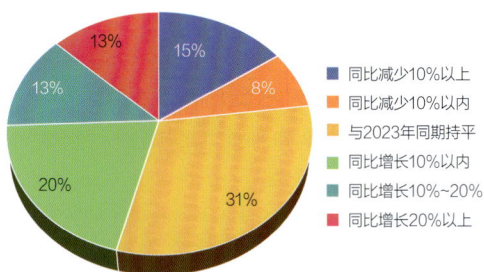

图7 2024年长丝织造企业内销订单较
2023年变化情况

资料来源：中国长丝织造协会

从中国轻纺城的交易量来看，2024年前三季度市场总景气程度持续上升。第四季度市场景气指数回落，跑量产品、大众产品价量回缩，但户外品牌呈现爆发式增长，特别是带有防水、抗菌、智能温控等多重功能性的冲锋衣市场，可以看出细分着装场景结合材料、工艺、设计等功能性创新升级已成为引爆消费的热点。调查问卷还显示，复合功能型面料、防晒面料、环保再生面料、超仿真面料、超轻薄面料、混纺交织面料、弹力面料等在全年也均有不同程度热销。

五、外贸运行稳中有进

（一）出口量增质优

2024年，经济全球化遭遇逆风，地缘政治冲突、贸易紧张局势加剧，全球产业链供应链重构加深。面对复杂严峻的外部环境，我国纺织行业持续深化外贸转型升级，全年出口实现正增长。据中国海关统计，2024年我国纺织品服装出口额为3011亿美元，同比增长2.8%。其中，服装出口额为1591.4亿美元，同比增长0.3%；纺织品出口额为1419.6亿美元，同比增长5.7%。

在此背景下，我国长丝织造行业出口量增质优。根据中国海关数据，2024年我国化纤长丝织物累计出口金额为206.50亿美元，同比增长3.86%；累计出口数量为244.28亿米，同比增长8.15%；出口单价为0.85美元/米，同比下降3.96%。受全球经济增长放缓、汇率波动等因素影响，出口单价连续两年下降，但出口量稳步增长，出口额在纺织织物出口中贡献率达30%，出口规模优势扩大。从主要出口产品看，2024年，涤纶长丝织物累计出口金额为172.18亿美元，同比增长2.54%；累计出口数量为212.73亿米，同比增长6.93%。值得注意的是，锦纶长丝织物出口量额创年度历史新高，累计出口金额为11.70亿美元，同比增长28.67%；累计出口数量为7.52亿米，同比增长29.37%，我国长丝织物正稳步向全球价值链中高端迈进，国际竞争力稳定释放（表2、图8）。

从月度走势来看，2024年我国长丝织物出口开年增速较快，三月受春节影响降幅较大，第二、第三季度增长逐步放缓，第四季度，稳外贸政策持续发力，加之受美国加征关税预期下"抢出口"因素的影响，增速小幅回升，全年出口额增速较2023年加快6.6个百分点（图9）。

表2　2024年1~12月中国长丝织物累计出口情况

织物类别	累计出口金额		累计出口数量		平均价格	
	数值 （亿美元）	同比 （%）	数值 （亿米）	同比（%）	数值 （美元/米）	同比 （%）
长丝织物	206.50	3.86	244.28	8.15	0.85	-3.96
锦纶长丝织物	11.70	28.67	7.52	29.37	1.56	-0.54
涤纶长丝织物	172.18	2.54	212.73	6.93	0.81	-4.10

资料来源：中国海关

图8　2020~2024年中国锦纶长丝织物出口情况

资料来源：中国海关

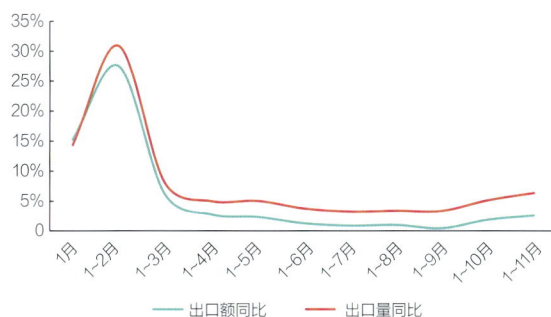

图9　2024年中国长丝织物累计出口金额、出口数量增速情况

资料来源：中国海关，中国长丝织造协会

出口市场结构方面，我国对主要市场出口增长显著，出口额排名前十的国家和地区累计出口金额同比增长52.2%，出口份额占我国长丝织物出口总额的49.2%。其中，越南依旧是我国长丝织物第一大出口国，出口额同比增加87.7%；对欧盟、孟加拉、尼日利亚、印度的出口也实现快速增长。需关注的是，"一带一路"共建国家在我国出口市场中的地位逐年提升，2024年我国对"一带一路"共建国家长丝织物总计出口额为173.5亿美元，同比增长42.3%，占我国长丝织物出口总额的84%，占比较2023年扩大22.7百分点。从国际市场看，我国长丝织物在美国、欧盟市场份额稳中有升，我国仍是欧盟第一大长丝织物进口国，占其市场份额的23.7%；是美国第二大长丝织物进口国，占其市场份额的15.1%，较2023年扩大1.5个百分点。

（二）终端制成品出口表现总体平

从化纤机织产品（以长丝为主）出口表现来看，中国海关数据显示，2024年，长丝机织服装出口额同比下降5.7%，长丝机织家用、产业用纺织品出口额分别同比增长6.3%、3.4%。从比重来看，长丝机织服装占机织服装出口总额的60.3%，长丝机织家用、产业用制成品分别占家用、产业用制成品出口总额的70.1%、36.5%。结合织物出口，2024年全年长丝机织产品整体出口贡献超过800亿美元，约占纺织行业总出口额的30%。

（三）进口量额连续下降

中国海关数据显示，2024年，我国化纤长丝织物累计进口金额为8.13亿美元，同比下降2.44%；累计进口数量为3.46亿米，同比下降6.30%；进口平均价格为 2.35 美元 / 米，同比增长 4.12%（表3）。近年来，我国对长丝织物进口量减价升，结合出口情况分析，能看出国内产业链自主化能力增强，生产能力基本可以满足国内市场需求，仅有小部分高端产品需进口，整体反映行业从"大而全"向"高精尖"升级，国际竞争力提升，但高端领域仍需突破。

表3 2024年1~12月我国主要长丝织物累计进口情况

织物类别	累计进口金额		累计进口数量		平均价格	
	数值（亿美元）	同比（%）	数值（亿米）	同比（%）	数值（美元/米）	同比（%）
长丝织物	8.13	-2.44	3.46	-6.30	2.35	4.12
锦纶长丝织物	2.27	-0.71	1.12	-12.19	2.03	13.07
涤纶长丝织物	3.62	-3.41	1.57	5.87	2.31	-8.77

资料来源：中国海关

2025年长丝织造行业运行展望

世界百年变局加速演进，外部环境更趋复杂严峻，外贸市场面临多重压力。2025年初，国际货币基金组织（IMF）对2025年全球经济增长预期上调至3.3%，但仍低于2000~2019年3.7%的历史平均水平，全球经济处于缓慢复苏进程。IMF同时指出，各经济体之间的增速分化可能进一步扩大，不确定性持续上升。单边主义、保护主义加剧，关税壁垒增多，特别是美国相关加征关税政策，对全球产业链供应链稳定造成冲击。此外，地缘政治紧张因素依旧较多，影响全球市场预期，加剧国际市场波动风险。

从内需市场看，目前我国居民消费率为40%左右，不仅远低于高收入经济体70%左右的水平，也低于56%左右的世界平均水平，居民消费能力和意愿不足，但同时也说明我国全方位扩大内需有着巨大潜力。中央经济工作会议提出实施"更加积极"的财政政策和"适度宽松"的货币政策，提高居民收入预期，大力提振消费，全方位扩大国内需求。

2025年，各部门将积极推出相关举措提振消费，随着政策撬动效应的显现，将有效激发我国超大规模市场潜力，有望带动长丝织造行业良好运行。

长丝织造企业要根据国家政策导向和自身情况努力把握发展机遇，持续加强技术创新与数字化转型，推动产品创新与高端化发展，强化绿色制造与可持续发展，避免"内卷式"竞争，在先立后破中培育和发展新质生产力，扎实推进现代化产业体系建设。同时，企业要合理控制产成品库存和应收账款规模，警惕资金链风险，健全风险防范机制；要关注劳动用工、原材料价格及汇率波动情况，优化成本控制；要高效利用国内国际"两种资源""两种市场"，持续推进市场多元化战略，增强竞争新优势。

2025年长丝织造行业发展趋势与重点方向

2025年是"十四五"规划收官之年和"十

五五"规划谋划之年，也是进一步全面深化改革推向纵深的关键之年。2025年政府工作报告就提振消费、改善民营企业发展环境、推动传统产业改造提升、加快制造业数字化转型、技能人才培养等方面提出了一系列与产业发展息息相关的政策措施。在此背景下，长丝织造行业坚决贯彻落实党中央决策部署，以习近平新时代中国特色社会主义思想为指导，全面贯彻落实党的二十大、二十届二中、二十届三中全会和中央经济工作会议精神，坚持稳中求进的工作总基调，完整准确全面贯彻新发展理念，推动科技创新与产业创新融合发展，加快培育发展新质生产力，提高企业质量、效益和核心竞争力。

一、加强产品创新，拓展应用边界

2025年政府工作报告提出要深入推进制造业"增品种、提品质、创品牌"工作，加强全面质量管理，打造名品精品、经典产业。目前，我国内需市场已全面进入消费升级阶段，呈现出消费主体多元化、消费目的多样化、消费潮流多亮点势态，以国货新中式、冰雪经济、户外运动、大健康为代表的消费领域增速亮眼，以假日经济、智能家居、银发经济为代表的新消费场景蓬勃兴起。企业未来发展要更精准把握消费趋势和消费特点，强化创新主体地位，挖掘细分赛道潜力，联合科研院所和高校，加大产品创新，扩大高附加值、高技术含量的成品化产品体系，推动长丝织物迭代升级，满足个性化、品质化、高端化的消费趋势，打响工业品牌影响力，推动产业向价值链高端延伸。

二、加强技术创新，引领产业升级

2025年政府工作报告提出，要合理利用"两新"政策，推动传统产业改造提升，加快建设现代化产业体系建设。一方面，长丝织造产业要用好大规模设备更新政策，淘汰改造落后设备，全面采用新型数智化织机、电子送经、电子卷取、电子双储

纬器等先进技术，主动应用数控整经机、数控浆丝机、数控并轴机、自动穿经机等先进生产设备，推动生产效率提升和质量优化。另一方面，要加快全产业数字化转型，开发应用从生产、管理到销售的全流程数字化系统，积极探索AI智能验布、工业机器人、AI数智设计模型等数字技术的应用，将数字技术与制造优势、市场优势更好结合起来，全方位提升产业数字化、智能化生产水平。

三、厚植新质生产力的绿色底蕴

2025年政府工作报告指出，要加快发展绿色低碳经济，积极稳妥推进碳达峰碳中和。对长丝织造产业来说主要是要把握好生产原料端，开发利用再生材料，从源头打造绿色产品；实现绿色生产技术突破，推广应用化纤长丝织物免上浆技术、喷水织造污水的低成本处理和高效回用技术、光伏发电、余热回收利用等，持续优化节水减排、节能降碳措施；重视废旧纺织品的循环利用，建立产品碳足迹管理体系、碳标识认证制度，打造绿色低碳供应链；加快企业绿色制造体系认证，提升产业整体绿色制造水平，促进可持续发展。

四、建立完善中国特色现代企业制度

中央全面深化改革委员会第五次会议审议通过了《关于完善中国特色现代企业制度的意见》，鼓励有条件的民营企业建立现代企业制度，提升内部管理水平。长丝织造企业家要提高战略定位，弘扬企业家精神，紧抓高质量发展这个首要任务，不断完善劳动、人才、知识、技术、资本、数据等生产要素的使用、管理、保护机制，坚持以质取胜和发挥规模效应相统一。推动企业产权结构向股份化转变、企业决策向科学化民主化转变、企业班子向专业化职业化转变，实现治理结构合理、股东行为规范、内部约束有效、运营高效灵活的生态模式，加快建成世界一流企业，巩固产业领先地位。

五、促进人才与产业融合发展

人才是创新发展的第一资源，是推动产业高质量发展的核心力量。2025年政府工作报告指出，要全面提高人才队伍质量。长丝织造产业需构建新型人才培养机制，以适配新质生产力发展要求。一是要全面提升一线工人专业基础素质，建设一流产业技术工人队伍；二是统筹好新技术应用和岗位转换，推进产学研人才联合培养和交流，特别是急需紧缺人才和高技能人才培养，着力培养创新型、应用型、技能型现代企业人才；三是重视企业管理人员及接班人培养，可以通过校企合作开展研修班，全面提升企业管理人才创新精神、现代管理水平、战略思维能力和总揽全局的决策能力。形成人才与产业融合发展的良性循环，以人才兴助产业强。

应对新挑战、完成新任务，党中央做出一系列重大决策部署，稳定预期、激发活力，推动经济持续回升向好。中央经济工作会议指出，必须统筹好有效市场和有为政府、总供给和总需求、培育新动能和更新旧动能、做优增量和盘活存量、提升质量和做大总量这五对重要关系。这为长丝织造行业工作指明了前进方向、提供了根本遵循。长丝织造产业将坚持以推动高质量发展为主题，把握新发展阶段、贯彻新发展理念、构建新发展格局、发展新质生产力，加快建设现代化产业体系，努力提高全要素生产率，有力提升产业链供应链韧性和安全水平，着力推进区域协调发展，实现质的有效提升和量的合理增长，为以中国式现代化全面推进强国建设、民族复兴伟业做出新的更大贡献。

（撰稿人：张呈　孔清）

印染业

中国印染行业协会

2024年是贯彻落实党的二十大精神关键之年，是实施"十四五"规划的攻坚之年，也是机遇与挑战并存的一年。这一年，国际环境错综复杂，世界经济增长动能偏弱，国际消费需求恢复缓慢，我国纺织服装出口承压；地缘政治冲突加剧，贸易保护主义盛行，全球纺织服装产业链、供应链格局处于深度调整中，国际贸易面临的不确定性明显增加。国内有效需求不足，新旧动能转换存在阵痛，部分企业生产经营困难较多。面对外部压力加大、内部困难增多的复杂严峻形势，党中央、国务院加大宏观政策调控力度，着力强化预期管理，扎实推动经济社会高质量发展。随着政策组合效应持续释放，我国印染行业经济运行逐步回稳、稳中有进，主要经济指标回升向好，全年印染布产量实现小幅增长，主要产品出口规模再创新高，发展质效加快修复，行业高质量发展和经济平稳运行的基础进一步夯实。

2024年印染行业经济运行情况

一、生产形势总体良好，产量实现小幅增长

据国家统计局、中国印染行业协会统计，2024年，印染行业规模以上企业印染布产量同比增长3.28%，增速较2023年提高1.98个百分点。从全年走势来看，我国印染布产量增速呈现"上半年波动下滑，下半年逐步趋稳"态势，1~2月行业生产实现良好开局，3月产量增速有所回落，4月、5月行业进入生产旺季，产量增速逐步回升，6月增速再次走低，下半年增速保持基本平稳（图1）。从月度产量来看，

上半年规模以上印染企业印染布当月产量均保持在50亿米以上；第三季度受国内外多方面因素影响，印染行业生产承压，印染布当月产量均低于50亿米；第四季度随着市场需求逐步释放，行业产能利用率有所提高，印染布产量逐月回升，12月产量同比增长6.01%，为3月以来最高水平（图2）。

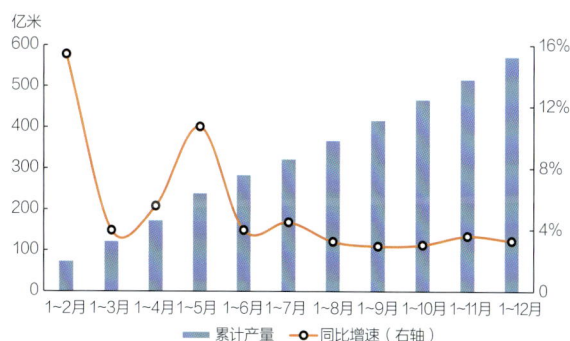

图1　2024年印染行业规模以上企业
印染布累计产量及增速情况

资料来源：国家统计局

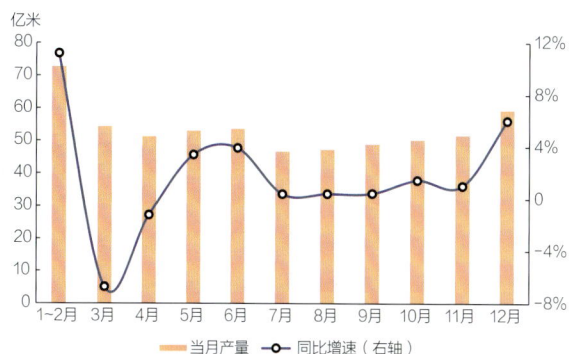

图2　2024年印染行业规模以上企业印染布
当月产量及增速情况

资料来源：国家统计局

分地区来看，2024年我国印染行业产能集中度延续2023年下降态势，浙江、江苏、山东、福建、广东等东部沿海五省规模以上印染企业印染布产量占全国总产量92.10%，占比较2023年下滑0.66个百分点，较2015年峰值下滑近4个百分点。沿海五省中，浙江、江苏、山东三省印染布产量实现增长，福建、广东二省印染布产量有所下降，其中山东省同比增长9.85%，广东省同比下降9.62%，山东省印染布产量超过广东省和福建省，跃居全国第三位。安徽、河南、山西、陕西、湖北、湖南、重庆、新疆等中西部地区印染布产量增速均高于全国平均水平，其中重庆、河南、湖南、湖北等省市实现大幅增长，增速分别达30.03%、27.61%、25.19%和17.26%（表1）。

表1　2024年中国部分地区印染布产量增速情况

序号	地区	同比（%）	序号	地区	同比（%）
1	浙江	4.15	9	河南	27.61
2	江苏	2.37	10	重庆	30.03
3	山东	9.85	11	湖北	17.26
4	福建	-2.01	12	江西	1.64
5	广东	-9.62	13	新疆维吾尔自治区	5.89
6	湖南	25.19	14	山西	11.35
7	河北	-4.72	15	安徽	10.62
8	四川	-3.31	16	广西壮族自治区	-19.54

注　以上地区为印染布年产量超过1亿米的省份（直辖市、自治区）。

资料来源：国家统计局

二、外贸展现较强韧性，出口规模再创新高

2024年，尽管国际市场需求疲弱，全球贸易风险高企，我国纺织品服装出口整体承压，但凭借产业链优势、规模优势、技术优势、人才优势及产品优势等，我国印染行业在国际市场中仍具有显著竞争力，主要产品出口规模再创新高，行业出口展现较强韧性。根据中国海关数据，2024年，我国印染八大类产品出口数量为335.34亿米，同比增长7.53%，增速较2023年提高2.62个百分点；出口金额为312.95亿美元，同比增长3.88%，增速较2023年提高6.51个百分点；出口平均单价为0.93美元/米，同比降低3.39%，仍延续2023年以来的下跌态势。前三季度，我国印染行业出口增速逐步下滑，第四季度，随着国外感恩节、圣诞节等重要节假日的到来，海外纺织服装补库存需求逐步释放，国际市场对我国印染面料需求增加，同时受美国政府对中国出口产品加征关税的不确定性影响，我国纺织服装企业积极调整外贸节奏，短期内"抢出口"效应推高印染产品出口增速（图3）。

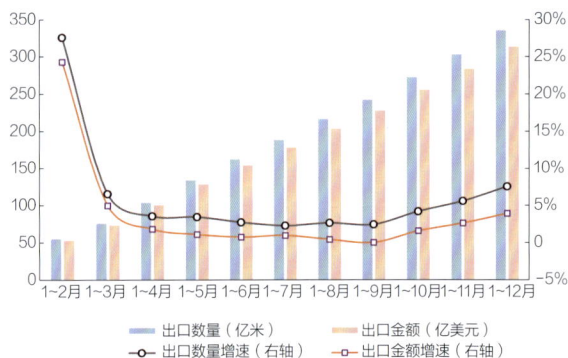

图3　2024年中国印染八大类产品出口情况

资料来源：中国海关

我国印染面料除直接出口外，还通过服装、家用纺织品等终端产品形式间接出口。2024年，我国服装出口额为1591.4亿美元，同比增长0.3%，增速较前三季度提高1.9个百分点；家用纺织品出口

额为485亿美元,同比增长5.63%,增速较前三季度提高1.88个百分点,反映印染产品间接出口规模实现温和增长,第四季度出口增速呈现回升向好态势。

(一)主要产品出口情况

2024年,我国印染八大类产品出口表现呈现分化态势:纯棉染色布和合成短纤织物出口数量分别增长13.30%和14.51%,高于总出口增速5.77个百分点和6.98个百分点;涤纶短纤织物、T/C印染布出口数量增速低于行业平均水平;纯棉印花布、棉混纺染色布、棉混纺印花布三类产品出口数量下

滑明显,降幅分别达11.60%、14.37%和9.83%;合成长丝织物出口数量达242.09亿米,同比增长8.30%,占印染八大类产品出口总量72.19%(表2)。2020~2024年,合成长丝织物出口数量年均增长13.18%,高于同期印染八大类产品出口数量年均增速3.44个百分点,一方面反映出国际市场对化纤面料的需求在持续上升,另一方面也反映出受美国"涉疆法案"的持续性影响,我国印染产品出口结构在不断调整。出口单价方面,多数产品出口价格下降,仅棉混纺染色布、棉混纺印花布和合成短纤织物出口单价实现小幅增长。

表2 2024年中国印染八大类产品出口情况

品种	出口数量(亿米)	数量同比(%)	出口金额(亿美元)	金额同比(%)	出口单价(美元/米)	单价同比(%)
纯棉染色布	13.78	13.30	25.46	4.75	1.85	-7.54
纯棉印花布	11.39	-11.60	12.78	-11.97	1.12	-0.42
棉混纺染色布	3.39	-14.37	7.18	-12.97	2.12	1.64
棉混纺印花布	0.43	-9.83	0.88	-6.52	2.04	3.67
合成长丝织物	242.09	8.30	203.00	4.40	0.84	-3.60
涤纶短纤织物	13.72	0.97	12.29	-3.48	0.90	-4.41
T/C印染布	11.53	2.92	13.83	2.49	1.20	-0.42
合成短纤织物	39.01	14.51	37.54	15.21	0.96	0.62
合计	335.34	7.53	312.95	3.88	0.93	-3.39

资料来源:中国海关

(二)主要出口市场情况

东盟和以东盟为重要组成的RCEP(区域全面经济伙伴关系协定)成员国是我国印染行业重要的出口市场。2024年,我国印染八大类产品对东盟和RCEP成员国出口数量分别占总出口的23.58%和25.14%,对两大市场出口表现好于整体出口水

平,但也呈现"量增价跌"态势。全年,我国印染八大类产品对东盟出口数量为79.08亿米,同比增长12.14%,高于总出口增速4.61个百分点;出口平均单价为1.19美元/米,同比降低2.75%,降幅低于整体水平0.64个百分点。对RCEP成员国出口数量为84.31亿米,同比增长11.35%,高于总出

口增速3.82个百分点；出口平均单价为1.17美元/米，同比降低2.79%，降幅低于整体水平0.60个百分点。

从主要出口国家来看，2024年，我国印染行业对出口规模排名前十的国家出口数量达144.75亿米，同比增长8.52%，占出口总量的43.16%，出口集中度相对较高。前十国家中，仅对俄罗斯出口数量小幅下降2.38%，对其余国家出口均有不同程度增长（表3）。其中，对柬埔寨出口数量同比大幅增长41.32%，柬埔寨取代巴基斯坦首次进入出口前十国家。对越南、孟加拉国出口数量增速超过20%，主要原因在于随着主要服装需求国开始补库，这两国作为全球重要的纺织品服装出口国，对我国印染面料需求明显增加。对尼日利亚、印度尼西亚、缅甸、菲律宾出口增速不及整体水平，对巴基斯坦出口数量同比大幅下降27.71%，巴基斯坦出口排名下滑至第11位。缅甸是前十国家中唯一实现"量价齐升"的国家。

表3　2024年中国印染八大类产品出口前十国家情况

国家	出口数量（亿米）	数量同比（%）	出口金额（亿美元）	金额同比（%）	出口单价（美元/米）	单价同比（%）
越南	27.54	20.91	41.74	15.00	1.52	-4.88
尼日利亚	24.14	2.51	14.84	-1.57	0.61	-3.99
孟加拉国	18.69	28.78	25.60	22.41	1.37	-4.94
印度尼西亚	18.46	2.86	16.02	-1.26	0.87	-4.01
巴西	15.73	19.24	11.20	14.40	0.71	-4.06
印度	10.65	9.36	7.82	8.32	0.73	-0.94
缅甸	9.74	0.50	10.54	2.02	1.08	1.51
俄罗斯	6.93	-2.38	6.53	-5.41	0.94	-3.11
菲律宾	6.67	5.88	5.67	-4.08	0.85	-9.40
柬埔寨	6.20	41.32	10.76	37.72	1.63	-2.55
合计	144.75	8.52	144.99	5.20	1.00	-3.06

资料来源：中国海关

三、运行质量有所修复，经营效益明显改善

全球经济复苏和国内经济平稳运行为印染行业提供了良好的外部环境。2024年，世界主要发达经济体通胀压力进一步缓解，国际贸易逐步回暖，主要央行货币政策转向宽松，全球经济整体处于恢复过程中。我国经济运行总体平稳，存量政策和增量政策组合效应的持续释放对经济发展形成了有力支撑。经济回暖提振国内外纺织服装消费需求，推动印染行业经济效益明显改善，但行业企业盈利能力进一步分化。

（一）运行质量有所恢复

中国印染行业协会根据国家统计局数据测算，2024年，印染行业规模以上企业三费比例为6.90%，同比降低0.05个百分点，其中，棉印染精加工企业为6.74%，化纤织物染整精加工企业为7.72%；产成品周转率为13.92次/年，同比提高0.55%；应收账款周转率为7.70次/年，同比降低3.89%；总资产周转率为0.99次/年，同比提高2.47%（表4）。2024年，印染行业运行质量指标多数呈现修复改善趋向，企业成本控制取得成效，产销衔接更趋顺畅，资产利用效率提升，但也存在资金周转效率偏低、账款回收周期延长等问题，企业经营稳定性和生产投资受到一定影响。总体来看，印染行业运行效率指标恢复进程相对缓慢，与新型冠状病毒感染疫情前相比仍有明显差距，其中产成品周转率较2019年下降35.91%，反映在当前复杂多变的全球贸易形势下，国际纺织面料供需失衡的局面仍未有效缓解。

表4　2019~2024年规模以上印染企业主要运行质量指标对比

主要指标	2019年	2020年	2021年	2022年	2023年	2024年
三费比例（%）	6.72	6.97	6.68	6.39	6.95	6.90
产成品周转率（次）	21.72	17.85	18.31	17.10	13.84	13.92
应收账款周转率（次）	8.17	7.99	8.22	8.54	8.01	7.70
总资产周转率（次）	1.10	0.94	1.04	1.04	0.97	0.99

资料来源：中国印染行业协会根据国家统计局数据测算

（二）效益水平明显改善

2024年以来，印染行业营业收入和利润总额增速总体呈现逐月放缓态势，但全年仍实现较快增长（图4）。据国家统计局、中国印染行业协会统计，2024年，规模以上印染企业营业收入同比增长6.27%，增速较2023年提高4.83个百分点；利润总额同比增长29.03%，增速较2023年提高19.77个百分点；成本费用利润率为5.98%，同比提高1.09个百分点；销售利润率为5.51%，同比提高0.97个百分点，为近五年最高，略低于2019年同期水平（图5）。1804家规模以上印染企业亏损户数为540户，亏损面为29.93%；亏损企业亏损总额同比减少14.91%，亏损情况有所好转。

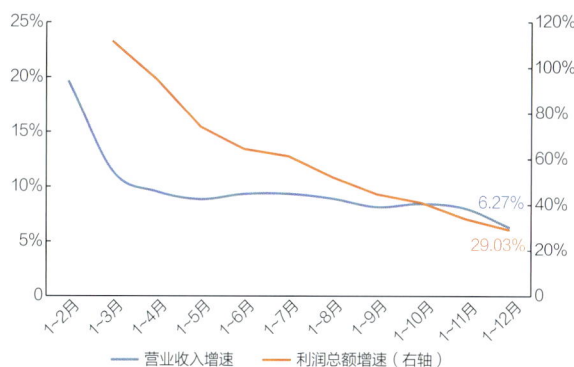

图4　2024年规模以上印染企业营业收入和利润总额增速情况

注　因2024年1~2月利润总额同比由负转正，故不计算当期利润总额增速。

资料来源：国家统计局，中国印染行业协会

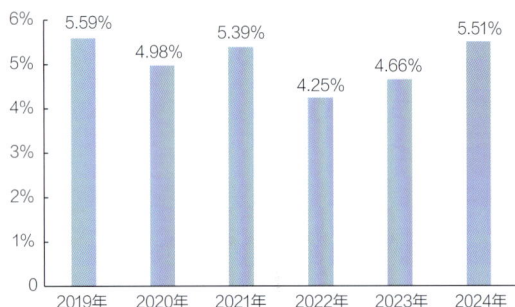

图5　2019~2024年规模以上印染企业销售利润率情况

资料来源：国家统计局，中国印染行业协会

2024年，印染行业经营效益整体明显改善，全年营业收入和利润总额增速分别高于纺织全行业2.31个百分点和21.49个百分点，销售利润率高于纺织全行业1.60个百分点，但行业亏损面仍高于纺织全行业9.10个百分点。盈利改善但亏损面依然偏高反映出当前印染企业盈利能力进一步分化，不同规模、不同产品、不同经营模式的企业盈利水平存在较大差异，头部印染企业及走差异化发展路径的企业盈利水平持续改善，部分印染企业仍面临较大的盈利压力。

2024年印染行业经济运行面临的主要问题

一、市场需求整体偏弱

2024年，全球经济处在缓慢恢复过程中，增长动能依然不足。IMF于2025年1月发布的《世界经济展望》报告估计2024年世界经济增速为3.2%，增速仍低于新型冠状病毒感染疫情前水平，且不同国家、不同地区的经济恢复呈现不平衡性，国际市场对我国纺织品服装的需求增长放缓。2024年我国纺织品服装出口总额为3011亿美元，同比增长2.8%，出口规模仍低于2021年同期水平。纺织服装内需消费增速回落明显，2024年，我国居民人均

衣着消费支出同比增长2.8%；限额以上单位服装鞋帽、针纺织品类商品零售总额同比增长0.3%，增速较2023年回落12.6个百分点；网上穿类商品零售额同比增长1.5%，增速较2023年回落9.3个百分点（图6）。终端需求不足对印染行业生产形成制约，同时也影响了行业转型升级步伐和高质量发展进程。

图6　2024年纺织服装内销指标增速情况

资料来源：国家统计局

二、市场竞争进一步加剧

市场是引导产业发展方向和规模的关键因素。2024年，国内外市场需求延续疲软态势，恢复动力仍显不足，印染企业多数面临订单短缺的现实压力，市场竞争进一步加剧，出口产品价格延续下降态势。2024年，我国印染八大类产品出口平均单价为0.93美元/米，为近15年最低水平，较2014年高点下跌23.14%（图7）。此外，国外印染产能的增加也进一步加剧行业竞争态势。

图7　2010~2024年印染八大类产品出口平均单价走势

资料来源：中国海关

2025年印染行业发展形势

展望2025年，我国印染行业面临的外部发展环境依然复杂严峻。一方面，受诸多不确定性因素影响，全球经济形势复苏进程的可持续性和平衡性面临考验，国际市场对纺织服装需求恢复或仍呈现低速增长态势，东南亚等地区对我国印染面料的需求增长将有所放缓；国内居民消费意愿不足、消费结构升级迟滞等问题对行业经济稳步增长形成制约，内需市场恢复基础仍需巩固。另一方面，超大规模的市场优势和内需潜力是行业平稳发展的基本盘，随着国家政策效应逐步显现，印染行业经济运行将呈现"形有波动、势仍向好"的发展态势。

一、出口或将持续承压

2025年全球经济可能在中低速轨道上曲折前行，经济复苏态势有望巩固增强，这为国际贸易增长奠定基础，IMF预测2025年全球经济增速将达3.3%，WTO预测2025年全球货物贸易量将增长2.7%。但日益加剧的贸易紧张局势、不断上升的贸易保护主义风险、可能升级的地缘政治冲突等，都将对全球经济产生深远影响。同时，欧美等西方国家推行"近岸贸易""友岸贸易"，全球供应链格局将加速调整，我国纺织印染企业或将面临订单缩减、客户流失、成本攀升等一系列问题。此外，美国的关税政策可能给我国纺织行业出口带来较大挑战，我国纺织品服装对美出口将显著承压。同时，美国相关加征关税政策或将进一步加速国内部分印染产能向海外转移，对我国纺织行业产业安全产生不利影响。

二、内销有望逐步改善

中央经济工作会议将"大力提振消费、提高投资效益、全方位扩大国内需求"作为2025年要抓好的首要重点任务，国内政策的确定性将成为行业平稳运行的根本支撑。提振消费是畅通经济循环的关键，政府通过更加积极的财政政策和适度宽松的货币政策，推动我国经济运行保持在合理稳健区间；2025年"两新"加力扩围政策出台并迅速落地实施，将带动纺织产品内需市场延续回升向好态势。在基本面支撑及一揽子增量政策措施支持下，2025年我国经济有望保持良好发展势头，居民消费潜力逐步释放将促进印染企业生产和投资活动持续改善，预计2025年印染行业经济将保持平稳运行，主要经济指标将延续恢复向好态势。

2025年印染行业重点发展方向

一、以品质提升为核心，着力推动价值链跃升

传统产业不等于落后产业、夕阳产业，传统产业是建设现代化产业体系的基础，关乎国家的核心竞争力。印染行业是我国传统优势产业，是赋予纺织面料功能、提升纺织品档次、提高附加值的关键环节。高质量发展语境下，印染行业要强化行业自律，避免同质化的低效竞争和价格内卷，要深入推进供给侧结构性改革，通过科技创新提升产业价值能级，以更高水平的供给满足人民美好生活需要。印染企业要把握消费升级趋势，聚焦多样化消费场景，持续加强功能性面料、户外运动面料、生物基纤维面料等产品的设计开发与生产，以品类创新、品质提升不断盘活市场存量、拓展市场增量，引领产业价值链向中高端延伸。

二、以效率变革为动力，加快推进数智化发展

从研发、设计、制造到营销、供应链管理，数字经济正在重塑产业生态。印染企业加快数智化转

型，大力发展数字生产力，将带动生产方式产生重大变革，使得生产过程更加智能化、高效化、精准化，能够快速响应市场需求变化，提高资源利用效率，降低企业生产成本。印染企业要结合自身的业务流程，充分利用丰富的场景优势，强化生产数据的实时采集与分析，深入挖掘降本增效潜力，以提升发展效益。通过引入先进的生产设备和工业互联网技术，实现生产设备互联互通与自动化控制，从而优化生产流程，提高生产效率和产品质量，提升企业核心竞争力，促进企业产业结构升级。

三、以"双碳"目标为引领，加快推进绿色化转型

推动经济社会发展绿色化、低碳化是实现高质量发展的关键环节，也是建设人与自然和谐共生现代化的内在要求。当前，以绿色、低碳、循环为重要特征的新的生产力质态正加速形成，要素资源、政策资源、创新资源、市场资源都在向绿色发展聚集。印染行业作为纺织产业链绿色低碳转型的核心所在，要主动顺应全球发展大势，以集约化、减量化、低碳化、循环化、清洁化为方向，加快推进生产、流通与消费等环节的可持续转型。强化绿色前沿技术的基础性研究，持续推广绿色先进适用技术和工艺的应用，深入推进清洁生产和印染园区绿色化改造。紧抓"两重""两新"政策机遇，加强节能降碳技改攻坚，加大重点耗能设备更新力度。新建印染产能要严格落实生态环境相关法律法规标准规定，避免低水平产能重复建设，深入推进行业高质量发展。

（撰稿人：李鹏飞）

针织业

中国针织工业协会

2024 年，面对外部环境复杂多变和市场预期总体不足的影响，我国针织行业通过科技创新、数字化赋能、优化运营管理，实现了营收与效益双增长，针织产品出口规模在高基数上稳中有增，连续第四年超千亿美元，行业整体运行态势良好。从全年走势来看，针织行业运行呈现"前低后高"特征，特别是第四季度以来，随着国家"两新"政策实施，存量和增量政策协同发力，市场信心和发展预期有所改善，经济回升向好，行业主要运营指标的增长速度明显提升，展现了良好的发展韧性和创新活力。

营收稳健上扬，产业规模扩大

据国家统计局统计，2024 年规模以上针织企业营业收入同比实现 2.98% 的正增长，增速较 2023 年回升 7.15 个百分点。从全年走势来看，随着国家提振经济、促进消费的系列政策落地生效，内销回暖，出口强劲反弹，企业的生产经营活动加速，制造业重回扩张区间，营业收入在四季度增长幅度最大，达到 5.37%。随着营业收入恢复增长，针织行业的产业规模也不断扩大（图 1）。2024 年规模以上针织企业总资产较 2023 年增长 5.28%。

从两大类产品的分行业来看，2024 年针织织物规上企业营业收入同比增长 2.24%，增速较 2023 年回升 4.02 个百分点；针织服装规上企业营业收入同比增长 3.41%，增速较 2023 年回升 8.94 个百分点。

产量方面，2024 年我国规上企业服装产量同比增长 4.22%；其中针织服装产量同比增长 7.38%。

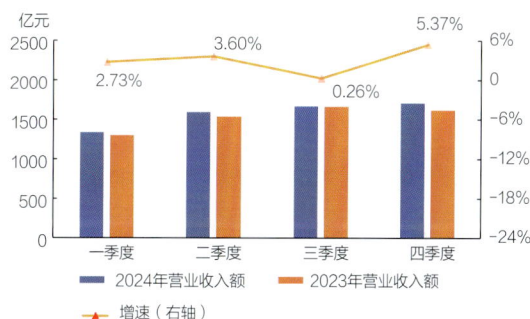

图 1　2024 年针织行业规上企业季度营业收入与增速情况

资料来源：国家统计局

针织服装产量占服装总产量的比重达 68.35%，较 2019 年提高 13.73 个百分点（图 2）。随着居民消费习惯的转变、消费场景的不断创新、材料和生产工艺持续发展，拓宽了针织产品的应用边界，进一步推动了针织服饰产品的开发与应用水平。

图 2　2019 年以来规上企业针织服装产量及占比情况

资料来源：国家统计局

利润增长提速，运营质效向好

2024年，针织行业盈利能力总体实现提升，规模以上企业利润总额取得较大幅度的增长，在总资产周转率、产成品周转率与2023年同期基本持平的基础上，实现利润率同比提高、营业成本降低、三项费用占比下降、亏损面缩小，呈现出运营效益持续改善向好的发展态势。

根据中国针织工业协会由国家统计局数据测算，2024年针织行业规模以上企业利润总额同比增长8.94%，其中针织织物企业和针织服装企业利润总额同比分别增长8.25%和9.33%。2024年，针织行业营业收入利润率为4.61%，较2023年提高0.25个百分点（表1）。其中，针织织物规上企业营业收入利润率为4.51%，针织服装营业收入利润率为4.66%，较2023年均有所提升。

行业运营效益保持提升。2024年规模以上针织企业亏损面由年初32.68%高点下降到年末18.24%，收窄14.44个百分点，亏损企业亏损额同比下降2.28%（图3）。其中，针织织物企业亏损面为15.24%，亏损企业亏损额同比下降7.18%；针织服装企业亏损面为19.96%，亏损企业亏损额同比下降0.3%。

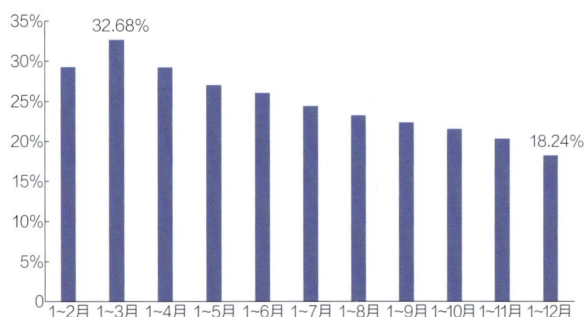

图3　2024年针织规上企业亏损面月累计变化情况

资料来源：国家统计局，中国针织工业协会

2024年，针织行业规模以上企业每百元营业收入中的营业成本较2023年减少0.15元。其中，针织织物企业较2023年减少0.51元，针织服装企业较2023年增加0.07元。

2024年，针织行业规模以上企业三项费用占比为7.12%，较2023年下降0.25个百分点。其中，针织织物企业同比增加0.09个百分点，针织服装企业同比减少0.46个百分点。

表1　2024年针织行业规上企业主要运营指标

项目	利润率（%）	亏损面（%）	三费占比（%）	总资产周转率（次）	产成品周转率（次）
针织行业企业	4.61	18.24	7.12	1.24	13.12
针织织物企业	4.51	15.24	5.93	1.23	11.20
针织服装企业	4.66	19.96	7.81	1.25	14.58

资料来源：国家统计局，中国针织工业协会

行业出口规模连续四年超千亿美元，欧美、东南亚等主要市场发力

2024年，全球通胀水平持续回落，国外去库存周期基本结束，进入主动补库存阶段，市场需求有所回升，特别是美国市场增长明显，叠加美国加征关税预期"抢出口"等多重因素，针织行业出口表现好于预期。从累计增速看，针织织物和针织服装出口全年均处于增长状态。

根据中国海关数据，2024年我国针织产品出口再次突破千亿美元，全年出口金额达1090.44亿美元，同比增长5.04%，增速高于同期我国纺织品服装出口总额同比增速2.54个百分点。受东南亚等国对针织织物需求加大支撑，针织织物出口增长明显好于针织服装。2024年，针织织物出口金额为237.73亿美元，同比增长10.5%；针织服装及附件出口金额为852.71亿美元，同比增长3.6%（图4）。

图4　2024年中国针织产品出口金额及同比增速

资料来源：中国海关

从2024年单月出口情况来看，除3月受春节影响出口同比降幅较大，针织织物在其他月份出口均同比增长，针织服装及附件4月和9月同比小幅下降外，其他月份均同比增长，出口表现好于机织服装（图5）。特别是10月以来，受企业"抢出口"因素影响，行业出口快速增长。龙头企业得益于管理、技术、质量和规模等方面的系统性优势，出口增幅显著高于行业平均水平，呈现资源向头部企业集中趋势。

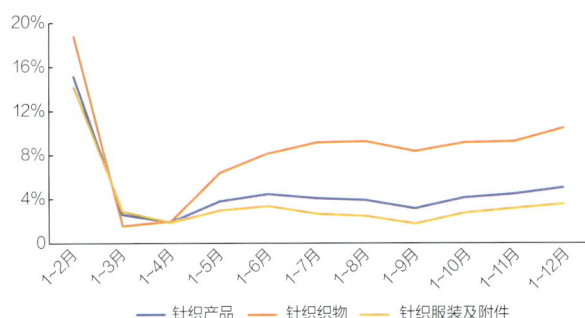

图5　2024年中国针织产品累计出口增速情况

资料来源：中国海关

从出口量价关系来看，2024年针织产品出口呈现"量增价跌"态势。2024年针织织物单价较上年同期下降5.65%，针织服装及附件单价同比下降6.7%，在全球经济放缓和充满不确定的背景下，纺织品的需求结构产生了变化，消费者更倾向于购买价格较低的产品。具体来看，针织衬衫的出口额同比增长12.85%，单价为4.79美元/件，单价较2023年下降5.8%；针织毛衫的出口额同比增长3.48%，单价为6.35美元/件，单价下降5.2%；袜子的出口额同比增长1.85%，单价为0.35美元/双，单价下降7.2%。

一、美国、欧盟、东盟市场引领行业出口增长

从主要出口市场来看，我国针织产品对美国、东盟、欧盟前三大市场的出口增幅均高于平均增长水平，延续了较好增长态势（图6）。

2024年，我国针织产品出口美国215.68亿美元，同比增长12.25%，对我国针织产品出口的增长贡献率高达44.96%；对欧盟针织产品出口额为153.84亿美元，同比增长6.82%，对行业出口增长的贡献率为18.75%。2024年，我国向东盟出口针织产品总额为187.16亿美元，同比增长6.02%，对行业出口增长的贡献率为20.3%；其中，对泰国出口额同比增长32.03%，主要得益于针织西服套装、内衣家居服、T恤汗衫等产品需求强劲增长的拉动。对日本出口总额为65.14亿美元，同比减少4.28%，受日本经济持续低迷影响，中国对日本针织品出口呈持续下降趋势。

此外，2024年我国对孟加拉国、中亚五国针织产品出口增速仍保持在高位，同比增速分别为30.48%和12.98%。孟加拉国主要是由针织织物拉动增长，中亚五国主要是由于T恤汗衫对哈萨克斯坦的出口带动增长。

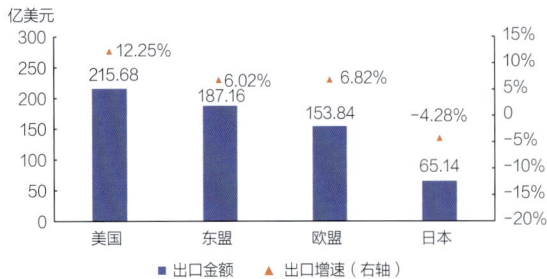

图6　2024年中国针织产品对主要市场出口
金额及同比增速情况

资料来源：中国海关

二、T恤等大类产品增长势头较好

从主要细分品类来看，除运动装出口有所下降外，其他主要品类都出现了同比增长。其中T恤汗衫、经编织物、衬衫等三类产品出口保持两位数增长（表2）。2024年，T恤汗衫出口首次突破百亿美元，达109.16亿美元，同比增长21.18%，创历史新高。其中，对哈萨克斯坦出口金额为10.99亿美元，同比增长228.11%；衬衫出口金额为18.49亿美元，同比增长12.85%；经编织物出口金额为14.16亿美元，同比增长12.99%。

三、我国东部沿海省份出口延续良好增势

根据中国海关数据，浙江、江苏等东部沿海省份针织产品延续良好增长势头。2024年，出口规模排在前三位的浙江、江苏、广东分别实现出口336.95亿美元、148.18亿美元和144.68亿美元，其中浙江省和江苏省出口增幅分别达10.64%和11.18%（表3）。另外，我国新疆维吾尔自治区针织产品出口同比增长20.26%，增速位居全国首位。主要原因一方面是由于新疆地区纺织产业链不断完善，针织产业规模逐渐扩大，产业发展的基础进一步夯实；另一方面则是受益于"一带一路"政策效应的持续释放，新疆自贸试验区建设，中亚地区贸易的

快速增长，转口贸易增加，进一步拉动了新疆地区出口金额及同比增速。

表2　2024年针织产品细分品类出口情况

产品品类	出口金额（亿美元）	出口金额同比（%）
起绒织物	55.52	6.40
经编织物	14.16	12.99
针织衫	206.28	3.48
T恤汗衫	109.16	21.18
内衣家居服（不含文胸）	103.71	7.48
袜子	70.48	1.85
手套	30.76	1.51
运动装	20.10	-3.63
童装	18.31	9.18
衬衫	18.49	12.85

资料来源：中国海关

表3　2024年地方海关针织产品出口统计

注册地名称	出口金额（亿美元）	出口金额同比（%）
浙江省	336.95	10.64
江苏省	148.18	11.18
广东省	144.68	1.11
山东省	103.61	1.85
福建省	97.93	-1.84
新疆维吾尔自治区	66.97	20.26
上海市	63.42	10.24
广西壮族自治区	24.77	-7.18
江西省	21.52	-13.55
湖北省	12.8	-2.55

资料来源：中国海关

内销市场温和回升，活力有待激发

2024年我国纺织服装商品内需消费实现温和增长，但受到宏观经济放缓影响，各项内销指标增速均较上年有所放缓。国家统计局数据显示，2024年我国限额以上服装、鞋帽、针纺织品类商品零售额为14691亿元，同比增长0.3%，增速较2023年回落12.6个百分点；实物商品网上穿类商品零售额同比增速为1.5%，增速较2023年回落9.3个百分点。

电商红利开始消退，逐渐向常态化回归。企业未来发展需注重线上线下融合，重视产品品质，关注终端渠道和消费趋势的动态变化，精准把握市场走向。当前，国货潮品、文娱旅游、体育赛事、健康养生等成为新的消费增长点，要积极发展首发经济、冰雪经济、银发经济，挖掘细分赛道潜力，创新消费场景、营造消费氛围，聚焦有效需求，释放消费潜力（图7）。

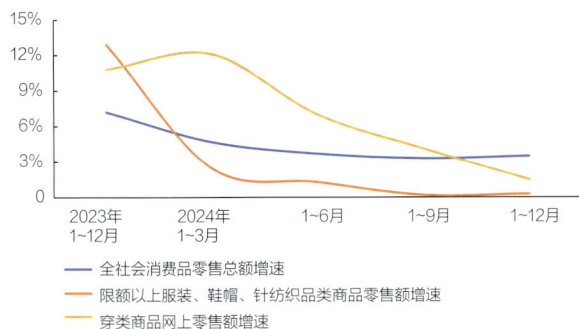

图7 2023年以来中国社会消费品零售情况
资料来源：国家统计局

综上所述，2024年我国针织行业运行质量持续改善，呈现稳步向好的发展态势。

2025年我国针织行业发展形势展望

展望2025年，我国宏观经济回升向好基础仍需巩固，国际市场则面临地缘政治冲突加剧，美国关税政策扩大化风险、国际供应链布局深度调整、汇率宽幅波动等多重风险因素冲击，外部环境变化带来的不利影响加深，针织行业出口面临较大压力。尽管面临诸多挑战，但我国经济长期向好的基本面并未改变，超大规模的内需市场是行业发展的坚实后盾。在积极的财政政策和适度宽松的货币政策总方针下，国家宏观存量与增量政策协同发力，为行业加快转型升级提供强力支撑。行业需要深化供给侧改革和推动高质量发展，抓住新一轮科技革命的发展机遇，加快人工智能等新一代信息技术在设计、研发、生产、经营等方面的运用，提升行业智能化水平，塑造发展新动能新优势。以科技创新引领新质生产力的发展，加大新材料、绿色循环技术等的研发投入，强化产品创新，提高产品附加值，围绕科技、时尚、绿色、健康，加快针织行业现代化体系建设。同时，要加快优化产业布局，充分结合各地区优势资源，按照主体功能定位，构建各具特色、有序竞争、差异化发展的空间格局。积极开拓"一带一路"沿线等新兴市场，高水平整合国际资源，加速国际市场的多元化，有效防控和抵御外部风险，推动行业持续健康发展。

（撰稿人：张希成　魏薇）

服装业

中国服装协会

2024年，面对国内外错综复杂的严峻形势和有效需求不足的现实考验，我国服装行业持续优化产业结构，加快推进转型升级，在生产经营压力加大的情况下行业经济运行态势总体平稳，产业基础素质稳步提升，创新活力和内生动力全面增强。展望2025年，尽管全球经贸环境更趋复杂严峻，不稳定不确定因素较多，但在国家扩内需战略发力显效、数字经济加速融合等积极因素的推动下，我国服装行业将坚持稳中求进的工作总基调，围绕科技、时尚、绿色、健康的产业新定位，培育和发展新质生产力，加快形成高科技、高效能、高质量的产业新势能，扎实推进现代化产业体系建设迈上新台阶。

2024年中国服装行业经济运行情况

一、服装生产平稳回升

2024年，在国内外市场需求有所恢复和产品结构调整等因素的带动下，服装生产平稳回升。根据国家统计局、中国服装协会数据，2024年，服装行业规模以上企业工业增加值同比增长0.8%，比2023年提升8.4个百分点；规模以上企业服装产量同比增长4.22%，增速比2023年提升12.91个百分点（图1）。从主要品类来看，机织服装产量下降的同时，针织服装产量保持较快增长，占服装总产量的比重持续上升。2024年，针织服装产量同比增长7.38%，占服装总产量的68.35%，比重较2023年提高2.17个百分点。梭织服装产量同比下降1.99%，降幅比2023年收窄13.02个百分点；其中，

羽绒服装产量同比增长17.80%，西服套装和衬衫产量同比分别下降2.92%和5.83%。

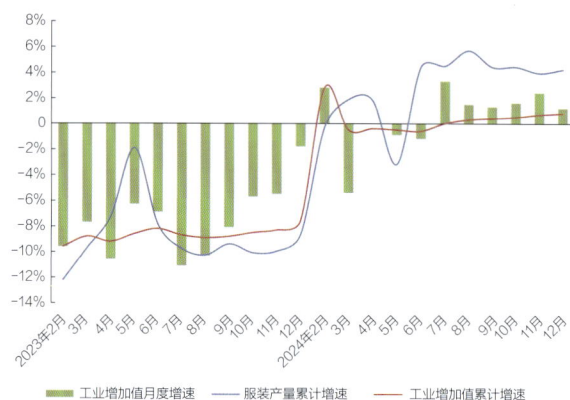

图1 服装行业生产增速情况

资料来源：国家统计局

二、内销市场稳中承压

2024年，在国家促消费政策逐步显效、新型消费新业态新模式激发市场活力等因素支撑下，服装内销市场保持增长，但受消费意愿不足、市场竞争加剧的影响，终端消费内生动力不足，内销增速放缓。根据国家统计局数据，2024年，我国限额以上单位服装类商品零售额累计10716.2亿元，同比增长0.1%，增速比2023年放缓15.3个百分点；穿类商品网上零售额同比增长1.5%，增速比2023年放缓9.3个百分点（图2）。

实体门店零售恢复较弱。据中华全国商业信息中心统计，2024年，全国重点大型零售企业服装零售额同比下降4.9%，其中男装、女装、童装类商品零售额同比分别下降6.1%、6.5%、2.2%。同

时，线上服装消费保持增长，直播电商、短视频电商、即时零售等新模式的拉动作用明显。天猫、抖音数据显示，2024年"双11"期间，天猫平台共有7062个服饰品牌成交额同比增长翻倍，66个品牌破亿；抖音平台男装、女装、童装和运动服成交额同比分别增长26%、34%、19%和55%，户外服装同比增幅高达81%。

图2　国内市场服装销售情况

资料来源：国家统计局

三、出口压力与韧性并存

2024年，面对国际市场需求疲弱、地缘政治冲突加剧、贸易保护主义盛行等风险挑战，我国服装出口展现强大韧性，产业链竞争力持续释放，全年出口实现正增长。根据中国海关数据，2024年我国服装及衣着附件出口金额为1591.4亿美元，同比增长0.3%，增速比2023年提升8.1个百分点（图3）。服装出口量升价跌，出口数量为341.9亿件，同比增长12.9%；出口平均单价为3.8美元/件，同比下降11.2%。其中，针织服装出口金额为712.3亿美元，同比增长3.8%，出口数量同比增长12.5%，出口单价同比下降7.7%；机织服装出口金额为598.9亿美元，同比下降3.90%，出口数量同比增长13.6%，出口单价同比下降15.4%。

服装出口市场多元化趋势明显。我国对传统市场服装出口呈现韧性，对美国、欧盟以及英国服装出口

保持增长，对日本服装出口降幅收窄。根据中国海关数据，2024年，我国对美国服装出口金额为361.9亿美元，同比增长8.7%；对欧盟服装出口金额为277.5亿美元，同比增长4.7%；对英国服装出口金额为52.2亿美元，同比增长7.4%；对日本服装出口金额为116.1亿美元，同比下降7.8%，降幅比2023年收窄5.7个百分点。同期，由于市场空间有限，叠加高基数因素，我国对东盟、"一带一路"共建国家和地区服装出口转为负增长，但对哈萨克斯坦和拉丁美洲出口表现较为亮眼。2024年，我国对东盟服装出口金额为153.3亿美元，同比下降1.1%；对"一带一路"共建国家和地区服装出口金额为446.1亿美元，同比下降3.3%。而我国对哈萨克斯坦服装出口金额同比增长6.4%，对拉丁美洲同比增长9.9%（图4）。

图3　2024年中国服装及衣着附件出口情况

资料来源：中国海关

图4　2024年中国对部分国家和地区服装出口情况

资料来源：中国海关

四、投资保持较快增长

2024年，服装企业投资信心逐步恢复，行业固定资产投资保持较快增长，产业创新态势持续增强，转型升级不断深化。根据国家统计局数据，2024年，我国服装行业固定资产投资完成额（不含农户）同比增长18.0%，增速比2023年提升20.2个百分点，高于纺织业和制造业整体水平2.4和8.8个百分点（图5）。企业投资涉及智能化生产、商业模式创新、品牌建设、渠道布局等多个领域，旨在提升供应链管理效率、优化生产流程、提高产品质量和降低运营成本，带动行业高端化、智能化、绿色化稳步推进。

图5　服装行业固定资产投资增速情况

资料来源：中国海关

五、运行质效温和修复

2024年，我国服装行业努力克服消费需求不足、"内卷式"竞争加剧等困难和挑战，在宏观政策效应持续释放、新质生产力加速发展等因素的支撑下，行业效益水平承压修复，营业收入和利润总额实现恢复性增长。根据国家统计局数据，2024年，我国服装行业规模以上企业13820家，实现营业收入12699.2亿元，同比增长2.8%；利润总额为623.8亿元，同比增长1.5%；营业收入利润率为4.91%，低于2023年0.06个百分点，但比一季度提高1.4个百分点，年内呈现明显回升态势

（图6）。根据中国服装协会测算，2024年行业亏损面为20.07%，比2023年扩大1.03个百分点；产成品周转率、应收账款周转率和总资产周转率同比分别下降5.07%、2.90%和0.30%，显示行业运营压力持续加大。

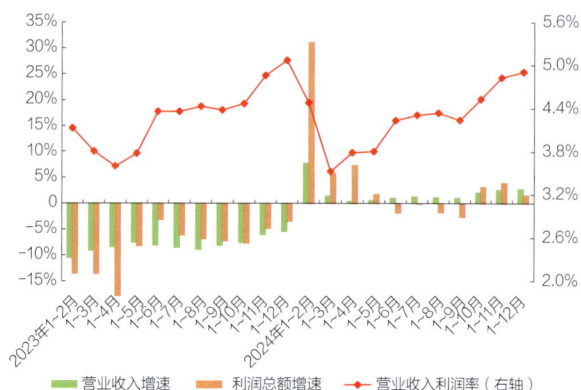

图6　服装行业主要效益指标情况

资料来源：国家统计局

2024年中国服装行业运行主要影响因素

一、国际市场需求复苏动能不足

2024年，在美国、欧洲等发达经济体通胀水平持续下降、居民消费总体好转等因素的支撑下，全球经济实现温和复苏。但地缘政治冲突升级、国际贸易摩擦频发等不稳定不确定因素增多，全球经济下行压力加大，叠加发达经济体通胀回落放缓以及高利率高债务环境下消费增长乏力，国际市场需求复苏动能明显不足。从市场表现来看，主要发达经济体服装消费需求保持韧性，服装进口增长较为疲弱。根据美国商务部、欧盟统计局、英国统计局和日本海关数据，2024年，美国、欧盟服装进口分别同比增长1.7%和1.9%，日本服装进口同比增长3.6%，英国服装进口同比下降7.1%（图7）。

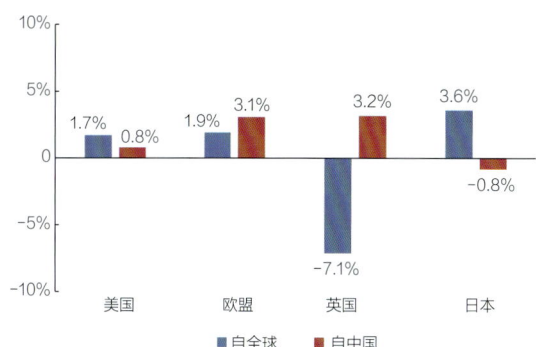

图7　2024年全球主要市场服装进口增速情况

资料来源：美国商务部、欧盟统计局、
英国统计局、日本海关

二、全球产业链格局加速重构

美国、欧盟等发达经济体加紧实施供应链"中

国+1"战略，以越南、印度为代表的发展中国家依托成本优势和大国博弈机遇加快产业布局，全球产业链近岸化、盟友化和区域化趋势愈发明显。在原产地规则日趋严格、贸易保护主义盛行的背景下，我国服装产业正面临发达国家订单转移和发展中国家竞争加剧的双重压力，部分服装企业在订单驱动、关税驱动和风险驱动下加速向海外转移。根据美国商务部、欧盟统计局和日本海关数据，2024年，我国在美国和日本市场的进口份额比2023年分别减少0.2个百分点和2.1个百分点，而东盟的份额分别增加1.2个百分点和1.3个百分点，越南分别增加0.7个百分点和1.1个百分点；我国在欧盟的进口份额虽增加0.3个百分点，但东盟进口份额增加0.5个百分点，孟加拉国、巴基斯坦和摩洛哥的进口份额分别增加0.6个百分点、0.4个百分点和0.1个百分点（表1）。

表1　2024年美国、欧盟和日本服装主要进口国份额变化情况

美国			欧盟			日本		
国别	比重（%）	比重增减（百分点）	国别	比重（%）	比重增减（百分点）	国别	比重（%）	比重增减（百分点）
中国	20.8	-0.2	中国	28.7	0.3	中国	48.5	-2.1
越南	18.9	0.7	孟加拉国	20.4	0.6	越南	17.9	1.1
孟加拉国	9.3	-0.1	土耳其	10.5	-0.9	孟加拉国	5.2	0.2
印度	5.9	0.2	印度	5.0	0.0	柬埔寨	5.2	0.7
印度尼西亚	5.4	0.0	越南	4.7	0.1	意大利	4.6	0.3
柬埔寨	4.8	0.5	柬埔寨	4.4	0.7	缅甸	4.5	-0.3
墨西哥	3.3	-0.3	巴基斯坦	4.2	0.4	印度尼西亚	3.1	-0.2
洪都拉斯	2.9	-0.2	摩洛哥	3.1	0.1	泰国	1.9	0.2
巴基斯坦	2.7	0.1	突尼斯	2.5	-0.2	马来西亚	1.5	0.0
意大利	2.5	-0.1	缅甸	2.4	-0.4	印度	1.1	0.1

资料来源：美国商务部、欧盟统计局、日本海关

三、内销市场提振乏力

2024年，我国内销市场温和复苏，但增速有所放缓，增长动能从场景恢复向政策支撑转换，消费对经济贡献的乏力有所显现。根据国家统计局数据，2024年，我国社会消费品零售总额同比增长3.5%，增速比2023年放缓3.7个百分点。全年最终消费支出对国民经济贡献率降至44.5%，远低于2021~2023年60.4%的平均值，其中第三、第四季度最终消费支出对国民经济贡献率仅为29.8%和29.7%。消费的疲软关键在于居民收入修复缓慢，消费信心不足。2024年12月，消费者信心指数为86.4，同比下降1.37%；全年人均居民收入和人均消费支出均同比增长5.1%，增速分别比2023年放缓1.0个百分点和3.9个百分点；人均衣着消费支出为1521元，同比增长2.8%，增速比2023年放缓5.6个百分点（图8）。

图8　2024年我国居民人均衣着消费支出情况

资料来源：国家统计局

四、"内卷式"竞争制约企业质效提升

影响行业经济的主要问题集中在运营成本上涨的同时产品价格提升困难，内卷式竞争对产业运行质效修复造成较大压力。一方面，"内卷式"竞争抑制企业创新活力和创新行为，阻碍行业高端化、时尚化进程，不利于行业高质量发展。另一方面，"内卷"直接引发无序竞争和价格战，企业利润严重收缩，不得不削减其他支出或降低产品质量，也给正规经营的企业造成较大损失。特别是直播电商等线上渠道价格内卷严重，价格下降并没有起到预期的促消费作用，反而导致退货率居高不下，企业利益严重受损。服装出口"以价换量"问题明显，海外采购商全球比价，订单价格敏感度和透明度愈来愈高，部分企业为缓解成本压力，收缩自有工厂规模，把大量订单派发给外协工厂，也会造成利润收窄。

2025年服装行业面临的发展环境

一、中美贸易不确定性加大我国服装外贸的风险和挑战

2025年，全球经济将延续复苏态势，但新型冠状病毒感染疫情导致的"疤痕效应"仍将对世界经济造成深远影响，通胀走势、地缘冲突等风险因素显著提升，国际市场需求增长前景面临较大不确定性。特别是美国贸易政策转变将扰乱全球经贸复苏进程，贸易摩擦扩围升级，大大提升了全球贸易形势的不确定性。美国新一届政府对来自中国的进口商品加征关税等措施，对我国服装出口形成直接压力的同时，也进一步加速海外供应链向东南亚国家转移，引发全球产业链重组和产业区域结构调整，给我国服装产业链稳定运行带来严重影响。WTO预计，2025年全球货物贸易将增长3.0%，亚洲出口增速将从2024年的7.4%下降至4.7%。

二、内需市场对服装行业高质量发展的支撑作用更加凸显

2024年12月召开的中央经济工作会议明确指出，"大力提振消费、提高投资效益，全方位扩大国内需求"是2025年经济工作的首要任务，在大力推动中低收入群体增收减负，提升消费能力、意愿和

层级的同时，创新多元化消费场景，积极发展首发经济、冰雪经济、银发经济，促进数字消费、绿色消费、健康消费，激发下沉市场新活力，推动消费提质升级，增强经济运行的内生动力。随着年轻群体对国货品牌的消费意识和认可度明显增强，中国制造的时尚品牌因文化自信、产品创新、供应链优势而更加具有竞争力，新业态新模式持续活跃，新动能加快成长壮大，既满足了群众对高品质生活的追求，更助推国内市场消费潜力持续释放。

2025年中国服装行业发展趋势展望

一、2025年服装行业发展趋势预测

展望2025年，我国服装行业发展面临的外部形势更趋复杂严峻，全球经济缓慢复苏，不稳定不确定因素增多，对国际贸易的稳定发展构成压力，国内经济有望延续回升向好态势，但调整转型阵痛持续释放，消费增长内生动力有待进一步增强。在此背景下，我国服装行业进入产业转型升级的深度调整周期，出口严重承压，内销市场预期改善，企业经营压力保持高位，行业经济整体将呈现低速运行态势。

从国际市场来看，服装出口下行压力加大，国际市场需求复苏动力不足，欧美等发达经济体补库存周期进入尾声，叠加地缘政治冲突、贸易保护主义等风险因素增加，将对我国服装出口造成较大影响。同时，受益于我国完善的服装产业链优势、现代化制造能力和多元化市场的强大韧性，以及跨境电商、海外仓等新模式新业态的有力拉动，我国服装出口仍然存在较强支撑。

从国内市场来看，随着扩内需、促消费、惠民生等政策持续发力，国内经济回升向好，消费信心和市场活力逐渐增强，国内需求有望内生改善，预计2025年我国服装内销市场将呈现平稳向好态势，叠加2024年低基数因素，内销增速或将有所回升，

内销市场对服装行业发展的压舱石作用进一步增强。服装品牌和企业将加强产品开发和场景创新，通过文化赋能、科技支撑等强化品牌价值创造，促进产品价格回升和企业效益修复，助力服装内销市场持续回暖。

总体来看，2025年，我国服装行业仍将面临消费需求不足、市场竞争激烈、两极分化加剧等交织叠加的困难和问题，尤其是以美国市场为主的出口制造型企业，经营压力明显加大。在复杂多变的形势下，服装行业需坚守"科技、时尚、绿色、健康"的产业新定位，坚持稳中求进工作总基调，加快培育和发展新质生产力，扎实推进数转智改、绿色发展、业态创新等转型升级和现代化产业体系建设，努力推动行业经济延续平稳向好的发展态势。

二、2025年服装行业重点发展方向

（一）消费变革加速产业时尚跃迁

新一代消费群体更加注重产品的个性化、差异化和文化内涵，追求能够体现自己独特品位和生活方式、满足自己情感和精神需求的产品。面对消费变革，服装行业将继续深入推进数字化、绿色化转型升级，普及智能化生产、个性化定制、柔性供应链等新制造范式，提升品牌时尚文化创意与价值创造能力，促进新零售业态和品牌样式蓬勃发展，推动企业和品牌加速向年轻化、高端化、时尚化跃迁。企业将进一步加强对全渠道消费洞察、时尚潮流、行业发展等相关数据分析，全面打通设计、生产、物流、营销等核心环节的供应全链路，积极推进小程序、直播等零售新渠道，以新奇有趣的互动内容和极致的购物体验，精准营销不同的圈层人群，向消费者传递品牌文化、社会责任、绿色理念，构建可持续发展的生态价值体系。

（二）文化时尚融合引领品牌发展

随着文化自信明显增强，服装品牌围绕文化内涵和民族特色，深入挖掘中国传统元素和工艺，与

现代的设计理念融会贯通，使中式服装更加符合现代消费者的审美和需求，逐步形成独具特色的"新中式"风格。品牌把文化符号与品牌故事结合，通过哲学思想、历史故事、民间传说等传递品牌价值，赋予服装更深层次的文化内涵，持续提升行业时尚创意设计能力、文化承载与跨界元素应用能力。以文化为纽带，产业之间逐步构建起共栖、融合和衍生的互动关系，手游、微短剧等文创产业围绕IP构筑起行业新的流量入口和价值来源，比如汉服成为古镇商街的标配，民族服饰是民俗旅游中沉浸式体验的重要元素。国潮品牌、设计师品牌和小众细分品类不断崛起，进一步推动行业从"大众化"向"圈层化"转型。

（三）AI技术在产品设计中的应用更加广泛

AI在服装设计中的应用将更加广泛，为行业的创新发展带来颠覆性的变革。AI技术持续迭代升级，将进一步推动文化、科技与行业的深度融合，既能加速实现智能创意设计，提高产品设计的效率、创造力和整体质量，也可以通过深入分析消费者行为和市场需求，为企业和品牌提供更精准的市场定位和产品策略。平台经济、共享经济的快速发展，将带动工业互联网平台、数字化中央版房、AI设计平台等新型基础设施建设，加速AI大模型在中小企业中的应用，极大增强服装中小企业的设计能力，促进从设计创意到批量成衣的高效转化，助力整个行业从传统OEM向数字化ODM转型。

（四）智能工厂建设步伐加快

在AI、物联网等新技术深度赋能的大趋势下，技术融合创新、供给生态构建、场景应用落地和新型组织形态变革进一步推动服装行业智能化升级向更深层次和更广泛领域拓展，智能工厂将呈现加速扩容、持续深化的发展态势，并在绿色低碳和可持续发展方面发挥积极作用。服装行业将持续聚焦智能工厂和智能制造系统建设，推动数字技术向全流程融合渗透，重点增强智能裁剪与缝制、智能物流与仓储、数字化管理与运营等领域更高程度的智能化与自动化，促进企业组织形态加速向以数据驱动业务改良与创新的敏捷化转变，形成更加智能、高效的生产管理体系和决策支持系统，以满足市场对订单快速响应和个性化定制的需求。

（五）内容营销助推组织运转更加高效

内容营销已经成为增强品牌影响力和营销变革的核心驱动力，服装企业将持续完善系统化的全域营销模式，构建敏捷、灵活、专业的组织架构、流程机制和人才梯队，以精准的内容和有效的营销手段与消费者建立深度连接，不断提升产品力、内容力、营销力和数据力，从而驱动组织运转的高效协同。通过内容创新与差异化、多渠道整合传播、数据驱动优化等营销策略，企业在深入挖掘产品背后的设计理念、制作工艺、材料来源，将品牌文化和价值观传递给消费者，增强产品情感价值的同时，鼓励消费者通过分享穿搭体验、设立话题标签等方式参与内容创作，增强品牌的社交属性和互动性，从而提升品牌影响力和内生发展动能。

（六）企业出海开拓全球化发展新空间

服装企业出海将迎来新一轮的增长浪潮，目标市场也将在深耕东南亚市场的基础上向欧美市场拓展，高端化、本土化、智能化趋势增强。一方面，中国服装企业将更加积极地通过并购海外品牌、优化供应链管理、构建全球化数字营销网络等方式，聚焦跨文化的品牌建设，以优质的产品质量和服务体验与本地消费者建立深层次的情感连接，提升品牌国际知名度和影响力。另一方面，服装跨境电商正从产品出海向品牌、供应链协同出海转变，进入到以全托管新模式、数字贸易蓬勃发展为特征的新阶段，通过"跨境电商+产业带""平台+独立站"等出海新模式，搭建线上线下融合、境内境外联动的全球化营销体系，推动自主品牌"触网升级"，不断提升海外市场拓展能力。

（撰稿人：刘静　袁正）

家用纺织品业

中国家用纺织品行业协会

2024年以来，全球经济缓慢复苏，贸易活动小幅回暖，经济增长动能略显不足，依靠我国家纺行业完善的产业链和全球领先的制造优势，以及国家一系列稳外贸、稳增长政策的实施释放流动性，我国家用纺织品行业整体保持平稳运行。外贸企业抓住主要出口市场需求回升时机，扭转2023年的负增长态势。在国家"两新"政策的推动下，行业内销整体平稳且呈现新亮点，内外贸整体均保持增长态势。

2024年我国家纺行业经济运行情况

一、平稳运行，利润承压

2024年我国家用纺织品行业整体保持稳定增长态势，根据国家统计局数据测算，规模以上家用纺织品企业近三年营业收入稳步提升，2024年规模以上家用纺织品企业实现营业收入同比增长2.02%，扭转前两年的负增长局面（图1）。与此同时，行业的综合成本也在不断攀升，利润空间受到挤压。2024年规模以上家用纺织品企业营业成本同比增长2.46%，增幅高于收入增幅，且三项期间费用较2023年同比增长0.81%。行业利润空间受到挤压：规模以上家用纺织品企业利润总额同比大幅下降7.42%，11月以来，随着行业传统旺季到来以及国家提振消费政策的逐步实施，家用纺织品规模以上企业营业收入明显提升，利润率呈现稳步提升态势（图2）。

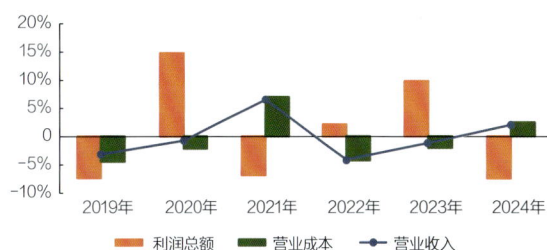

图1　2019～2024年家用纺织品规模以上企业营业收入、营业成本及利润总额走势

资料来源：国家统计局

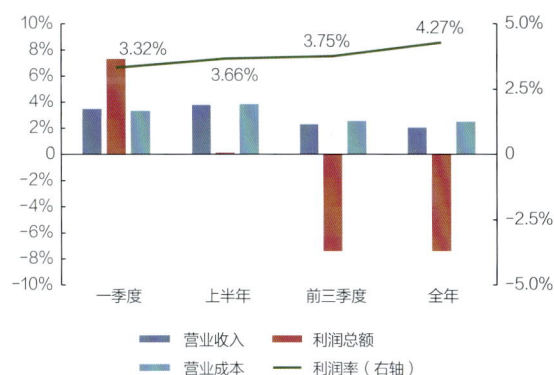

图2　2024年规模以上家用纺织品企业主要经济指标走势

资料来源：国家统计局

家用纺织品主要子行业床上用品、毛巾及布艺行业也体现出增速放缓这一态势，具体如下。

床上用品行业利润同比降幅加大，企业承压前行。国家统计局数据显示，2024年规模以上床上用品企业营业收入同比增长3.72%；利润总额同比大幅下降12.04%，9月以后降幅逐渐收窄（图3）。

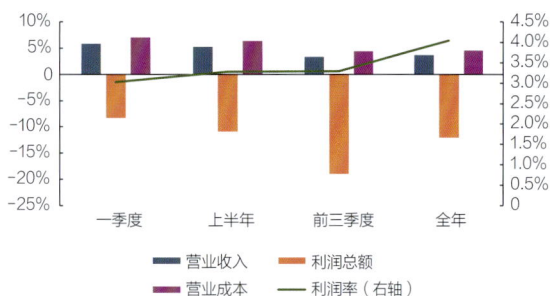

图3　2024年规模以上床上用品企业主要经济指标走势

资料来源：国家统计局

从历史数据来看，当前规模以上床上用品企业营业收入同比呈回升趋势，利润总额在经历了自2021年以来的连续增长后震荡回落，其中包含高基数的影响以及成本攀高等因素的影响（图4）。

图4　2019～2024年床上用品规模以上企业营业收入、利润总额、营业成本同比

资料来源：国家统计局

规模以上毛巾企业2024年营业收入同比下降6.13%，延续了2023年的下降趋势，且降幅较前几个月逐步加深；与此同时，在棉花价格回落的利好因素支撑下，以及企业对人力成本等的有效控制，规模以上毛巾企业营业成本较2023年同比下降6.83%；前三季度利润总额较2023年实现较好增长，四季度出现下滑，全年利润总额同比下降6.54%；利润率为5.67%，全年呈现缓步提升态势（图5）。

布艺行业盈利指标近两年在以往较高的增长基础上呈现小幅波动，从全年走势来看，主要经济指标

呈逐步回落态势，据国家统计局数据，2024年规模以上布艺企业营业收入较2023年同比略降0.35%；营业成本和三项期间费用总体小幅增长；利润总额大幅同比下降6.67%，但利润率为6.66%，高于家用纺织品行业整体水平（图6）。

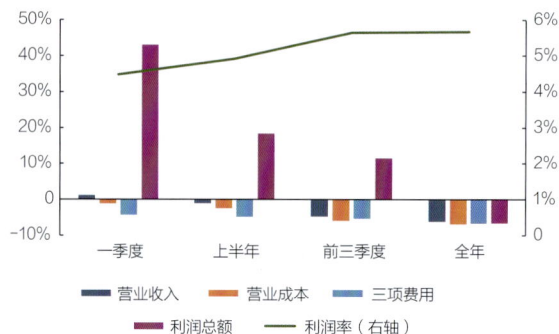

图5　2024年规模以上毛巾企业主要经济指标走势

资料来源：国家统计局

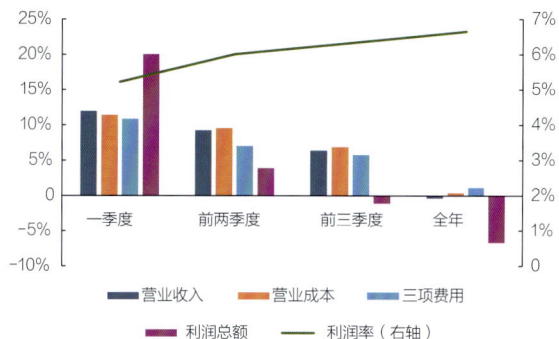

图6　2024年规模以上布艺企业主要经济指标走势

资料来源：国家统计局

二、竞争优势，出口保持增长

根据中国海关数据，2024年我国出口家用纺织品金额为484.9亿美元，同比增长5.63%。当前行业出口规模在2022年、2023年连续两年下降后实现恢复增长（图7）。但外贸企业经营承压，出口价格下降，一定程度上反映着利润空间被压缩。2024年我国家用纺织品出口数量同比增长12.61%，出口单价同比下降6.08%（图8），从近年来数据来看，单价

增速呈下降趋势。从产品品类情况看，棉质产品出口走弱而化纤走强；从出口市场情况看，美、欧市场起到主要拉动作用。

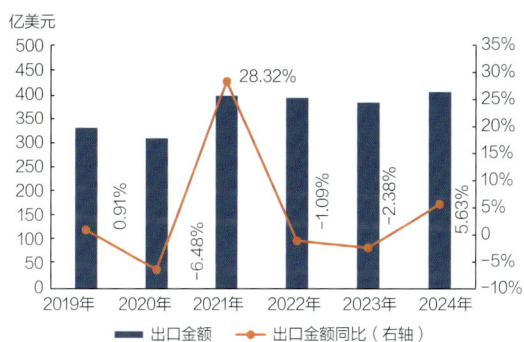

图7 2019～2024年中国家用
纺织品出口金额及同比

资料来源：中国海关

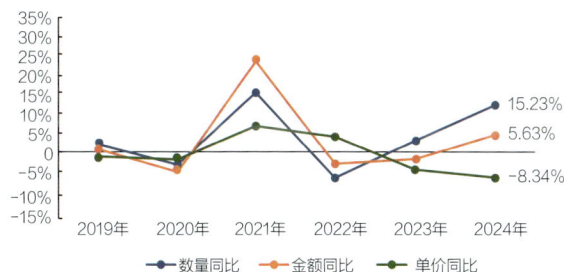

图8 2019～2024年中国家用纺织品
出口数量、金额、单价同比走势

资料来源：中国海关

年收窄1.41个百分点（图9）。

表1 2024年中国出口的主要6大类
家用纺织品出口情况

产品类别	出口额（亿美元）	同比（%）
床上用品	154.45	6.08
布艺产品	171.83	7.10
毛巾产品	21.70	-9.25
地毯	43.84	9.54
毯子	43.95	-0.02
餐厨用纺织品	40.89	10.41

资料来源：中国海关

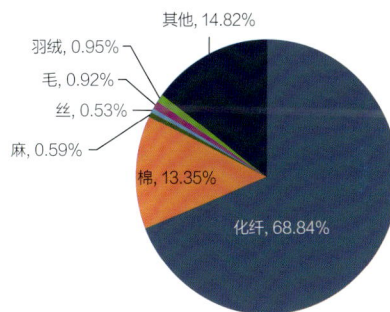

图9 2024年中国家用纺织品出口材质占比情况

资料来源：中国海关

在我国出口的主要6大类家用纺织品中，床上用品、布艺产品、地毯和餐厨用纺织品2024年出口实现增长。毯子产品略降，毛巾产品下降幅度最为显著（表1）。

近年来受政治和市场选择的因素影响，表现出棉质产品出口走弱而化纤走强的趋势。2024年，我国出口化纤类家纺产品金额为333.82亿美元，同比增长7.23%，占出口总额的68.84%，较2023年扩大1.03个百分点；棉类出口金额为64.72亿美元，同比下降4.44%，占出口总额的13.35%，较2023

床上用品中的床上用织物制品（件套产品）和毛巾是棉质家用纺织品的出口主要集中的产品，明显地反映出这一发展趋势。2024年我国出口床上用织物制品金额为54.57亿美元，同比增长9.07%，其中化纤类占比57.22%，出口金额同比增长12.15%，占比较近5年来平均水平（2019～2023年平均占比54.87%）扩大2.4个百分点；棉类占比26.47%，出口额同比下降5.22%，占比较近5年来平均水平（2019～2023年平均占比27.8%）下降了

1.3个百分点（图10、图11）。

2021年美国所谓"涉疆法案"执行以后，我国对美国棉制家用纺织品产品的出口受到冲击，在用棉较多的床上用织物制品的出口中表现强烈，2024年我国对美国出口床上用织物制品金额为19亿美元，同比增长10.15%，其中化纤类出口金额为12.18亿美元，同比增长11.05%；棉类出口金额为3.19亿美元，同比下降7.83%，对美国棉类床上用织物制品的出口规模不断缩小，2024年对美国棉类出口占该品类对美国出口总量的16.78%，占比较近5年来平均水平（2019～2023年平均占比24.22%）下降7.44个百分点（图12）。

2024年，我国出口毛巾产品金额为21.3亿美元，同比下降9.25%，毛巾产品自2019年开始显现降势，2021年订单回流年短暂回升后一直维持降势（图13）。造成毛巾走弱的原因是多方面的，其中一个原因是国际竞争激烈，在统计的出口毛巾产品中，90%以上为棉质，受贸易壁垒以及印度、巴基斯坦等棉花产地大国的激烈竞争影响，我国毛巾产品出口优势逐渐变弱。另一个原因是更加便捷、性价比更高的超细纤维、棉柔巾等擦拭用产品的替代，协会统计的以化纤材质为主的盥洗及厨房用织物制品和擦拭用品近年来增势显著，2024年出口上述擦拭用品金额为32.2亿美元，同比增长10.32%。

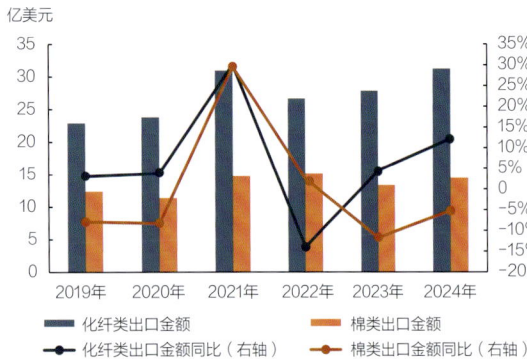

图11　2019～2024年中国出口床上用织物制品中化纤类、棉类的占比走势

资料来源：中国海关

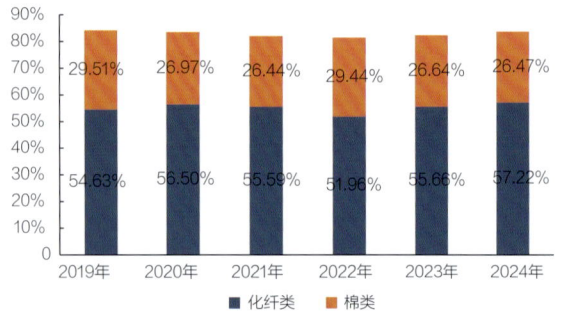

图12　2019～2024年中国对美国市场出口床上用织物制品中化纤类、棉类的占比走势

资料来源：中国海关

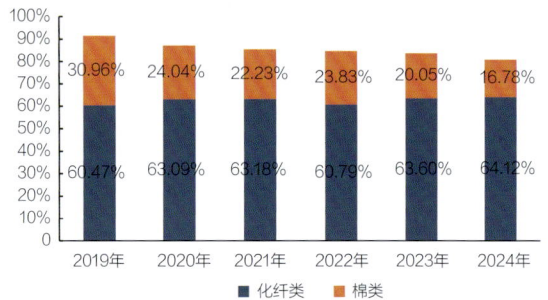

图10　2019～2024年中国化纤类、棉类床上用织物制品出口走势

资料来源：中国海关

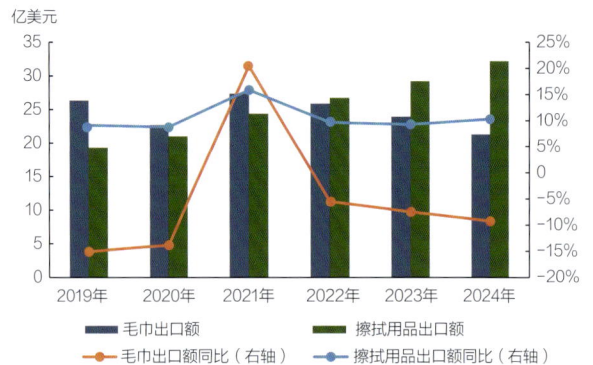

图13　2019～2024年中国毛巾产品和擦拭用品出口走势

资料来源：中国海关

从主要出口市场方面看，2024年我国家用纺织产品出口除对非洲和大洋洲下降外，对其余各洲

出口均有不同程度的增长，美国、欧盟市场是主要拉动力量：2024年我国对美欧市场出口额占总体的38.08%，占比较2023年扩大1.69个百分点，其中对美国市场出口金额为119.12亿美元，同比增长11.14%，对欧盟市场出口金额为65.53亿美元，同比增长9.49%（表2）。

表2　2024年中国家用纺织品出口大洲市场情况

市场	出口额（亿美元）	出口额同比（%）
亚洲	201.88	2.76
北美洲	127.15	11.13
欧洲	75.93	6.38
拉丁美洲	38.52	13.32
非洲	27.72	-3.07
大洋洲	13.71	-3.75

资料来源：中国海关

东盟市场也呈现良好的增长。2024年我国对东盟市场出口家用纺织品共计82.76亿美元，同比增长5.88%。但值得注意的是，支撑其增长的是家用纺织品面辅料的出口。我国外贸企业海外建厂布局对东盟地区面辅料的增长发挥了重要作用。2024年，我国对东盟市场出口家用纺织品面辅料金额为39.87亿美元，同比增长18.46%，而家用纺织成品出口金额为42.87亿美元，同比下降3.63%，其中，床上用品下降8.34%、毛巾下降21.27%。此外，传统市场中日本增长乏力。2024年我国对其出口家用纺织品金额为26.16亿美元，同比下降4.49%。

三、增速放缓，政策提振内贸信心

2024年下半年以来，受内生消费动力不足影响，人均消费支出持续回落。根据国家统计局数据，全国服装、鞋帽、针纺织品（含家用纺织品类）2024年同比增长0.3%，其中12月当月同比下降0.3%。家用纺织品规模以上企业2024年内销产值同比增长0.85%（图14）。

主要三大子行业中，床上用品、毛巾和布艺内销整体呈现增速放缓态势。床上用品内销经营承压，根据国家统计局数据测算，2024年我国规模以上床上用品企业内销产值同比增长2.27%，主要是12月当月的增长拉动。从近几年内销产值趋势情况看，床上用品行业内销在近两年保持缓中有进的增长局面。毛巾内销进一步收缩，2024年毛巾规模以上企业内销同比下降8.10%，降幅呈现逐步加深趋势，且从近几年情况看，毛巾行业整体呈现持续收缩态势。2024年布艺行业内销增速在近几年较高的增长基础上出现回落，较2023年略降0.01%（图15、图16）。

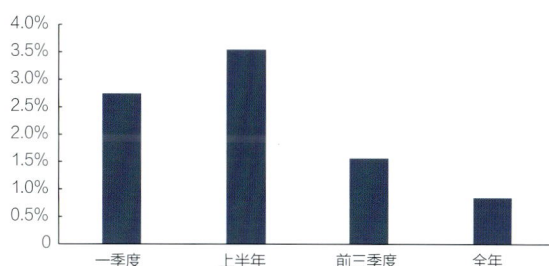

图14　2024年规模以上家用纺织品企业内销产值增长走势

资料来源：国家统计局

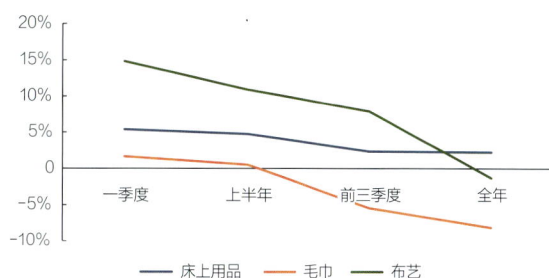

图15　2024年规模以上床上用品、毛巾、布艺企业内销产值增长走势

资料来源：国家统计局

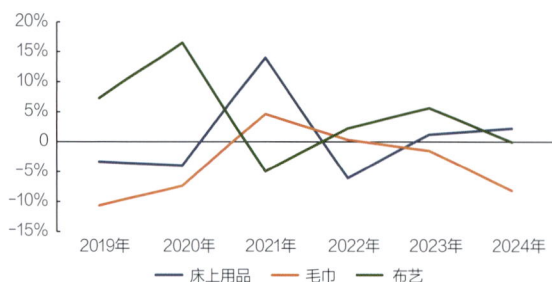

图16 2019～2024年规模以上床上用品、毛巾、布艺企业内销产值增长走势

资料来源：国家统计局

受内需市场疲软影响，家纺企业经营承压，上市公司的表现也反映着这一形势。罗莱生活、富安娜、水星家纺以及梦洁股份四家专做内销市场的主板上市家用纺织品企业2024年前三季度的营业收入和净利润同比均不同程度下降（表3、表4）。

与此同时，在消费市场整体疲软的环境下，行业龙头企业表展现出良好的抗压能力和发展韧性。在品牌建设、渠道布局、研发创新、管理体系等方面持续发力，相较历史水平，当前毛利率仍处于健康水平（表5）。罗莱生活大力推进零售革新，加大直营开店力度，上半年累计新开直营店铺49家，同时坚持超柔定位，持续为消费者提供可视化、可感知的超柔床上用品。富安娜持续提升线下门店零售管理能力，同时加大线上直播布局，并依托零售数据洞察及消费者需求分析，围绕"东方美学""科技赋能"满足消费者需求，引领睡眠生活。水星家纺不断优化和提升品牌形象，通过营销方式和品牌传播策略，强化品牌心智培育。梦洁股份调整组织架构，打通线上线下业务壁垒，聚合资源实现一体发展。

表3 2024年前三季度主板上市床上用品企业营业收和净利润指标

财务指标	罗莱生活		富安娜		水星家纺		梦洁股份	
	亿元	同比	亿元	同比	亿元	同比	亿元	同比
营业收入	32.01	-14.74%	18.87	-1.96%	26.83	-2.57%	11.95	-18.31%
净利润	2.62	-37.14%	2.93	-15.33%	2.10	-16.80%	0.21	-34.08%

资料来源：上市公司财报

表4 2019～2024年前三季度主板上市床上用品企业净利率

净利率	罗莱生活	富安娜	水星家纺	梦洁股份
2019年	11.50%	18.17%	10.51%	3.64%
2020年	12.08%	17.97%	9.05%	2.11%
2021年	12.48%	17.17%	10.16%	-6.41%
2022年	10.79%	17.33%	7.59%	-22.05%
2023年	10.74%	18.88%	9.00%	1.06%
2024年1～9月	8.17%	15.54%	7.82%	1.65%

资料来源：上市公司财报

表5　2019～2024年前三季度主板上市床上用品企业毛利率

毛利率	罗莱生活	富安娜	水星家纺	梦洁股份
2019年	43.86%	52.00%	37.58%	41.12%
2020年	43.18%	53.90%	35.27%	39.94%
2021年	45.00%	52.14%	37.95%	37.75%
2022年	45.96%	53.10%	38.70%	33.08%
2023年	47.27%	55.63%	40.04%	41.24%
2024年1～9月	45.88%	55.17%	41.42%	40.62%

资料来源：上市公司财报

政策提振消费信心，行业内贸呈现新亮点。2024年国务院推出的"两新"是加快构建新发展格局、推动高质量发展的重要举措。截至2025年3月，已参加政府补贴的省市包括上海、安徽、江苏全域及福建龙岩等家用纺织品产业聚集地区。2024年9月底，上海市正式将家用纺织品产品纳入补贴范围，涵盖家用纺织品企业的线下102家百货、超市、专卖店，线上100余家旗舰店、POP在各大电商平台销售家用纺织品产品，4家企业在微信小程序营销。罗莱生活76家专卖店、三枪48家专卖店、水星家纺26家专卖店等，已于11月上旬开始运营。通过叠加折扣、强化宣传结合"双11""双12"和年终大促销活动，企业11月营业额实现明显提升，不少企业当月营业额环比增长超过35%。此外，家用纺织品产业重点地区江苏省南通市也在11月开启了相关补贴活动的企业申报工作。

助力提升消费信心也是改善消费环境的关键。在2024年四季度"企业经营管理问卷调查"中，家纺企业表示，在补贴政策等的促进下，企业订单和产品产量都有明显提升，企业盈利的比重也相对较大，但对于下一阶段的预期仍趋于谨慎，认为下一季度订单将减少的企业比重大于增加的企业。

2025年我国家用纺织品行业趋势与展望

当前全球贸易整体处于复苏进程中，贸易摩擦等外部环境不确定因素仍然较多，易对发达经济体产生连带影响；新兴市场需求不稳，给行业开拓新市场带来风险。在接下来的一段时期内，我国家用纺织品行业面临的机遇与挑战并存。我国化纤类家用纺织品出口由于竞争国相关产业尚处于建设阶段，产能短期内并不能满足市场需求，但在价格和产能方面具有优势。

内贸方面，我国经济长期稳定向好的基本面没有改变，随着国家稳增长系列政策释放流动性，"两新"政策的进一步落地，将有助于企业投资和居民消费。进一步扩大和增强补贴等政策对行业的支持力度，促进改善消费环境，提振信心是改善行业内销的关键所在。以扩大内需为着力点，注重发掘家用纺织品领域的科技引领力与时尚创新力，提升产品附加价值和服务，发挥竞争优势。加强对高性能、绿色环保等产品的开发，进一步降本提质增效，发展行业新质生产力，注重研发创新与产业融合发展。

展望2025年，国际宏观环境依然错综复杂多变，家用纺织品行业企业还应提高产业安全风险意识，重视原始创新，建立领先基础，稳定贸易渠道，提升产业核心竞争力。同时还应积极进行合理全球布局，应用跨境电商模式开拓市场新增长点，加速推进两化融合，开展技术创新，在变化中寻求突破。

（撰稿人：王冉）

产业用纺织品业

中国产业用纺织品行业协会

2024年产业用纺织品行业经济运行情况

2024年，全球经济呈现缓慢复苏态势，通胀压力有所缓解，贸易逐步回暖，但在贸易保护主义抬头、地缘政治冲突加剧的影响下，全球产业链供应链重构继续深化。我国经济面对外部压力加大、内部困难增多的复杂严峻形势，延续总体平稳、稳中有进的态势，高质量发展取得新进展，特别是国家及时部署出台一揽子增量政策，推动社会信心有效提振、经济明显回升。我国产业用纺织品行业在经历三年调整期后，进入恢复性增长阶段，生产、销售与出口有所回暖，呈现出"稳中有进、结构优化"的新发展态势。

根据中国产业用纺织品行业协会对约300家样本企业的调研，2024年行业的景气指数连续两年保持上升，由2023年的58.2提升至67.6（图1）。

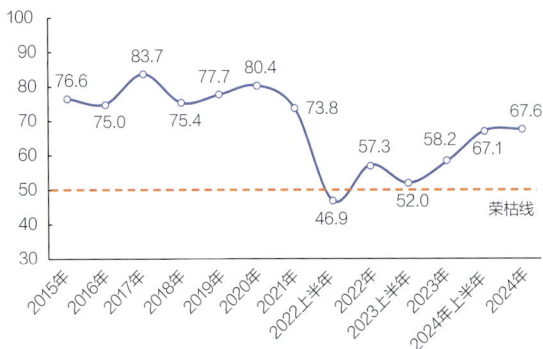

图1　近年来中国产业用纺织品行业景气指数

资料来源：中国产业用纺织品行业协会

一、产能利用率保持平稳较高水平，主要产品生产稳步增长

2024年，我国产业用纺织品行业继续坚持高质量发展理念，主要产品的生产保持稳步增长。产业用纺织品行业全年产能利用率整体保持平稳且处于较高水平，根据中国产业用纺织品行业协会对样本企业的调研，2024年样本企业的产能利用率约为73.9%，超过四成的样本企业产能利用率超过80%。

据中国产业用纺织品行业协会统计，2024年我国产业用纺织品行业纤维加工总量达2138.4万吨，同比增长5.1%（表1）。作为产业用纺织品的主要原材料，我国非织造布的产量为856.1万吨，同比增长5.1%。

二、行业盈利能力回暖，子领域结构性复苏

2024年产业用纺织品行业的经济运行呈现显著回暖态势，在需求推动和新型冠状病毒感染因素消退的作用下，行业主要经济指标重新步入增长通道。根据国家统计局数据，2024年产业用纺织品行业规模以上企业（非全口径）的营业收入与利润总额分别同比增长5.3%和10.1%，15%的毛利率和4.4%的营业利润率较2023年均提升0.3个百分点（图2）。

表1 2024年中国产业用纺织品行业纤维加工量（按应用领域计算）

类别	纤维加工量（万吨）	同比（%）
医疗与卫生用纺织品	359.6	3.1
过滤与分离用纺织品	172.9	5.0
土工用纺织品	150.2	8.6
建筑用纺织品	83.2	−5.3
交通工具用纺织品	91.0	3.5
安全与防护用纺织品	64.0	7.0
结构增强用纺织品	164.1	8.3
农业用纺织品	91.3	0.9
包装用纺织品	132.6	4.3
文体与休闲用纺织品	54.2	5.2
篷帆类纺织品	372.3	10.2
合成革用纺织品	111.4	1.3
隔离与绝缘用纺织品	63.4	6.5
线绳（缆）带类纺织品	104.2	8.7
工业用毡毯（呢）类纺织品	63.5	−1.5
其他	60.7	3.5
合计	2138.4	5.1

资料来源：中国产业用纺织品行业协会

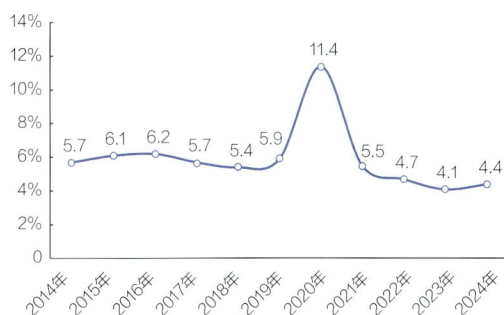

图2 中国产业用纺织品行业规模以上
企业营业利润率情况
资料来源：国家统计局，中国产业用纺织品行业协会

运营效率方面，行业总资产周转率为1.0次，较2023年提升3.5%，但仍低于2022年的1.1次和2019年的1.3次，产成品周转率（13.3次）同比提升1.6%，但仅为2019年（20.7次）的64%，反映出行业整体的市场拓展与产品流通环节依然面临挑战；流动资产周转率（1.7次）同比微增，但较2022年（1.9次）仍有差距，应收账款周转率（5.4次）连续四年下降，在内卷加剧的情况下企业在供应链中处于更加弱势的地位，行业在资产管理、资金回笼等方面需要采取更为有效的措施，以提升企业的整体运营效率。

盈利能力方面，2024年以来，产业用纺织品行业在规模扩张与效率改善的共同作用下盈利能力持续修复，全年利润总额同比增长10.1%，结束了连续三年的负增长。此轮修复主要得益于成本优化与市场需求回暖：从成本端看，行业的营业成本增速（5%）低于营业收入增速（5.3%），推动毛利率同比提升0.3个百分点至15%；从需求端看，据中国产业用纺织品行业协会统计，行业国内、国际订单指数分别达65.4和66，相比2023年（59.1和61.4）均有所回升。需要关注的是，受部分重点子领域竞争加剧、国际市场需求下滑的影响，行业产品价格指数相比2023年（40.5）继续下滑至38.5，尽管

行业的营业利润率较2023年有所改善，但仍低于新型冠状病毒感染疫情前同期水平，表明行业仍处于"以量补价"阶段，高附加值产品占比尚未完全恢复，行业盈利的可持续性仍需观察。

在产业用纺织品行业整体回暖的背景下，各个子领域的主要经济指标同步释放积极信号，呈现结构性复苏态势。根据国家统计局数据，2024年我国非织造布行业规模以上企业的营业收入和利润总额分别同比增长3.2%和11.9%，毛利润率和营业利润率分别为14%和3.6%，较2023年分别提升0.5个百分点和0.3个百分点（表2）。

表2 2024年中国产业用纺织品行业主要经济指标增速（规模以上企业）

项目	单位	产业用纺织品	非织造布	绳、索、缆	纺织带和帘子布	篷、帆布	其他产业用
营业收入	%	5.3	3.2	15.2	9.9	1.7	6.7
营业成本	%	5.0	2.7	15.2	9.7	2.2	6.4
毛利率	%	15.0	14.0	13.3	13.1	16.4	17.9
	百分点	0.3	0.5	0.0	0.2	-0.4	0.2
利润总额	%	10.1	11.9	14.0	26.2	-9.3	11.6
利润率	%	4.4	3.6	3.6	3.5	4.9	6.3
	百分点	0.2	0.3	0	0.5	-0.6	0.3
产成品周转率	%	13.3	13.6	13.9	12.0	9.8	16.1
总资产周转率	%	1.0	0.9	1.3	1.0	1.0	1.0

资料来源：国家统计局，中国产业用纺织品行业协会

绳、索、缆行业规模以上企业的营业收入和利润总额分别同比增长15.2%和14%，毛利润率和利润率分别为13.3%和3.6%，与2023年基本持平。

纺织带、帘子布行业规模以上企业的营业收入和利润总额分别同比增长9.9%和26.2%，毛利率和营业利润率分别为13.1%和3.5%，分别同比增长0.2个百分点和0.5个百分点。

篷、帆布行业规模以上企业的营业收入恢复正

增长，同比增长1.7%，但盈利能力依旧承压，利润总额同比下降9.3%，毛利润率和行业利润率分别为16.4%和4.9%，分别同比下降0.4个百分点和0.6个百分点。

土工、过滤用纺织品所在的其他产业用纺织品行业规模以上企业的营业收入和利润总额分别同比增长6.7%和11.6%，毛利润率和营业利润率分别达到17.9%和6.3%，均为行业最高水平，分别同

比增长0.2个百分点和0.3个百分点。

三、行业投资理性调整，高质量发展动能增强

2024年，非织造布行业企业对于新项目的投资较2023年更趋于谨慎，超过50%的样本企业全年内没有进行新项目投资或建设。据不完全统计，2024年，我国新增纺粘及熔喷非织造布生产线约32条、水刺非织造布生产线约24条、针刺非织造布生产线约142条，合计新增产能约45万吨。

关于2025年的投资计划，中国产业用纺织行业协会调研显示，样本企业的投资意愿相比2024年有所减弱，在2024年有新项目投资计划的企业不足六成；在有投资意向的样本企业中，对于既有设备升级改造、智能化绿色化改造方面的投资比重相比

2024年持续提升，行业企业在高质量投资方面依然保持活跃。此外，行业中部分具有规模优势的企业也正在积极推动海外市场战略布局，东南亚地区是这些企业重点关注的市场。

四、海外市场需求复苏，行业出口止跌回稳

（一）出口情况

我国是全球最大的产业用纺织品出口国，凭借完整的产业链配套能力、持续的技术研发投入，行业主要产品在国际市场中的竞争力稳步提升。进入2024年以来，国际市场需求逐步回暖，根据中国海关数据，2024年我国产业用纺织品行业的出口额（海关8位HS编码统计数据）为413.4亿美元，同比增长6.7%，扭转了自2021年以来连续三年出口下滑的趋势（表3）。

表3　2024年中国产业用纺织品行业及主要产品出口情况

项目	出口额（亿美元）	出口额增速（%）	出口量增速（%）	出口价格增速（%）
产业用纺织品行业	413.4	6.7	14.1	-6.4
产业用涂层织物	51.0	12.9	9.0	3.6
非织造布	40.4	6.3	15.7	-8.2
毡布、帐篷	39.6	3.4	13.4	-8.8
一次性卫生用品	36.0	8.2	20.7	-10.4
线绳（缆）带纺织品	31.9	3.2	11.1	-7.1
帆布	31.3	11.1	12.9	-1.6
合成革、革基布	22.3	-2.7	1.3	-3.9
产业用玻纤制品	21.4	8.5	13.7	-4.6
擦拭布（不含湿巾）	17.3	21.3	27.7	-5.0
包装用纺织品	17.0	-1.3	9.3	-9.7
医用敷料	10.9	6.7	10.1	-3.1
安全气囊	9.4	8.4	4.5	3.8

资料来源：中国海关，中国产业用纺织品行业协会

1.主要产品出口情况

从出口金额来看，产业用涂层织物是目前行业最大的出口产品，随着东南亚等主要出口市场需求回暖，2024年我国向海外市场出口产业用涂层织物价值达50亿美元，同比增长12.9%。其他传统产品中，毡布、帐篷，线绳（缆）带纺织品，帆布，产业用玻纤制品的出口额重回增长通道，分别为39.6亿美元、31.9亿美元、31.3亿美元、21.4亿美元，分别同比增长3.4%、3.2%、11.1%、8.5%；合成革、革基布，包装用纺织品的出口额分别为22.3亿美元和17.0亿美元，分别同比下降2.7%和1.3%，降幅较2023年分别收窄4.9个百分点和6.6个百分点。

受不同应用领域需求差异的影响，非织造布及相关制品的出口呈现不同走势。2024年，海外市场对我国非织造布卷材的需求回暖，出口量达151.6万吨，同比增长15.7%，价值达40.4亿美元，同比增长6.3%，其中对越南、美国两个主要市场的出口额增幅均超过20%；一次性卫生用品（尿裤、卫生巾等）的出口额达36亿美元，同比增长8.2%，尽管相比2023年增速有所放缓，但依然保持良好的增长势头，其中对美国市场的出口恢复两位数增长，对马来西亚、泰国等新兴市场国家的出口继续保持高速增长；出口药棉、纱布、绷带等医用敷料价值达10.9亿美元，同比增长6.7%；口罩的海外市场需求持续走弱，出口额为6.1亿美元，同比下降31.6%；非织造布制防护服（含医用防护服）的出口自2020年后首次实现增长，出口额为7.8亿美元，同比增长7%；国际市场对湿巾的需求保持旺盛，出口额为9.3亿美元，同比增长23.3%。

从产品出口价格看，排名前十的产品中仅产业用涂层织物的出口价格有小幅增长，其余产品的出口价格均有不同程度的下降。从整体看，数量增长是当前推动我国产业用纺织品出口回暖的主要因素。

2.主要市场出口情况

以产业用纺织品占比较大的56章（非织造布，特种纱线，线、绳、索、缆及其制品）和59章（工业用纺织品）为例，亚洲是最大的出口地区，占出

口总额的57.7%，其中对东盟市场的出口增长动力强劲，出口额同比增长13.8%。2024年欧盟市场和北美市场对我国56章和59章产品的需求回暖，出口额分别同比增长10.4%和12.4%，市场份额相较2023年分别提升0.3个百分点和0.4个百分点。拉美市场的份额为9.0%，与2023年持平。非洲和大洋洲的市场份额分别为8.0%和1.8%，与2023年相比分别下降0.7个百分点和0.3个百分点（图3）。

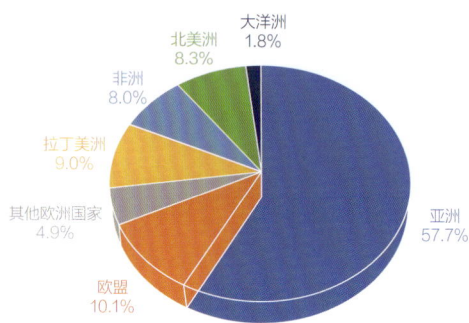

图3　2024年中国重点产业用纺织品
（56章、59章）主要出口地区结构
资料来源：中国海关，中国产业用纺织品行业协会

越南、美国、印度、印度尼西亚和韩国是我国56章、59章产品的主要出口国，约占出口总额的三分之一。2024年，我国56章、59章产品对越南、美国、印度尼西亚的出口额增速均超过10%。

（二）进口情况

根据中国海关数据，2024年，我国产业用纺织品行业的进口额（海关8位HS编码统计数据）为50.9亿美元，同比下降2%，降幅较2023年大幅收窄。

从主要进口产品来看，非织造布的进口需求自2020年后连续下降，2024年的进口额为8.2亿美元，同比微降0.4%，但进口量同比增长9.4%；2024年，我国对于高端产业用玻纤制品的进口需求增强，进口额和进口价格分别同比增长21.5%和30.9%；对产业用涂层织物、结构增强用纺织品的进口需求有

所恢复，进口额分别同比增长3.1%和4.4%；近年来，随着我国卫生用纺织品企业竞争力的持续提升，我国对尿裤、卫生巾等一次性卫生用品的进口需求进一步下降，2024年的进口额降幅达44.4%（表4）。

表4　2024年中国产业用纺织品行业及主要产品进口情况

项目	进口额（亿美元）	进口额增速（%）	进口量增速（%）	进口价格增速（%）
产业用纺织品行业	50.9	-2.0	-5.1	3.2
非织造布	8.2	-0.4	9.4	-9.0
产业用玻纤制品	8.0	21.5	-7.2	30.9
产业用涂层织物	5.4	3.1	1.8	1.2
结构增强用纺织品	4.5	4.4	3.1	1.2
安全气囊	4.3	-2.0	9.6	-10.5
线绳（缆）带纺织品	2.7	14.5	14.7	-0.2
医用敷料	2.5	-5.6	7.7	-12.3
一次性卫生用品	1.7	-44.4	-39.4	-8.2
工业用毡毯（呢）纺织品	1.6	-14.3	-20.9	8.4
合成革、革基布	1.5	-4.1	-8.6	4.9
线绳（缆）带纺织品/线	1.4	-9.3	6.0	-14.4
帆布	1.1	-10.9	-9.1	-2.0

资料来源：中国海关，中国产业用纺织品行业协会

2025年产业用纺织品行业发展展望

2025年是"十四五"规划的收官之年，也是进一步深化改革的重要一年。当前，全球经济与政治不确定性与不稳定性加剧，全球供应链在新型冠状病毒感染冲击、贸易保护主义抬头等因素影响下，稳定性受到挑战，全球经济仍面临调整压力；国内需求不足的挑战仍然较大，但伴随我国一揽子增量政策落地显效，以及大规模设备更新和消费品以旧换新等政策推动，国内经济出现诸多指标显著改善的积极迹象，市场信心正得到极大提振。

当前，我国产业用纺织品行业逐步摆脱新型冠状病毒感染后的阶段性调整，主要经济指标重回增长轨道，但增长动能还需进一步巩固，供需结构性矛盾在短期内难以根本改观，产成品价格下降的趋势没有根本逆转，部分领域的企业陷入"增收不增利"的困境。在出口贸易中，受全球贸易保护主义抬头及新兴国家同类产业崛起等影响，传统出口产品议价空间进一步压缩，行业平均利润率水平较2020年以前明显下降。这一趋势倒逼企业加速从低成本竞争向价值竞争转型，但价格下行压力短期内仍难以消解，行业盈利能力的修复需要通过更长时间的市场出清与技术升级。

展望2025年，在政策层面，国家继续在民营经济、科技创新、扩大内需、市场体系建设等方面出台一系列政策，将会进一步释放我国的创新活力和内需潜力，为行业发展营造更加适宜的宏观环境。在行业层面，我国产业用纺织品行业的长期竞争优势依然稳固，完整的产业链配套能力、持续迭代的技术创新体系以及庞大的内需市场支撑，为行业转型升级提供了战略纵深；绿色化、差异化和高端化发展成为行业共识，通过持续的结构优化与效率提升，我国产业用纺织品行业正逐步构建起更具韧性的发展模式，对于行业的可持续发展形成有力支撑。在微观层面，行业企业对于未来发展的信心持谨慎乐观态度，协会对重点领域的调研结果显示，交通工具用纺织品、土工与建筑用纺织品、篷帆用纺织品、造纸用纺织品、衬布领域的企业对未来发展的预期更为乐观；非织造布、医疗与卫生用纺织品、绳网、线带领域的企业对发展形势的预测表现得更为谨慎。

预计，2025年我国产业用纺织品行业将继续保持恢复性增长态势，主要经济指标保持中低速增长；行业固定资产投资将继续面向设备升级、智能化改造以及绿色制造等高质量领域；行业出口将继续保持韧性。

（撰稿人：白晓）

纺织机械制造业

中国纺织机械协会

2024年全球经济在多重挑战下继续缓慢复苏，通胀水平持续回落，贸易和投资低位复苏，虽然地缘政治局势持续紧张、贸易碎片化加剧、主要经济体货币政策转向等因素加大了不确定性，但世界经济增长总体保持稳定；国内经济总体平稳、稳中有进，新动能积厚成势，传统动能焕新升级，市场信心明显提振。在复杂多变的国内外环境下，纺机行业展现了强大的发展韧性，行业全年运行总体保持平稳，主要经济运行指标较去年保持增长态势，但增长幅度逐步趋缓，行业出口呈现回暖态势，全年实现正增长。

2024年行业经济运行情况

一、行业运行整体呈现稳健发展态势

2024年纺织机械行业整体平稳，营业收入、利润均实现了增长，但增幅总体逐季回落。根据国家统计局统计，2024年，全国规模以上纺机企业资产总额同比增长3.62%，行业营业收入同比增加7.84%，较2023年提高8.31个百分点。2024年以来，在宏观经济平稳向好的背景下，我国纺机行业展现出恢复性增长态势。尽管受低基数效应减弱的影响，部分指标增速有所放缓，但行业依然保持了稳健的发展步伐（图1）。

行业经营效益向好。2024年行业利润总额同比增长9.36%，由于基数原因，利润增幅逐步收窄，但行业平均营收利润率为7.48%，全年维持在7%以上，处于近年来较高水平。亏损企业亏损额同比

减少25.55%，亏损面为15.63%，较2023年下降0.87个百分点（图2）。

图1 2024年中国纺机行业月度累计营业收入增速情况

资料来源：国家统计局

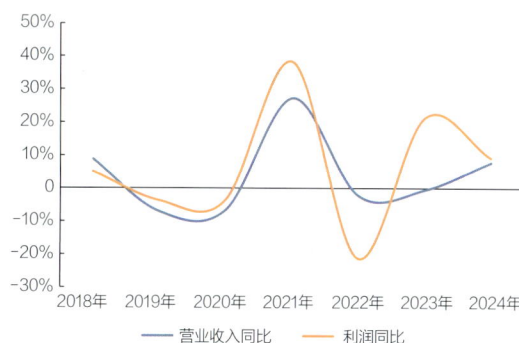

图2 2018~2024年中国纺机行业营业收入增速情况

资料来源：国家统计局

行业成本费用增幅小于营收增幅，三费比例降低。根据国家统计局统计，2024年规模以上纺机企业成本费用总额同比增长7.16%。营业成本同比增长8.06%；全行业三费比例为9.65%，较2023年减少0.88个百分点，其中：销售费用同比增加2.25%，管理费用同比增长2.25%，财务费用同比

减少23.85%。2024年成本结构优化特征明显，在成本压力下展现了较强的管控能力（图3）。

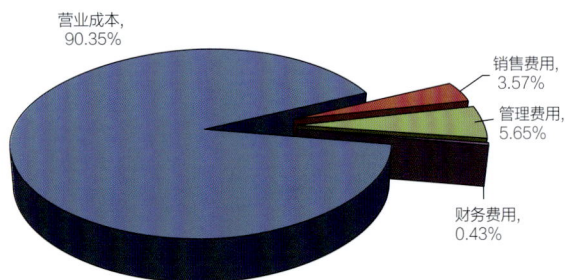

图3 2024年纺机行业各项费用占比情况

资料来源：国家统计局

行业资产负债率增长。根据国家统计局统计，2024年规模以上纺机企业资产总额同比增长3.62%，负债同比增长5.53%，资产负债率为57.91%，与2023年相比扩大1.27个百分点，高于规模以上工业企业57.5%的资产负债率。

行业应收账款及产成品存货压力增长。根据国家统计局统计，2024年规模以上纺机企业应收账款同比增长17.91%，产成品存货同比增长18.69%，反映出行业竞争更加激烈。

二、行业进出口贸易保持顺差态势

受海外经济缓慢复苏影响，行业对外贸易中出口呈现回暖态势。根据海关统计，2024年我国纺织机械进出口累计总额为70.26亿美元，同比减少6.31%。其中：纺织机械进口金额为23.40亿美元，同比减少21.04%；出口金额为46.86亿美元，同比增长3.31%。对外贸易延续了顺差态势，贸易盈余规模扩张。

（一）出口回暖，全年实现正增长

2024年，纺机行业面临的外部环境错综复杂，我国纺机行业企业积极拓展海外市场，在技术、品质、产能、效率方面不断提升竞争力，通过技术创新和市场多元化，实现了出口的韧性复苏，针织、辅助装置及零配件及新兴市场成为增长引擎（图4）。

图4 2018~2024年中国纺机行业出口情况

资料来源：中国海关

出口产品中，针织机械出口金额为14.49亿美元，同比增长21.31%，占比30.93%，位居第一，七大类产品三升四降，其中纺纱机械降幅较为明显，针织机械、印染后整理机械和非织造布机械出口实现正增长（表1）。

2024年我国共向全球202个国家及地区出口纺织机械。出口到印度、越南、孟加拉国、巴基斯坦和土耳其的合计金额占全部出口金额的56.56%，同比增长9.70%，是我国纺织机械出口的前五位国家和地区（表2）。

（二）进口额持续负增长，降幅趋缓

随着我国技术自主化、国内需求放缓、企业成本控制叠加新兴市场分流等因素，2024年，我国自全球67个国家和地区进口各类纺织机械，进口总额为23.40亿美元，同比减少21.04%（图5）。

表1 2024年中国纺织机械产品出口情况

产品类别	累计金额（亿美元）	所占比重（%）	金额同比（%）
合计	46.86	100.00	3.31
针织机械	14.49	30.93	21.31
辅助装置及零配件	10.08	21.51	23.76
印染后整理机械	8.00	17.08	-6.57
织造机械	5.95	12.69	-2.24
纺纱机械	4.29	9.16	-28.85
化纤机械	2.24	4.77	-19.68
非织造布机械	1.81	3.86	0.46

注 印染后整理机械不含8443品目，非织造布机械不含8445119001品目（下同）。

资料来源：中国海关

表2 2024年纺织机械出口国家和地区情况

国家和地区	累计金额（亿美元）	所占比重（%）	金额同比（%）
合计	46.86	100.00	3.31
印度	12.07	25.76	1.83
越南	6.44	13.74	30.37
孟加拉国	3.05	6.50	17.27
巴基斯坦	2.54	5.41	51.39
土耳其	2.41	5.13	-22.12
其他国家和地区	20.36	43.44	-3.97

资料来源：中国海关

纺织机械进口的产品中，辅助装置及零配件进口总额排在第一位，进口总额为6.95亿美元，同比减少0.05%，占进口总额的29.72%；七大类产品二升五降，纺纱机械和织造机械继续维持增长，其他大类产品中化纤机械降幅依旧最大，受下游产能增速放缓影响，化纤机械进口金额明显下降（表3）。

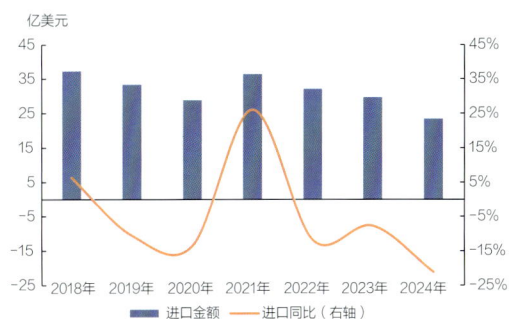

图5 2018~2024年中国纺机行业进口情况

资料来源：中国海关

表3　2024年纺织机械按产品类别进口情况

产品类别	累计金额（亿美元）	所占比重（%）	金额同比（%）
合计	23.40	100.00	-21.04
辅助装置及零配件	6.95	29.72	-0.05
纺纱机械	6.51	27.84	12.75
化纤机械	3.72	15.91	-65.09
织造机械	3.08	13.16	23.48
印染后整理机械	1.87	8.01	-11.39
针织机械	0.89	3.80	-14.52
非织造布机械	0.36	1.55	-37.62

资料来源：中国海关

2024年，我国纺织机械进口的主要国家和地区以日本、德国、意大利、法国和瑞士为主，进口前五位的贸易额为18.97亿美元，同比减少23.61%，占进口总额的81.08%。日本继续保持进口国家和地区的首位，但金额同比下滑。自法国进口同比增长20.62%，主要源于进口辅助装置及零配件及印染后整理机械金额大幅上涨，是前五位国家中唯一一个进口金额同比增长的国家（表4）。

表4　2024年纺织机械按国别和地区进口的情况表

国家和地区	累计金额（亿美元）	所占比重（%）	金额同比（%）
合计	23.40	100.00	-21.04
日本	9.62	41.09	-23.86
德国	6.20	26.49	-27.09
意大利	1.55	6.62	-19.30
法国	0.84	3.57	20.62
瑞士	0.77	3.31	-29.43
其他国家和地区	4.43	18.91	-7.70

资料来源：中国海关

三、2024年纺机各细分行业市场情况

各细分行业中，针织机械与织造机械销售保持同比正增长，印染机械销售增速实现由负转正，纺纱机械市场出现需求回落，化纤机械呈现明显结构性分化，非织造布机械销量进入平稳区间。

纺纱机械整体承压运行，多数主机设备产销量持续下滑，仅自动络筒机与短纤倍捻机有所增长。纺纱设备传统出口市场整体疲软，需求显著收缩，国际市场压力较大。国内市场中，国内纺纱企业不断进行产品结构调整和转型升级，短流程设备特别是喷气涡流纺纱机在纺纱设备中的占比逐年提高。国产自动络筒机的技术水平和运行效率逐渐得到市场认可，实现销量微增。当前行业转型聚焦技术驱动与内需挖潜双轮发力，设备升级与结构优化将持续主导发展进程。

织造机械销量总体增长，主要源于流行趋势持续演变与织物风格不断推陈出新对于织造设备需求增加；其次，新疆、河南、安徽等产业集群的发展为织造机械销量提供有力支撑；此外，设备更新换代进程加快对织造设备产销量提升起到显著推动作用。但面对产品同质化、价格竞争加剧及支付条件恶化的压力，企业经营利润被压缩。织造机械将着眼于细分市场，重点聚焦特种织物、高附加值织物的需求，开辟差异化发展路径。

针织机械中，圆纬机行业呈现下行态势。受库存去化放缓、市场需求不振等多种因素影响，行业下游大部分织造企业开机率较低，对购置设备持谨慎态度。横机行业设备产销量保持增长。横机设备的迭代更新以及行业设备购置策略的刺激有力地推动了电脑横机销量的增长，特别是更高性价比的直双系统电脑横机加速了市场设备更新的节奏。经编机行业整体保持一定增长。高速经编机受益于高速电子横移系统等技术的发展，以及经编弹力织物应用范围的拓展，产销量保持稳定增长。双针床经编机随着设备的更新换代以及下游产品需求量的增加，产销量持续增长。

染整机械行业整体"内稳外增"，运行良好。国内销售方面，受纺织产业绿色转型推动，印染企业技改升级成为主要驱动力，高效节能、智能化设备需求旺盛，前处理设备、染色设备、定形机市场均呈现不同程度的增长。出口市场中，国产染整机械凭借性价比优势及国内下游企业在国外投资的带动，对东南亚市场出口实现较大增长。

化纤机械市场呈现出明显的结构性分化：传统设备需求持续萎缩，而高性能、智能化设备市场则保持强劲增长态势。下游投资意愿走低，涤纶长丝设备市场表现疲软，同比出现显著下滑。加弹机市场呈现稳健增长态势，市场规模持续扩大，技术创新步伐明显加快。在全球消费升级和纺织品功能化、绿色化发展趋势的推动下，市场对高品质差异化纱线的需求显著提升，这一结构性变化促使下游企业加速产品创新和附加值提升，以应对高端面料和功能性纺织品市场的快速增长需求，高性能智能化纺丝设备的市场渗透率将稳步提升。

非织造机械逐步进入平稳区间。针刺类装备稳中有升，订单有向头部企业集中的趋势，纺丝成网装备市场正逐步回归常态。水刺行业仍在消化近年高速投放的产能，因产线同质化程度较高，水刺装备出货量仍处于较低水平，现有产线的改造业务已形成一定市场。

2025年纺织机械行业发展展望

一、行业面临的发展环境与发展趋势

展望2025年，全球经济复苏进程仍将面临多重考验，呈现"低增速常态"。国际货币基金组织（IMF）预计2025年全球经济仍将展现出较强韧性，增速有望维持在3.2%的水平。通胀方面，全球总体通胀率呈下降趋势，IMF预计2025年全球通胀率将下降至4.2%。尽管全球通胀压力趋缓，但地缘政治冲突加剧、贸易保护主义持续抬头、新兴市场需求波动等外部风险依然突出，全球供应链重构与美欧"近岸化""回岸"政策或进一步挤压我国纺织产业空间，关税壁垒可能加剧贸易压力。此外，国内需求不足、同质化竞争、部分中小企业订单收缩及原材料价格波动等问题，仍对行业盈利修复形成制约。

然而，我国经济长期向好的基本面未变，宏观政策协同发力为行业注入确定性支撑。随着国家发展改革委"四个加力"政策深化落地，政策红利将持续转化为行业发展动能。2024年底召开的中央经济工作会议明确2025年实施"更加积极的财政政策＋适度宽松的货币政策"的精准配合将激活超大规模市场活力，制造业PMI波动回升、工业增加值稳步增长等先行指标已释放经济回暖信号，叠加"两新""两重"政策效应深化，纺织机械智能化改造与绿色化升级需求有望加速释放。技术创新方面，AI、工业互联网与新材料研发的深度融合将推动设备智能化水平跃升，低碳循环技术应用深化进一步巩固国际竞争力。国际市场布局上，企业通过"一带一路"拓展新兴市场，正逐步构建多元化出口格局，有效对冲传统市场收缩风险。

综上所述，2025年纺织机械行业虽面临外部环境的复杂多变，但依托政策护航、内需韧性及创新驱动，行业将继续向高端化、智能化、绿色化方向转型，一方面全球产业链重构，带来纺机产业海内外协同发展的实践和进程加快，另一方面中国及周边国家和地区的纺织大市场的新需求，将给纺机产业打开另一扇窗户，完成自身的变革和转型升级。纺机行业高质量发展的基本盘仍然稳固，行业发展的空间仍然广阔。

二、行业重点发展方向

当前，全球纺织产业链正在重构，下游应用领域对高端化、智能化、绿色化纺机装备的需求持续升级。面对国际市场竞争加剧与产业转型压力，纺机行业正以新质生产力培育为核心，推动装备技术向智能化、绿色化、融合化方向纵深发展。2025年作为"十四五"收官与"十五五"布局衔接的关键之年，全行业将聚焦创新驱动、数智融合，加快突破关键共性技术，构建自主可控的现代化产业体系，为纺织强国建设提供坚实装备支撑。

（一）深化多元化发展，构建差异化竞争力

行业将聚焦新材料、新装备、新工艺等基础突破，推动产品高端化提升。同时在细分市场构建差异化竞争优势。新型纤维、绿色发展、智能制造成为行业的关注重点，重点推进服务于新材料、绿色纤维的生产和发展纺织品回收、短流程装备等，同时拓展产业应用边界。企业可立足自身优势，向自动化、智能化、绿色化方向延伸技术布局，构建多层次、多维度的产品矩阵，满足细分市场的多元化需求。

（二）强化数智赋能，推进产业升级

深化新一代信息技术与纺织制造的融合应用，以智能装备、工业互联网平台为载体，推动全流程数字化升级。AI、物联网和大数据等新技术的应用场景不断向纵深扩展，企业在加速智能化改造和发展，加速纺织专用机器人、智能检测系统、柔性生产装备的研发，并向服装服饰、家纺、产业用纺织品等领域全面推广。

（三）融合延伸产业链，引领可持续发展

当前，行业产业链进一步延伸，上下游形成融合协同发展。纺机行业逐步形成全产业链的行业整体解决方案的服务供给实力。通过产学研用协同创新机制，整合技术研发、成果转化与场景应用资源，加速数字化生态构建，实现装备高端化突破，建立可持续发展生态圈，为行业高质量发展注入持久动能。

（四）开拓全球市场，增强国际竞争力

在巩固国内产业链协同优势的基础上，进一步拓展出口市场。随着国际格局的变化，纺织产业链、供应链正在深度调整和重构，纺机行业伴随技术变革和产业链重构，紧抓"一带一路"机遇，充分参与国际市场竞争，随着产品智能化水平提高，扩大海外新兴市场布局。

（撰稿人：董烁　孙少波）

中宣部主题出版重点出版物·中国科技之魂

《经纬民生梅自强》

作者：中国编辑学会◎组编

陆慕寒◎著

书号：9787522923833

梅自强 纺织工程科技专家、中国工程院院士，毕生致力于高产梳棉理论的研究与实践、新型棉纺设备关键技术的攻关以及纺织学术的发展和对外交流等工作，为中国的科技发展做出了卓越贡献。

本书以传记的形式客观真实地呈现了梅自强的生平事迹和学术成就，描绘了他为中国纺织工业的发展与繁荣付出的艰辛努力。通过他的事迹，读者可以真切领略中国纺织工业从举步维艰发展成为纺织强国这一波澜壮阔的历程，感受科学家献身祖国的无私奉献精神。

出版人撰写的出版史

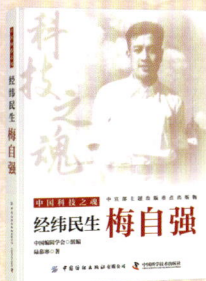

《中国近代纺织服饰出版史（1891—1949）》

作者：吴川灵 施敏俊 徐建红◎著

书号：9787522918488

本书是近代纺织史的细分领域，以 1891—1949 年为研究时段，共收录珍贵文献 1877 种，其中纺织服饰领域相关报刊 308 种，专业图书 1569 种，构建起迄今为止较为完整的近代纺织服饰出版文献数据库。

本书通过整理纺织服饰出版史料，全方位地记录了中国近代纺织工业的兴起、纺织科技的进步、纺织贸易的兴衰、纺织教育的发展，全景式展示中国近代纺织服饰出版业的发展历程与历史脉络。本书对于研究中国近代纺织工业、纺织科技以及纺织教育等具有重要的学术价值和史料价值。

"纺织新技术书库" 系列丛书

本丛书聚焦纺织行业前沿热点，全面涵盖纺织产业链各关键环节，包括纤维材料、纺织工艺、染化助剂、产品制造、设备机械、检验认证及回收利用等相关的创新研究成果。自 2001 年丛书首部专著出版以来，已累计推出 100 余种，不断为行业提供高水平知识服务，促进纺织行业的科技进步与转型升级。

中国纺织出版社有限公司 | 国家一级出版社 全国百佳图书出版单位

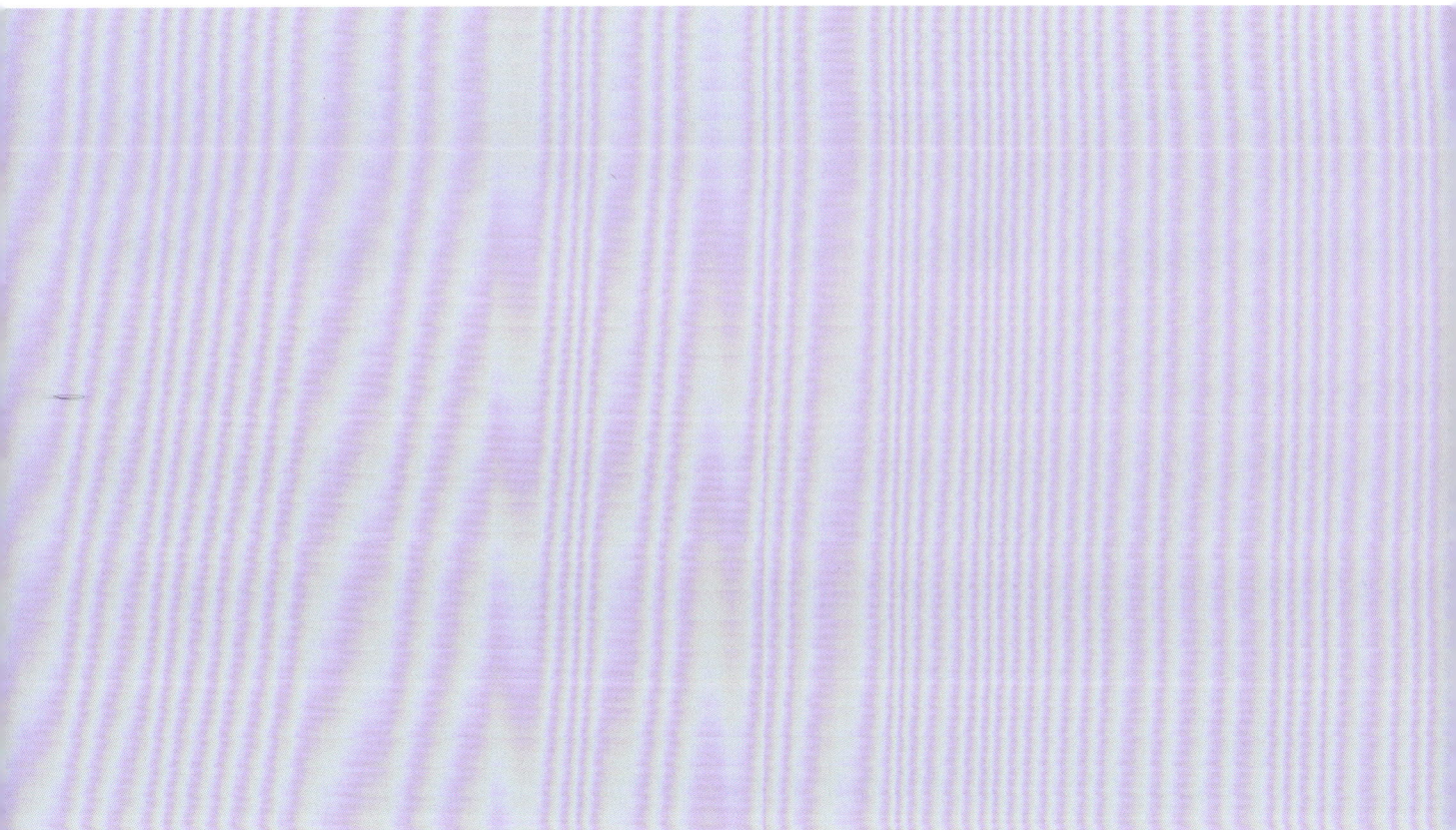

2024/2025 中国纺织工业发展报告

2024/2025 *CHINA TEXTILE INDUSTRY DEVELOPMENT REPORT*

现代化产业体系

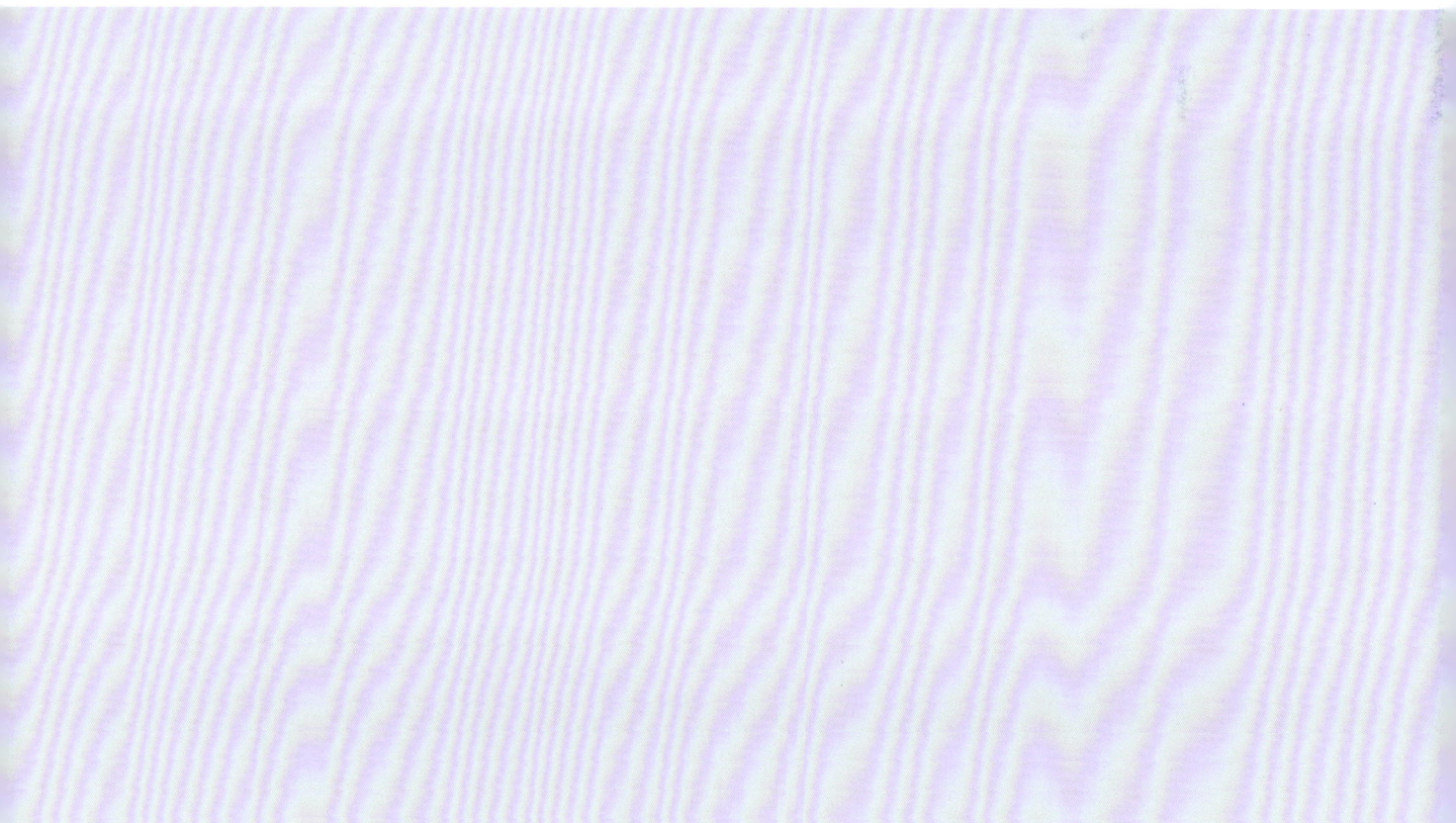

推动科技创新和产业创新深度融合，
助力发展新质生产力

中国纺织工业联合会副会长　李陵申

习近平总书记指出，科技创新能够催生新产业、新模式、新动能，是发展新质生产力的核心要素。当前，全球科技创新进入密集活跃期，呈现交叉融合、高度复杂和多点突破的态势，以无所不在的渗透性、扩散性、带动性广泛赋能经济社会发展，让新质生产力展现出比传统生产力更加强大的科技内核。面对当前复杂的国内外竞争环境，科技创新已成为纺织行业战略博弈主战场，行业必须不断开辟新领域、新赛道，抢占未来战略制高点。因此，加快发展新质生产力是纺织行业当务之急，对拓展行业持续发展回旋空间、取得国际竞争主动权、实现纺织现代化产业体系建设均具有重要而深远的战略意义。

发展纺织新质生产力具备良好科技基础

党的十八大以来，纺织行业始终将科技创新摆在行业发展全局的核心位置，推动行业科技事业取得显著成就，为纺织行业发展新质生产力奠定了扎实的科技基础。

一、蓬勃涌现的科技成果，为发展新质生产力提供强劲动力源泉

纺织行业科技奖励工作自2004年启动，经过20年的发展与完善，有效地激发了行业科技工作者的工作热情和创新活力，对行业科技事业发展起到有力的推动作用。20年间，我国纺织行业累计获得中国纺织工业联合会（以下简称"中国纺联"）科技奖2224项，其中一等奖265项，二等奖943项。这些成果以推动行业高端化、智能化、绿色化、融合化为主攻方向，为国防军工、航空航天、应急安全、生命健康、海洋工程等领域提供了重要基础材料，形成了一系列具有自主知识产权的新型纺织智能制造装备、工业软件和一体化解决方案，同时为行业节能减碳和污染治理提供了关键技术设备支持，加快行业向集约化、减量化、低碳化、循环化、清洁化发展，推动纺织行业实现质的有效提升和量的合理增长。

二、持续改善的科技基础条件，为发展新质生产力提供可靠物质技术保障

近年来，纺织行业科技创新整体实力稳步提升，规模以上企业研发投入从2012年的257.1亿元增长到2023年的555.1亿元，研发经费投入强度从0.46%增至1.2%。基础研究能力不断增强，依托国家重点研发计划、国家自然科学基金和纺织之光科技教育基金等的持续支持，纺织行业在关键基础材料、先进基础工艺等基础研究领域取得一批具有国际影响力的原创性成果，在若干重要领域发挥了创新引领作用。2021~2023年，纺织行业在高端

功能与智能材料、先进结构与复合材料、诊疗装备与生物医用材料、智能机器人等领域牵头的13个项目获得科技部国家重点研发计划支持，国拨经费2.31亿元。创新平台加快布局，2023年纺织行业拥有国家制造业创新中心2家，国家企业技术中心110家，纺织行业创新平台137家，并在行业重点领域积极推动布局全国重点实验室建设。行业内各创新平台间耦合联动，实现了平台链与创新链的有效匹配，有力支撑了纺织科学前沿探索和重点科技攻关。

三、日益完善的产业体系和人才队伍，为发展新质生产力夯实能力基础和人才保障

从产业链角度看，我国纺织行业已具备全球最完整、规模最大的制造体系，覆盖了从原材料生产到纺织机械制造，从纺纱、织造、印染到终端的服装、家纺、产业用等各个环节，生产及贸易规模连续数十年稳居全球第一，为发展新质生产力创造了得天独厚的优势。同时，中国纺织教育处于世界前列，目前拥有纺织高等教育院校297所，职业院校约1000所，职教本科、高职专科、中职院校结构持续优化，继续教育模式不断丰富，终身学习体系建设深入推进，为行业培养和集聚了多层次高水平科技人才，为行业发展新质生产力提供了丰沛的智力支持和人才保障。

然而，也要清醒地认识到，纺织行业发展新质生产力，科技创新仍然任重道远。行业科技创新能力尚未完全适应高质量发展要求，基础研究仍然薄弱，原始创新能力不足，对新质生产力的策源力不强；创新体系整体效能不高，对新质生产力的体系化支撑还不够；优秀创新人才和团队不足，支撑新质生产力的人才培养储备不够等。对此，行业要正视短板、迎难而上，以培育新质生产力为导向，努力提升科技创新能力和水平。

扎实推动科技创新和产业创新深度融合，助力发展新质生产力

科技创新是激活新质生产力的核心要素，产业创新是形成新质生产力的关键载体，科技创新与产业创新，是发展新质生产力的一体之两翼、驱动之双轮。习近平总书记指出，"以科技创新为引领，统筹推进传统产业升级、新兴产业壮大、未来产业培育，加强科技创新和产业创新深度融合"，为发展新质生产力提供了根本遵循与指引。围绕促进科技创新与产业创新紧密、深度融合，加快形成行业新质生产力，纺织行业应重点着力四个方面。

一、增加高质量科技供给，夯实科技创新与产业创新融合基础

要聚焦纺织现代化产业体系建设的重点领域和薄弱环节，针对行业关键基础材料、先进基础工艺、高端纺织装备、行业专用软件等瓶颈制约，加大技术研发力度，为确保产业链供应链自主安全可控提供科技支撑。要瞄准未来科技和产业发展制高点，依托行业完备产业体系和扩散应用生态，实现纺织行业与前沿技术、未来产业深度嫁接融合，将行业新技术、新产品持续拓展应用于医疗健康、航空航天、海洋工程、新能源等领域，不断延展产业边界与空间。要积极运用新技术改造提升行业传统产业，提高生产效率、减少资源消耗、降低生产成本、提升产品品质，推动产业高端化、智能化、绿色化转型升级。

二、强化企业科技创新主体地位，紧扣科技创新与产业创新融合关键

鼓励行业骨干企业牵头或参与国家重大科技专项、行业基础研究项目、科技指导性计划、国家和行业科技奖励申报，提升骨干企业知名度和行业影

响力,引领行业技术创新方向。鼓励企业联合纺织高校、科研院所等组建创新联合体,面向产业需求共同凝练科技问题、联合开展科研攻关、协同培养科技人才,推动企业主导的产学研融通创新。积极培育以企业为主体的纺织行业创新平台建设,推动大企业开放供应链,以大企业为龙头,结合中小微企业的创新灵活性,形成协同、高效、融合、顺畅的创新生态,激发出更多聚焦主业、精耕细作的纺织专精特新中小企业。

三、促进科技成果转化应用,拓宽科技创新与产业创新融合途径

要依托我国纺织产业基础优势和超大规模市场优势,完善行业科技成果评价和转移转化标准,加强行业技术转移体系建设,促进自主攻关产品推广应用和迭代升级,使更多行业科技成果从样品变成产品、形成产业。加强行业知识产权保护,加速自主创新核心技术转化为技术标准,加快推动行业中试平台建设,布局建设生态印染加工技术、先进印染装备与智能制造、废水深度处理及回用技术、阻燃纤维高效加工制备、高性能复合材料等10个以上行业中试验证平台,打造出一流创新生态,形成产业链创新链共同交织、首尾相连的创新闭环,打通影响科技成果转移转化的关键节点,靶向畅通科技成果转化通路。

四、一体推进教育科技人才事业发展,增强科技创新与产业创新融合保障

科技创新靠人才,人才培养靠教育,教育、科技、人才内在一致、相互支撑。行业要持续推动形成利于科研活动和人才成长的科技人才培养环境,聚焦行业前沿知识、技术进展和现实问题,在产学研深度融合的生态中历练青年科技人才后备力量,在急需领域的一线实践中培养创新团队,在交叉学科培养体系中锻造复合型人才,在国家重大项目的大兵团作战中培养战略科学家,一体推进教育科技人才事业发展,构筑人才竞争优势。人才成长和发展,离不开创新文化土壤的滋养,要持续营造尊重劳动、尊重知识、尊重人才、尊重创造的社会氛围,加强科研诚信和作风学风建设,推动形成风清气正的科研生态。依托多层次科技人才梯队建设,推动技术创新与成果转化,支撑和引领行业高质量发展。

科技兴则民族兴,科技强则国家强!当前,纺织行业正处在全面贯彻落实党的二十届三中全会精神,加快建设纺织现代化产业体系的关键时期。全行业要深入学习贯彻习近平总书记在全国科技大会、国家科学技术奖励大会、两院院士大会上的重要讲话精神,坚持加强党对科技事业的全面领导,始终从落实国家战略、维护国家利益、保障国家安全的高度谋划和推进行业科技创新工作,努力在新一轮科技革命和产业变革中勇立潮头,创造出无愧时代、不负人民的新业绩!

(本文根据李陵申副会长在2024年度中国纺联科学技术奖励大会上的讲话整理)

纺织行业1个项目荣获2023年度国家科学技术奖

项目名称：聚合物熔体纳米纤维绿色高效制造技术及应用
主要完成人（主要完成单位）：杨卫民（北京化工大学）、程博闻（天津科技大学）、
李好义（北京化工大学）、康卫民（天津工业大学）、阎华（北京化工大学）、
杨文娟（天津泰达洁净材料有限公司）
获奖等级：国家技术发明奖二等奖
提名单位：中国纺织工业联合会

纳米纤维在生化防护、能源环保、医疗卫生和航空航天等领域需求迫切，发达国家都将其视为重点研发的战略新材料。在聚合物纳米纤维制造的熔体和溶液电纺两条重要路径中，零溶剂的熔体电纺具有绿色环保、本质安全和材料完全转化成纤的显著优势，但亟待攻克塑化系统绝缘难、毛细管喷头效率低和成纤细化不足等世界难题。该团队经过十多年协同攻关，首创聚合物熔体微分电纺新原理和新方法，发明电极反转加载、多场耦合牵伸纤维细化和静电喷纺等关键技术，攻克上述难题，在全球唯一实现了熔体电纺纳米纤维绿色高效制造的工业化。

项目获授权发明专利86项，实用新型71项，

制订标准1项；发表论文120余篇，出版专著2部；整体技术经鉴定为国际领先，获省部级专利金奖、科技进步和技术发明一等奖共4项。项目推广生产线150余条，下游产品不仅大量拓展到应急防疫、尘肺预防、芯片工厂等民生和工业领域，而且作为核心滤材在空间站和舱外服生保系统中成功应用。近三年新增销售额23.3亿元、利税3.3亿元，收到党中央、国务院有关部门和抗疫一线的感谢信，经济和社会效益显著。项目以国内外公认的技术创新优势和成熟完备的转化应用效果，使我国在该战略新材料领域跃居世界领先地位。

具体获奖情况见表1。

表1 2023年度国家科学技术奖纺织获奖项目

提名单位：中国纺织工业联合会

项目名称	主要完成人	获奖等级
聚合物熔体纳米纤维绿色高效制造技术及应用	杨卫民（北京化工大学） 程博闻（天津科技大学） 李好义（北京化工大学） 康卫民（天津工业大学） 阎华（北京化工大学） 杨文娟（天津泰达洁净材料有限公司）	国家技术发明奖二等奖

2024年度中国纺织工业联合会科学技术奖基本情况及授奖名单

中国纺织工业联合会科技发展部

2024年度中国纺织工业联合会（以下简称"中国纺联"）科技奖共评选出自然科学奖、技术发明奖和科技进步奖共59项，桑麻学者奖4人。自然科学奖5项，其中一等奖3项、二等奖2项；技术发明奖3项，其中一等奖2项、二等奖1项；科技进步奖51项，其中一等奖14项、二等奖37项；桑麻学者奖授予浙江理工大学胡旭东教授、山东中康国创先进印染技术研究院有限公司刘琳教授级高工、东华大学王宏志教授、西安工程大学武海良教授。

中国纺联科技奖始终坚持守正创新和正向激励，持续强化科技奖的学术性、荣誉性、纯洁性，稳步提升科技奖知名度和品牌影响力，有效地激发了更多科技工作者的创新热情。2024年中国纺联科技奖总授奖比例为28.0%，比2023年下降8.8个百分点，获奖难度加大，奖项含金量增加。

2024年度的获奖项目主要呈现以下三大特点。

一是坚持四个面向，关键核心技术攻关取得新突破。2024年获奖项目紧紧围绕"四个面向"，推动行业朝着高端化、智能化、绿色化、融合化方向发展。自然科学奖成果蕴含着原创性、引领性和颠覆性"基因"，学科交叉和前沿领域的研究已成主流，基础研究和应用研究的相互促进，折射出行业"创新策源地"的基石正在不断夯实；技术发明奖成果助力攻克了智能纤维、生物基纤维和纺织专用机器人等新兴领域的一系列核心关键难题；科技进步

奖为培育行业新质生产力、提升产业能级注入了全新动力，为改善民生福祉和满足国家战略需求持续贡献着力量。16项技术发明和科技进步一等奖项目中，获授权发明专利260项，平均每个成果得到16项专利保护。

二是凝聚人才资源，中青年科技工作者成为科技创新核心力量。2024年获奖项目中，45岁以下的青年科技工作者占到了67.8%，青年科技人才已成为行业最具创新活力的群体，成为纺织行业科技创新和科研攻关的主力军。

三是注重协同研发，产学研用合作取得显著成效。2024年获奖项目多为产学研用合作实现关键技术突破，其中企业牵头项目占比达45.8%，企业技术创新主体作用显著加强；2024年获得技术发明奖和科技进步奖一等奖的16项成果，近三年实现直接销售收入1638.8亿元，新增利润86.6亿元，这些优秀成果的转移转化，不仅为企业带来了可观的经济效益，也为纺织及其相关产业的发展提供了强有力的支撑。

桑麻学者奖充分展现了行业战略科学家对于国家和行业重大需求及产业能级提升的引领作用。四位获奖人长期奋战在科研第一线，具有深厚科学素养、前瞻性判断力和跨学科理解能力，在行业科学决策和解决行业卡脖子技术难题等方面发挥了重要的作用。

2024 年度中国纺织工业联合会科学技术奖授奖名单

一、自然科学奖

具体获奖项目见表1、表2。

表1　壹等奖

序号	项目名称	主要完成单位	主要完成人
1	机电转换纤维及其织物的能量与湿热管理功能调控	东华大学	王宏志、侯成义、龚　维、李耀刚、张青红、李克睿
2	基于纤维集合体的辐射调控原理及应用	南京大学、武汉纺织大学、中国科学院长春光学精密机械与物理研究所	朱　嘉、朱　斌、张　骞、盛　丹、李　炜、徐卫林
3	柔性光电超构织物的多物理量精准响应机制与稳定成型技术研究	华中科技大学、武汉纺织大学、青岛大学、浙江大学、电子科技大学	陶光明、夏治刚、田明伟、马耀光、吴嘉威、于　贺

表2　贰等奖

序号	项目名称	主要完成单位	主要完成人
1	惰性纤维表面微纳结构可控构建及其光/电磁行为调控机制	武汉纺织大学、清华大学、中国科学院山西煤炭化学研究所	陈凤翔、张如范、赵世超、刘欣、覃　勇、徐卫林
2	柔性纤维基超级电容器及高能量密度机制	浙江理工大学、南京工业大学	武　观、吕汪洋、陈　苏、满增明、胡　颖

二、技术发明奖

具体获奖项目见表3、表4。

表3　壹等奖

序号	项目名称	主要完成单位	主要完成人
1	环锭细纱机自动接头机器人及其协同智能系统	东华大学、无锡一棉纺织集团有限公司、经纬智能纺织机械有限公司	张　洁、周晔珺、汪俊亮、邓靖、蔡　赟、季　承
2	热湿刺激响应型聚酯纤维及舒适性智能调节织物制造关键技术	武汉纺织大学、中国石化仪征化纤有限责任公司、福建华峰新材料有限公司、三六一度（中国）有限公司	王　栋、王雯雯、陈佳慧、陈志明、卓丽琼、田友如

表4 贰等奖

项目名称	主要完成单位	主要完成人
功能聚乳酸纤维制备关键技术与应用	北京服装学院、安徽丰原生物纤维股份有限公司、江苏新视界先进功能纤维创新中心有限公司、易生新材料（苏州）有限公司、润益（嘉兴）新材料有限公司	张秀芹、王 锐、陈中碧、朱志国、范亚庆、汪 滨

三、科技进步奖

具体获奖项目见表5、表6。

表5 壹等奖

序号	项目名称	主要完成单位	主要完成人
1	高效短流程纯亚麻干法纺纱关键技术及产业化	河南平棉纺织集团股份有限公司、东华大学、天津工业大学	张 阳、郁崇文、李季媛、王向阳、张 斌、彭海舰、乔 月、李召岭、杨 树、马军贞、陈红霞、高春燕、王 骏、曹巧丽、钱丽莉
2	冬季运动训练比赛高性能服装研发关键技术与应用	北京服装学院、安踏（中国）有限公司、清华大学、吉祥三宝高科新材料有限公司、天津工业大学、武汉体育学院、广东德润纺织有限公司、东华大学、探路者控股集团股份有限公司	刘 莉、李 苏、翁 鼎、韩燕、张 丽、刘 皓、申世飞、郑伟涛、谢南平、肖伯祥、王建萍、王艺璇、张天骄、杨建祥、刘昊海
3	防弹防切割用UHMWPE纤维及其轻量化复合材料制备关键技术与产业化	浙江理工大学、浙江千禧龙纤特种纤维股份有限公司、浙江金昊新材料有限公司、现代纺织技术创新中心（鉴湖实验室）、中航装甲科技有限公司、永康市龙盔新材料有限公司、浙江理工大学上虞工业技术研究院有限公司	陈 宏、吴金丹、王勇军、张冲、宋磊磊、黄志超、张家地、王刚强、陈自力、曾建卫、张间芳、石正印
4	聚酯复合纤维熔体直纺工程化技术研发与产业化	江苏港虹纤维有限公司、北京服装学院、浙江理工大学、江苏中鲈科技发展股份有限公司、盛虹集团有限公司、江苏新视界先进功能纤维创新中心有限公司、江苏国望高科纤维有限公司、现代纺织技术创新中心（鉴湖实验室）	王 锐、唐俊松、边树昌、梅锋、王秀华、胡一飞、朱军营、靳高岭、魏建斐、吕汪洋、侯志伟、朱志国、张晓雨、钱琴芳、高国洪

续表

序号	项目名称	主要完成单位	主要完成人
5	高强粗旦聚丙烯纺粘针刺土工布制备关键技术及产业化	天鼎丰控股有限公司、东华大学、天鼎丰聚丙烯材料技术有限公司、天鼎丰非织造布有限公司、北京高能时代环境技术股份有限公司	王先锋、聂松林、刘力奇、王学利、镇垒、孙丰华、吴玉灿、刘冲
6	高性能中空织物复合材料设计与制造关键技术	南京玻璃纤维研究设计院有限公司、中国船舶集团有限公司第七二四研究所	姜鹏飞、赵大娟、陈文俊、王晓文、张艳红、常德杰、匡宁、石磊、王芸铖、王蕴之、魏雅斐、万佳、董继萍、林家庆
7	个体热防护纺织品及其检测仪器研制与产业化	陕西元丰纺织技术研究有限公司、西安工程大学、泰和新材集团股份有限公司、优普泰（深圳）科技有限公司、四川大学、天津工业大学	樊威、李世雄、王芳、郑振荣、刘琳、樊争科、迟海平、吴银、蔡普宁、赵雷、周绪波、邹亮、徐炎炎、韩祥、唐凯
8	可溶性聚乙烯醇非织造防护材料研发及其在核防护中的典型应用	浙江理工大学、杭州路先非织造股份有限公司、世源科技（嘉兴）医疗电子有限公司、东纶科技实业有限公司、中纺标检验认证股份有限公司、嘉兴大学、浙江省轻工业品质量检验研究院、现代纺织技术创新中心（鉴湖实验室）、中国医学科学院放射医学研究所、浙江格尔泰斯环保特材科技股份有限公司	于斌、马咏梅、唐岷、张芸、刘东生、董向红、肖婷、刘北壬、叶翔宇、刘强、刘国金、朱斐超、崔利、余德游、罗云英
9	车用超纤革反应性聚氨酯涂层加工新技术及产业化	浙江理工大学、浙江禾欣科技有限公司、浙江禾欣新材料有限公司、现代纺织技术创新中心（鉴湖实验室）、禾欣可乐丽超纤皮（嘉兴）有限公司、浙江理工大学绍兴柯桥研究院有限公司	戚栋明、徐欣欣、钟齐、汪旗、段慧敏、徐华伟、黄志超、纪尚超、杨浩、徐一剡、晏雪生、陈永、周志军、石磊、赵烈
10	高效绿色时尚在线染色关键技术及其产业化	鲁泰纺织股份有限公司、武汉纺织大学、山东中康国创先进印染技术研究院有限公司、浙江伟峰机械有限公司	刘子斌、夏良君、王广武、杜立新、张凯、张蕾、刘德铭、吴旭凯、吕文泉、王运利、刘柳、张庆法、李荣、冯丽娟、丰硕
11	基于界面化学与微结构调控的功能织物关键技术及应用	杭州传化精细化工有限公司、浙江大学、浙江传化功能新材料有限公司、青岛大学、浙江大学衢州研究院、鲁丰织染有限公司、盛虹集团有限公司、杭州航民达美染整有限公司	张庆华、王小君、高峰、于本成、詹晓力、陈八斤、许长海、王胜鹏、许秋生、宋黎娜、朱鹏峰、胡一飞、李磊、王辉、卢重亮

续表

序号	项目名称	主要完成单位	主要完成人
12	印染行业膜法水处理与液体元明粉回用关键技术及应用	天津工业大学、浙江津膜环境科技有限公司、天津膜天膜科技股份有限公司、上海工程技术大学、绍兴海通印染有限公司、愉悦家纺有限公司、嵊州雅戈尔毛纺织有限公司、阿拉尔市兴美达印染有限公司、泉州海天染整有限公司	王海涛、常　娜、肖长发、许以农、李传海、范　宁、陈董根、刘振、闫静静、张国清、周新祥、刘鹏、王建锋、侯宇婷、吴瑞军
13	单线单釜年产5万吨莱赛尔纤维成套装备及工艺	恒天重工股份有限公司、东华大学、赛得利（常州）纤维有限公司、河源元久科技有限公司、邯郸宏大化纤机械有限公司、深圳市元久科技有限公司	彭倚天、王少平、屠建中、廖建华、李新奇、卢嘉昊、侯会鑫、朱树洲、张红战、杨丽君、张玉梅、黄　瑶、文永斐、孟　磊、党维涛
14	聚酯纤维全产业链全局可视可析智能大数据平台及集成技术	桐昆集团股份有限公司、浙江理工大学、东华大学、浙江恒云智联数字科技有限公司、江苏新视界先进功能纤维创新中心有限公司、桐昆集团浙江恒腾差别化纤维有限公司、浙江恒创先进功能纤维创新中心有限公司、桐昆集团浙江恒超化纤有限公司、桐昆集团浙江恒通化纤有限公司、现代纺织技术创新中心（鉴湖实验室）	陈　蕾、李圣军、王华平、许燕辉、吉　鹏、李大川、骆淑云、方韶峰、秦夏楠、肖顺立、冯天宇、季　玉、唐　威、裴欣奕、沈心怡

表6　贰等奖

序号	项目名称	主要完成单位	主要完成人
1	热湿舒适功能纺织品结构设计与制备关键技术及产业化	东华大学、山东如意科技集团有限公司、宁波大千纺织品有限公司、泉州海天材料科技股份有限公司、桐昆集团股份有限公司、上海嘉麟杰纺织科技有限公司、鲁泰纺织股份有限公司	张佩华、张瑞云、马仁和、陈力群、刘蕴莹、孙燕琳、金　帅、杜立新、张义男、付少举
2	柔心纱及其高功能运动纺织品生产关键技术及产业化	安踏（中国）有限公司、武汉纺织大学、斐乐体育有限公司、中国纺织科学研究院有限公司、嵊州盛泰针织有限公司、山东联润新材料科技有限公司、广东溢达纺织有限公司	刘可帅、李俊威、许　多、周淑梅、邹琪钏、曾国坪、张后清、邱志成、梁　亮、陈启升
3	丝绸多功能化及智能生产集成关键技术与产业化应用	浙江理工大学、达利丝绸（浙江）有限公司、浙江嘉欣丝绸股份有限公司、嘉兴市特欣织造有限公司、海宁中纺面料科技有限公司、御秀实业控股股份有限公司	祝成炎、张金珍、金肖克、王国夫、张红霞、林　平、吴惠萍、丁圆圆、田　伟、贺　荣

续表

序号	项目名称	主要完成单位	主要完成人
4	匀弹高稳牛仔面料绿色高效制备关键技术及产业化	东华大学、浙江金梭纺织有限公司、百隆东方股份有限公司、浙江省常山纺织有限责任公司、江苏众恒染整有限公司、福建恒源纺织有限公司	张瑞云、童胜昊、杨燿斌、张毅、李雪明、郭腊梅、童福友、黄满红、童福陆、荣 慧
5	服装数字化多维度裁剪关键技术和产业化应用	海澜之家集团股份有限公司、江阴海澜科技有限公司、东华大学、常州纳捷机电科技有限公司、江阴通恒信息科技有限公司、上海澳塔科技有限公司、苏州全锐计算机科技有限公司、新疆大学	周立宸、石晓东、朱建龙、龚俊、黄 齐、杜劲松、居红宇、岳春明、周 建、卞 芹
6	宽幅绵柔针织家纺面料的开发与产业化	江阴市红柳被单厂有限公司、武汉纺织大学、苏州大学、安徽华茂纺织股份有限公司、苏州市纤维检验院、恒源祥（集团）有限公司、泉州卜硕机械有限公司	黄 磊、方 剑、熊小曼、周小进、叶 葳、奚 锡、郭建峰、黄文栋、江 伟、彭智勇
7	全成形针织服装设计方法与编织关键技术及产业化	武汉纺织大学、松滋弘翰服装有限公司、闽江学院、江苏金龙科技股份有限公司、常熟理工学院	沙 莎、路丽莎、王 磊、檀江涛、邓中民、金永良、白 莹、彭佳佳、江学为、师艳丽
8	热防护服装功能设计与评估关键技术及产业化应用	东华大学	李 俊、王云仪、苏 云、田苗、王朝莉、李小辉、王 敏
9	羽绒服装全链协同智造关键技术及产业化应用	波司登羽绒服装有限公司、江南大学、江苏波司登科技有限公司、上海波司登信息科技有限公司	高德康、吴定会、戴建国、苏军强、梅 冬、汤 泽、王晨华、马亚平、姚丽红、陆申鑫
10	高效钛系催化剂研发及在聚酯熔体直纺产业化中的应用	新凤鸣集团湖州中石科技有限公司、上海慧翌新材料科技有限公司、嘉兴大学、新凤鸣集团股份有限公司、上海市纺织工业技术监督所、东华大学、浙江省技术创新服务中心	沈 虹、崔 利、国世荣、孙宾、胡兴其、徐兴国、李红杰、李明、李艳艳、张 恒
11	基于协同增效/高效掺杂技术的导电纤维开发与产业化	绍兴文理学院、凯泰特种纤维科技有限公司、南通大学、中国纺织科学研究院有限公司、绍兴中纺科技有限公司、绍兴孚盈新材料科技有限公司、上海市纺织工业技术监督所	赵德方、刘婉婉、陈江炳、徐煜东、许志强、缪宏超、龙啸云、占海华、邱志成、詹莹韬

续表

序号	项目名称	主要完成单位	主要完成人
12	纳米纤维素基多功能助剂的宏量制备关键技术及高端女装应用示范	浙江理工大学、卓尚服饰（杭州）有限公司、圣山集团有限公司、湖州市菱湖新望化学有限公司、杭州希睿迪科技有限公司	余厚咏、丁武杰、杜磊、许尔明、吴美琴、邹奉元、李涛、沈家源、徐海燕、王晓杰
13	大型纺织复材新能源汽车关键结构件设计、制造及应用	东华大学、重庆长安汽车股份有限公司、中国汽车技术研究中心有限公司、凯勒（南京）新材料科技有限公司、江苏新视界先进功能纤维创新中心有限公司、南通大学、上海市纺织科学研究院有限公司	阳玉球、高聪、孟宪明、谢天、马岩、张庆、张林、杨琨、王志白、许福军
14	弹性纺熔非织造布关键技术研究及产业化	青岛大学、山东恒鹏卫生用品有限公司、山东科技职业学院、青岛理工大学、恒鹏（浙江）卫生材料有限公司	江亮、陈韶娟、常丽、王玉梅、邓林林、周彦粉、刘颜光、吴韶华、陈鑫成、徐延梅
15	道路适用型高性能纤维及土工材料关键制备技术与工程应用	南通大学、交通运输部公路科学研究所、南通新帝克单丝科技股份有限公司、安徽皖维高新材料股份有限公司、苏州混凝土水泥制品研究院有限公司、宏祥新材料股份有限公司、中复神鹰碳纤维股份有限公司	张伟、高强、肖倩、马海燕、吴福胜、骆静静、刘好武、李果、马进、颉俊杰
16	多工况下高效低阻复合长滤筒关键技术及产业化	广州市华滤环保设备有限公司、武汉纺织大学、广州检验检测认证集团有限公司、清远华滤环保设备有限公司	蔡光明、王锦、罗磊、王向钦、曾志松、余绍毅、岳程飞、欧阳屹伟、袁嘉、叶中天
17	多射流静电纺纳米超细纤网宏量化制备及高精密滤材产业化	中原工学院、河南工程学院、平原滤清器有限公司、河南中纤新材料科技有限公司	邵伟力、韩鹏举、刘凡、齐琨、何建新、孙晓艳、李想、周玉嫚、张惠
18	高灵敏高分辨力敏电子纺织品产业化技术	青岛大学、武汉纺织大学、稳健医疗（武汉）有限公司、上海百琪迈科技（集团）有限公司、四川润厚特种纤维有限公司、四川豪尔泰服饰有限公司、青岛天银纺织科技有限公司	田明伟、毕曙光、纪华、冉建华、王航、袁小燕、郭庆峰、曹良波、卜庆革、杨应奎
19	高清洁可冲散擦拭制品产业化关键技术	河南逸祥卫生科技有限公司、中原工学院、优奈新材料（河南）有限公司、郑州智联机械设备有限公司、东华大学、恒天重工股份有限公司	杨自强、甘益、张恒、夏宇飞、乔建才、康桂田、许士学、靳向煜、陈华、杨帅锋

续表

序号	项目名称	主要完成单位	主要完成人
20	海洋油气输送用耐腐蚀铠装柔性动态立管关键技术及应用	江苏正道海洋科技股份有限公司、南通大学、西北工业大学、合肥神马科技集团有限公司、江苏高升特种管业有限公司、江苏赛弗道管道股份有限公司、江苏正道可燃冰管道有限公司	夏平原、孙启龙、陈东阳、周章银、赵绍东、陆小敏、范 杨、韩东、朱晓林、陈江华
21	人体修补医用经编网状材料成形制备关键技术与应用	江南大学、江苏集萃先进纤维材料研究所有限公司、东华大学、无锡市第九人民医院、江苏华宜医用新材料有限公司、常州市康蒂娜医疗科技有限公司、南通新帝克单丝科技股份有限公司	马丕波、董智佳、周家良、朱丽萍、陈超余、赵 刚、丛洪莲、储开元、陈小菊、马海燕
22	"雾聚合"法纤维表面功能化改性关键技术及产业化	浙江理工大学、浙江恒逸高新材料有限公司、浙江华生科技股份有限公司、浙汀中天纺检测有限公司、浙江美看服饰股份有限公司、现代纺织技术创新中心（鉴湖实验室）、杉杉品牌运营股份有限公司	刘向东、董庆奇、付飞亚、沈国康、蒋生华、潘明新、颜安咏、蒋秦峰、邓年明、方 园
23	超柔亲肤型水性涂料印花助剂节能近净关键技术及产业化	常熟理工学院、辽宁恒星精细化工有限公司、丹东优耐特纺织品有限公司、波司登羽绒服装有限公司、台华高新染整（嘉兴）有限公司	陆 鑫、鞠 镭、王冠中、王薇、王 翀、尹丽馨、李秀颖、张迎春、陈百顺、徐丽亚
24	集成膜法资源化处理印染废水关键技术及产业化应用	浙江工业大学、浙江开创环保科技股份有限公司、开源环境科技集团有限公司、浙江大学、东华大学、湖南沁森高科新材料有限公司、浙江长兴求是膜技术有限公司	刘立芬、朱和林、包进锋、童少平、林赛赛、石楚道、孟哲一、刘彬彬、吴玉超、齐萨仁
25	色纺散纤维连续染色关键技术及装备	绍兴国周纺织整理有限公司、绍兴文理学院、绍兴国周纺织新材料有限公司、杭州电子科技大学、绍兴国周新材料有限公司、绍兴国周针织科技有限公司、现代纺织技术创新中心（鉴湖实验室）	金国周、陶华冠、洪剑寒、金芳、郭筱洁、俞 诚、奚柏君、何林伟、杨 杰、王 振
26	天然染色印花与保健功能纺织品加工新技术	南通大学、南通金仕达高精实业股份有限公司、江苏欣捷纺织科技有限责任公司、紫罗兰家纺科技股份有限公司、江苏顺远新材料科技有限公司、新世嘉纺织品（南通）有限公司	张瑞萍、欧卫国、丁思佳、王海峰、袁燕、张贤国、吴永惠
27	真丝/生物质合纤复合面料高品质染整关键技术及产业化	达利（中国）有限公司、江南大学、苏州大学、绍兴德美新材料有限公司	林典誉、王潮霞、殷允杰、郑路、唐人成、杨洪峰、徐 眉、黄志慧、刘庆悦、吴桂军

续表

序号	项目名称	主要完成单位	主要完成人
28	并条工序全自调匀整产线技术研发与产业化应用	湖北天门纺织机械股份有限公司、武汉纺织大学、安徽华茂纺织股份有限公司、武汉银桥南海光电有限公司	沈忱、杨文峰、郑强、杨圣明、郭升旗、倪卫祖、杨家轩、高军、刘雪军、王元林
29	低浴比高效智能溢流染色机关键技术研发及产业化	浙江亚东机械有限公司、浙江理工大学	胡志峰、吴威涛、韩敏祺、顾申吉、王俊茹、钱淼、向忠、王立锋、劳云峰、吴海泉
30	高效全幅轴经系列双针床经编装备及智能织造工厂关键技术与产业化	常州市赛嘉机械有限公司、东华大学、常州市步云工控自动化股份有限公司、江苏恒百佳新材料有限公司	蒋金华、陈逸、邵慧奇、江飞、邵洪、陈南梁、彭永生、林建冲、毕思伊、邵光伟
31	全成型横机智能化控制系统及针织服装智能制造关键技术	浙江理工大学、浙江恒强科技股份有限公司、现代纺织技术创新中心（鉴湖实验室）、宁波必沃纺织机械有限公司	汝欣、曾志发、史伟民、王博平、戴宁、胡军祥、袁嫣红、郑建林、唐伟、徐立
32	染化料智能称量配送系统关键技术与应用	浙江绍兴福元科技有限公司、现代纺织技术创新中心（鉴湖实验室）、武汉纺织大学、浙江迎丰科技股份有限公司、浙江维艺实业股份有限公司、浙江越新科技股份有限公司	洪萍、梅顺齐、徐巧、蒋鸿铠、陈立刚、付国军、杜雄星、蒋竺莊、马华全、郑权
33	丝锭外观、经编断纱和织物疵点智能在线检测关键技术及应用	菲特（天津）检测技术有限公司、天津大学、盘古（上海）科技有限公司、天津工业大学、泉州市纳通智能科技有限公司	张效栋、胡江洪、李娜娜、李飞、曹彬、余天煌、李泽晓、袁帅鹏、程威盛、郭丹
34	防护口罩测试装置计量校准关键技术研究及应用	浙江省计量科学研究院、浙江省轻工业品质量检验研究院、中纺标检验认证股份有限公司、国家纺织计量站上海分站、温州市大荣纺织仪器有限公司、浙江三工匠仪器有限公司	潘孙强、叶翔宇、戚海洋、刘素梅、胡有杰、陈佳勇、王金平、徐华东、麻可爱
35	国家标准：纺织品双组分复合纤维定量分析方法 熔融显微镜法	五邑大学、中山海关技术中心、中纺标（深圳）检测有限公司、广州海关技术中心、广州检验检测认证集团有限公司、深圳市兴业卓辉实业有限公司、广东创时尚智能股份有限公司	巫莹柱、王京力、陈沛、张晓利、李小红、赵珍玉、冯劲松、张珍竹、钟汉文、李镔
36	山羊绒等动物纤维鉴别技术及标准研制	内蒙古鄂尔多斯资源股份有限公司、国家羊绒制品工程技术研究中心、内蒙古自治区山羊绒材料与工程技术重点实验室	张志、朱虹、孟令红、高丽忠、田智芳、红霞、马海燕、徐仙梅、张海慧、金永乐

续表

序号	项目名称	主要完成单位	主要完成人
37	中国纺织服装企业ESG指标体系及能力提升平台	中国纺织信息中心、东华大学	阎 岩、胡 松、梁晓晖、王静、沈 滨、王 霄、郑 剑、刘卉、陈渤之、苗泓瑛

四、桑麻学者奖

获奖名单见表7。

表7　桑麻学者奖

序号	姓名	工 作 单 位
1	胡旭东	浙江理工大学
2	刘 琳	山东中康国创先进印染技术研究院有限公司
3	王宏志	东华大学
4	武海良	西安工程大学

2024年中国纺织服装品牌发展报告

中国纺织工业联合会品牌工作办公室

中国纺织服装品牌建设生态环境分析

2024年中国纺织服装品牌建设环境呈现出更趋向好态势，国家层面系列政策措施为品牌建设提供了坚实保障，地方层面落地配套给予有力支持，行业层面公共服务带来系统支撑。

一、国家品牌战略革新明确新方向

2024年政府工作报告明确提出"加强标准引领和质量支撑，打造更多有国际影响力的'中国制造'品牌"，这一战略部署不仅为中国纺织服装产业绘制了清晰的发展路径，更为中国纺织服装品牌建设奠定了坚实的政策基石，明确了战略导向。国家发展和改革委员会、工业和信息化部、商务部等部门出台系列政策措施，也有力地构建了更加良好的品牌建设生态环境（表1）。

二、地方政府落地配套提供新支持

地方政府纷纷出台具体政策措施，为纺织服装品牌建设提供强有力的支持与保障，进一步优化了行业发展的外部环境（表2）。

表1 2024年国家有关部门品牌建设主要政策措施

发布时间	文件/活动名称
2024年4月	工业和信息化部《关于做好2024年工业和信息化质量工作的通知》
2024年4月	工业和信息化部、商务部"2024'三品'全国行活动"
2024年4月	工业和信息化部、商务部"2024纺织服装优供给促升级活动"
2024年5月	国家发展改革委、国务院国资委、市场监管总局、国家知识产权局"2024中国品牌日活动"
2024年6月	商务部等9部门《关于拓展跨境电商出口推进海外仓建设的意见》
2024年10月	工业和信息化部《关于分级打造中国消费名品方阵的通知》

资料来源：中国纺织工业联合会品牌工作办公室整理

表2　2024年部分省份发布的品牌建设相关政策

发布时间	政策文件名称
2024年4月	吉林省市场监管厅等13部门《关于推进"吉字号"特色品牌建设的若干举措》
2024年5月	《上海市市场监督管理局关于开展"上海品牌"培育试点工作的通知》
2024年6月	浙江省商务厅等8部门《关于加快推进浙江省新消费品牌发展的指导意见》
2024年8月	安徽省制造强省建设领导小组《追求卓越品质打造工业精品矩阵行动方案（2024-2027年）》
2024年8月	《四川省地方志工作办公室关于加强全省地方志事业品牌建设的意见》
2024年9月	河北省市场监督管理局《关于进一步加强商标品牌指导站建设提升商标品牌指导站服务能力和水平的实施意见》
2024年11月	陕西省知识产权局等部门《深入实施商标品牌战略的若干措施》的通知
2024年12月	山西省商务厅等21部门《关于打造"古韵新辉夜山西"促进夜间经济高质量发展进一步扩消费增创业促就业的指导意见》
2024年12月	内蒙古自治区商务厅等4部门《内蒙古老字号认定及管理办法》

资料来源：中国纺织工业联合会品牌工作办公室整理

可以看出，地方政府在纺织服装品牌建设方面的配套支持，呈现出全面覆盖、精准施策、协同推进的特点。这些政策措施不仅为品牌企业提供了资金、技术、市场等多方面的支持，还通过优化营商环境、加强产业链协同等方式，为品牌发展创造了更加有利的条件。

三、行业平台务实创新优化新环境

通过举办时装周、品牌建设专题论坛、品牌联动对接等活动，以及优化完善品牌培育与价值评价标准、推动品牌价值评估提升等，不断优化升级行业平台，助力品牌竞争力提升（表3）。

表3　2024年纺织服装品牌建设主要行业平台活动

时间	工作名称
2024年3月	AW2024中国国际时装周
2024年5月	2024中国纺织服装品牌竞争力优势企业
2024年5月	2024中国品牌发展大会纺织服装行业会议
2024年7月	启动修订《品牌价值评价　纺织服装、鞋、帽业》国家标准
2024年9月	华峰千禧·中国纤维品牌联动创享汇
2024年9月	SS2025中国国际时装周

资料来源：中国纺织工业联合会品牌工作办公室整理

中国纺织服装品牌竞争力水平分析

一、竞争力水平不断提升

中国品牌正以前所未有的速度和影响力崛起。世界品牌实验室发布的2024年《中国500最具价值品牌》榜单中，有22家纺织服装品牌入围（包括鄂尔多斯、魏桥和波司登等），其中5家超过千亿元，比2023年增加3家。2024年，中国纺织工业联合会发布"2024中国纺织服装品牌竞争力优势企业"（品牌价值超过50亿元），共计69家，价值合计3.25万亿元（图1、图2）。

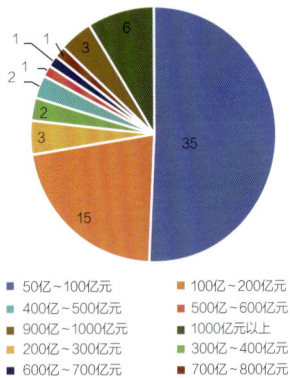

图1　69家优势企业品牌价值区间分布
资料来源：中国纺织工业联合会品牌工作办公室

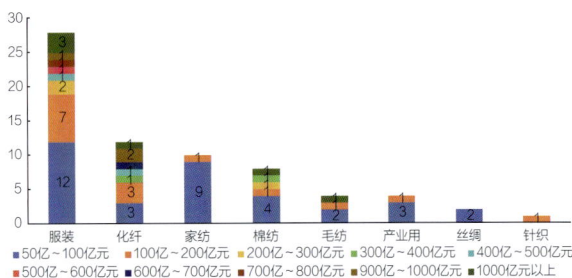

图2　69家优势企业品牌价值按专业领域分布
资料来源：中国纺织工业联合会品牌工作办公室

二、主要维度分析

迭代管理模式、持续研发投入和追求绿色发展是促进我国纺织服装品牌竞争力持续提升的关键。

（一）数字智能不断深化

数字技术和人工智能系统的快速迭代，大大降低企业成本、提高管理效率、提升创新能力，未来将深入延伸至消费端，激发潜在需求、创造更大的增长空间。从各业务环节数字化程度来看，29家消费品牌平均达93.5%，40家制造品牌平均达84.4%（图3～图6）。

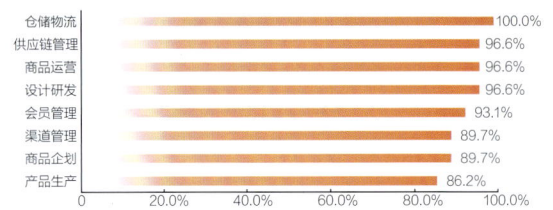

图3　29家消费品牌企业各业务环节数字化情况
资料来源：中国纺织工业联合会品牌工作办公室

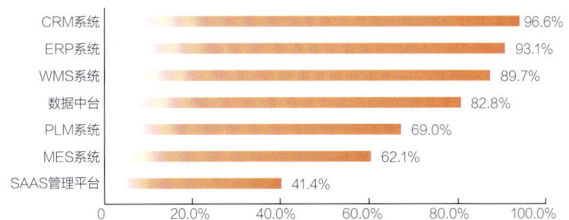

图4　29家消费品牌企业数字化、智能化
系统应用情况
资料来源：中国纺织工业联合会品牌工作办公室

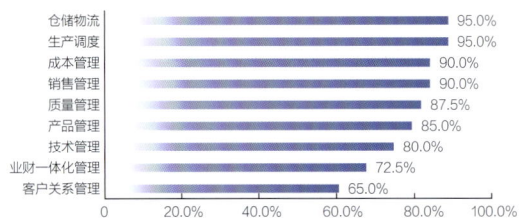

图5　40家制造品牌企业各业务环节数字化情况
资料来源：中国纺织工业联合会品牌工作办公室

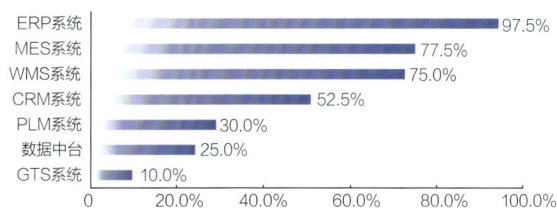

图6　40家制造品牌企业数字化、智能化
系统应用情况

资料来源：中国纺织工业联合会品牌工作办公室

（二）研发投入持续稳定

加大研发设计投入是提升品牌竞争力的重要举措。96.7%的优势企业均建立了自有或合作研发机构，有效专利数均值达205个；优势企业研发投入均值5亿元，同比略有下滑，42%的企业研发投入强度超过3%；11.6%的企业专职研发设计人员数量超过1000人（表4）。

表4　69家优势企业研发投入情况

类别	研发投入		研发人员			有效专利	
	金额均值（万元）	强度	数量均值（人）	同比	占比	数量均值（个）	同比
优势品牌	49959.72	2.65%	546	0.74%	5.80%	205	28.93%
消费品牌	19945.56	1.77%	363	2.54%	2.87%	183	27.08%
制造品牌	73047.53	2.95%	687	0.00%	9.90%	222	30.59%

资料来源：中国纺织工业联合会品牌工作办公室

（三）共同践行绿色发展

"碳达峰碳中和"已纳入生态文明建设整体布局，"十四五"期间，"推进节能低碳发展、引领绿色化消费"也已列入《纺织行业"十四五"发展纲要》，绿色低碳循环经济发展受到更广泛的关注。从品牌竞争力优势企业来看，所有企业均开展了社会责任工作，其中52.2%的企业已建立中国纺织企业社会责任管理体系（CSC9000T）或其他社会责任管理体系；同时，79.7%的企业开展"双碳"相关工作（图7、图8）。

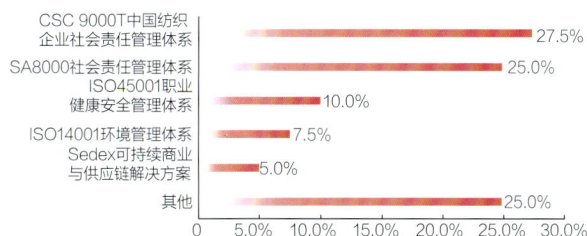

图7　已建立社会责任管理体系的优势企业情况

资料来源：中国纺织工业联合会品牌工作办公室

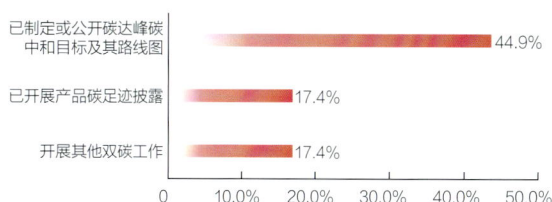

图8　已开展双碳工作的优势企业情况

资料来源：中国纺织工业联合会品牌工作办公室

2024中国纺织服装品牌发展年度亮点

一、国潮经济理性重塑，国货品牌格局重构

（一）国潮文化深度转换，国货品牌内涵加强

一方面，国潮产品开始汇入全球时尚产业语境，形成更高声量、更大影响。新中式服饰市场规模持

续扩大，成为指向时尚界"新风格"的"新常态"与"新浪潮"。国货品牌积极探索非遗技艺与东方美学的融合之道，建构起独立的文化坐标和美学系统，向全球消费者释放出强大的文化号召力；另一方面，国货品牌以国潮元素为媒介，加速实现全品牌、全品类、全渠道的渗透，体现出立足本土文脉、放眼全球风尚，既会讲"经济故事"、又会讲"文化故事"的品牌竞争力特质。

（二）根植产业集聚，区域品牌竞争力提升

"柯桥纺织""虎门服装"等具有全球影响力的区域品牌涌现，品牌价值突破千亿元大关。2024年，绍兴现代纺织产业集群等9个纺织服装产业集群列入2024年中国百强产业集群，彰显了中国纺织服装行业的整体实力。随着国潮文化的持续发酵和产业集聚的效应深化，中国纺织服装产业更是形成了多个特色鲜明、优势互补、实力强劲的区域品牌。中国纺织服装产业依托深厚的文化底蕴、不断创新的设计理念和强大的区域品牌影响力，正逐步构建起一个国潮文化特色明显、资源集聚、链式互补、发展多元的产业格局。

二、数智工具赋能，提升品牌营销质效

（一）基于生成式AI赋能内容营销

越来越多的纺织服装品牌应用AI生成内容赋能营销。在效率与速度方面，能够在短时间内生成大量文案、广告语和社交媒体帖子，快速响应市场需求与热点，大幅提高内容产出效率；在个性化与精准度方面，能够为不同目标受众生成高度个性化的内容，精准匹配用户兴趣与需求；在成本效益方面，显著降低人力成本，提升资源利用效率。

（二）基于元宇宙技术催生虚拟营销

从技术驱动到资本介入再到政策支持，元宇宙已经从"概念"走向"前台"，深入真实的品牌实践。中国纺织服装品牌开始拥抱"元宇宙"时代的虚拟营销方式，主要体现在数字人虚拟主播、AI智能客服和虚拟展播场景等领域内的应用。

（三）通过虚拟测款打造便捷化消费体验

纺织服装品牌逐步采用"虚拟试穿"技术，结合人工智能、增强现实（AR）、图像处理和3D建模等技术，为消费者提供无须亲自试穿、现场购买，即可查看纺织品服装穿着、家用效果的便捷方式。品牌同步在探索"虚拟测款"技术，为时尚消费者带来全新的购物体验，提供多样选择、降低风险和增添趣味的显著优势。

三、品牌定位革新，渗透消费心智模式

（一）做强：成熟赛道"卓越品牌"

大批纺织服装成熟品牌不断寻求突破，着力科技创新、数智赋能、时尚创意、绿色低碳等竞争力的系统化提升，践行由成熟品牌向卓越品牌迈进，不断拓新中国纺织服装品牌高地。中国纺织服装品牌在全球市场的竞争力正在不断提高，潜力逐步释放，独特优势开始凸显，一批兼具文化底蕴、前沿科技、匠心品质的高端卓越品牌正在崛起。

（二）做实：更高价比"平替品牌"

以"人"为核心的市场需求和潜在需要，开始反向配置生产资源，成为新消费的重要特征。有调查显示，82.4%的年轻人开始"精研型消费"，从"炫耀和符号消费"变成"追寻自我的消费"。有深度竞争力与长远发展潜力的"平替品牌"应时而生，提高"质价比、性价比、情价比"，最终实现品牌"价格平价、价值升级"。

（三）做精：生活方式"细分品牌"

一批生活方式"细分品牌"涌现，满足消费者功能化、情感化、个性化的发展需求。在2024年"双十一"活动中，骑行服饰、骑行装备类目达到两位数高速增长，天猫平台的全品类销售额增长超

40%。受"自在旷野"的生活方式驱动，户外与自然消费兴起，"野生"内容声量增长。

四、跨界文化交融，深化内涵品牌共创

（一）IP跨界联名热度增长

IP联名在服装家纺品牌设计与营销领域呈现明显增长态势，合作IP涉及类型多种多样，包括动漫、艺术家、潮流、文创、体育等。2024年前三季度，安踏、李宁、特步等7家品牌企业IP联名产品共69件（图9、图10）。

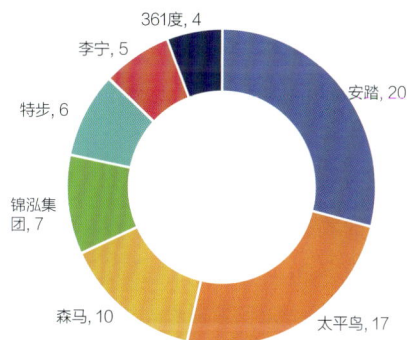

图9　2024年前三季度7家品牌企业IP
联名产品数量统计

资料来源：雷报、中国纺织工业联合会品牌工作办公室

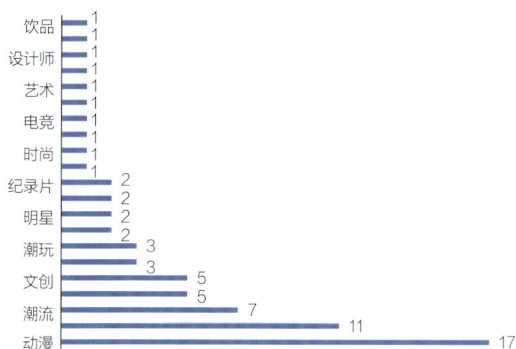

图10　2024年前三季度7家品牌企业IP联名产品数
量分类型统计

资料来源：雷报、中国纺织工业联合会品牌工作办公室

（二）博物馆文化IP颇受欢迎

服装家纺品牌积极与故宫博物院、敦煌博物馆、苏州博物馆、苏州丝绸博物馆等IP合作，不断拓展IP授权新路径，借助博物馆文化IP鲜明特征的传统文化元素，将独特的中式美学和现代设计理念相结合，在挖掘双方品牌特色的基础上，打造出具有创意和特色的产品。

（三）多平台战略助力联名营销

服饰品牌联名营销热度持续高涨，多平台战略成为品牌营销的重要方式与趋势，通过视频、博客和社交媒体帖子，分享品牌联名创意过程和背后的故事。谜底数据基于微博、抖音、小红书等平台数据显示，2024年1~5月各大品牌联名相关作品的产量达1169.6万，同比增长137.9%；作品互动量达4.1亿，增长86%。

五、绿色低碳行动深化，提高可持续发展力

（一）绿色能源与绿色生产逐步推进

零碳产业园、零碳工厂逐步建设推进，中国纺织信息中心打造的一站式环境足迹评价平台LCAplus，提供绿色纺织品全生命周期分析、评价与设计工具。光伏等可再生能源，持续为纺织服装产业贡献减排。可再生能源电力项目是纺织企业减排项目中减排贡献最高的部分，电力的绿色化或者零碳化将对纺织行业的碳中和起决定性作用。

（二）绿色纤维加速应用引领绿色消费

可持续原材料应用进一步增加。以天然植物纤维为原料的再生纤维素纤维，性能最接近棉纤维，具有原料来源广泛、工艺方法成熟等优势，加速渗透到更多应用领域。生物基化学纤维处于大规模推广应用上升期，关键技术不断突破，产品品种日益丰富。

（三）碳足迹管理助力区域品牌绿色化发展

产品碳足迹管理是行业发展大势所趋。2024年6月，绍兴市成为全国首批获得"碳标签"的纺织企业；10月，江苏盛泽镇携手中国纺织工业联合会正式启动纺织服装行业碳足迹管理体系试点行动。山东夏津县等产业集群正在开展碳能源管理，建设集碳足迹核算、认定、碳标签等为一体的纺织产业碳服务平台。

六、品牌出海步伐加大，拓新全球化布局

（一）平台经济拓深加速电商出海

跨境电商成为品牌国际化的重要渠道。海关总署数据显示，2024年我国跨境电商进出口总额2.63万亿元，同比增长10.8%。一方面，跨境电商平台频繁推出各类措施吸引优质商家，如下调佣金，推出"全托管""半托管"模式，提供精准营销，加速海外仓及物流体系建设等；另一方面，DTC（Direct to Consumer，直接面向消费者）独立站成为品牌出海重要渠道。

（二）达人营销加速助力海外营销

海外营销投入持续加大，达人营销等方式快速崛起。《2024出海达人营销白皮书》显示，75%的出海企业准备与KOL（关键意见领袖）/KOC（关键意见消费者）合作营销；达人直播成为新趋势，直播收入同比增长99%；预计2027年，全球付费达人营销市场接近5000亿美元。部分服装品牌正在布局Instagram、Facebook、TikTok等新兴社交媒体平台。

（三）品牌传播拓新赋能文化出海

随着中国的崛起和国际地位的不断提升，中国文化在全球范围内的影响力日益增强。"品牌构建＋文化输出"，打造品牌IP、传播文化内核，成为中国纺织服装品牌出海新模式。越来越多的品牌开始探索"文化＋品牌"的国际化多维表达，输出具有文

化亲和力的品牌策略，将产能扩张内化为品牌资产和全球信誉。

中国纺织服装品牌建设的未来方向

一、不断满足美好生活需要，细分培育品质品牌

培育高品质中国纤维面料品牌，联动下游消费品牌，建立完善品牌培育管理体系、纤维面料吊牌体系；深入细分研究新消费趋势，从产业链联合创新着手，加大高端化、健康化、舒适化、功能化、时尚化、绿色化产品开发，强调抗菌、人体亲和、吸湿排汗等功能，加强生活方式品牌、新老品牌的培育与升级，系统化提升品牌引领当代消费、创造美好生活的能力；依托科技创新、设计创意，不断扩宽领域、细分品类，提升产品差异化性能，满足消费者不断升级的多元化需求。

二、充分依托数智技术手段，强力铸造智慧品牌

不断加强AI赋能品牌建设，依托大模型、大数据、大算力等技术，加速与物联网、5G、区块链等技术的深度融合，创造性构建更多新场景、新模式、新生态，为创意设计、产品开发、渠道管理、品牌营销等品牌建设关键环节带来质效提升、创造新增长极；加强社交经济、达人经济等赋能品牌营销，加快构建线上线下渠道、社交媒体、线下实体店等多种场景结合的完整营销生态圈，持续提升品牌消费黏度和影响力。

三、传承创新中华优秀文化，用心打造国潮品牌

基于中华优秀传统文化的典型元素、精神宝藏

和智慧思想，充分依托纺织行业的传统与时尚产业兼备的行业优势特征，更大化发挥纺织品服装的载体作用，向全社会展现我国历史文化艺术与纺织服装品牌之美；注重运用现代科技手段对于中华优秀传统文化的当代化表达，创新赋能品牌战略定位、创意设计、营销叙事、焕新升级；加强跨界文化研究与交流，推进跨领域文化交流合作，碰撞衍生新的文化价值，推动国潮国风持续扩圈、破圈。

四、深入践行可持续理念，全链条塑造绿色品牌

加强碳足迹管理，推进更多品牌、更大范围开展全生命周期评价，加快碳治理进程，建立碳足迹认证体系，进一步推进绿色原料、绿色生产、绿色流通；加大开发负碳技术纤维，加大政策引导力度，提升负碳纤维市场认可度，推动负碳纤维产业化；加快促进太阳能、风能等可再生能源替代化石能源，推进生产过程低碳化；加强在全社会范围内的可持续消费知识与理念普及，做好废旧纺织品回收利用闭环管理与价值挖掘，加大力度引导绿色消费、绿色生活。

五、推动中国品牌世界共享，多维度培植国际品牌

加强不同国家历史背景、地域文化、消费特色、价值追求等的研究，注重目标市场洞察、结合本土化营销，输出承载中国文化特色、融合国际审美、适配当地居民需求的中国品牌；充分发挥跨境电商平台的运营模式、管理体系、技术体系优势，推进权益合理化、竞争差异化、供应链弹性化、物流高效化，培育更具活力、更高质效的跨境电商品牌；加强中华传统优秀文化与当代消费潮流的创造性开发与创新性应用，充分借助国际优势时尚发布、宣传推介平台，开展多样化文化交流与品牌推广活动，推进中国品牌文化出海；积极主动履行社会责任，实现经济效益与社会效益的有序平衡，打造代表大国形象、中国态度的负责任品牌。

（撰稿人：王晴颖　惠露露　刘正源　何粒群）

纺织行业"专精特新"企业气候行动进展报告

中国纺织工业联合会行业发展部
中国纺织工业联合会社会责任办公室

2020年以来，以习近平同志为核心的党中央统筹国内国际两个大局，将推动实现碳达峰、碳中和作为重大战略纳入生态文明建设整体布局和经济社会发展全局，推动"双碳"工作取得良好开局和积极成效。纺织企业作为国民经济和产业组织最具活力的微观市场主体，既是纺织行业实现碳达峰、碳中和的主体力量，也是应对气候变化、推进气候治理的"生力军"。近年来，作为纺织行业中小企业的领头羊，"专精特新"企业凭借专业化、精细化、特色化优势，展现出强大的创新力与可持续发展潜力，在助力行业实现"双碳"目标的实践中发挥了重要的示范引领作用。把握"专精特新"企业降碳减排、推动气候转型的现状，存在的问题及未来发展方向，对纺织行业深化高端化、智能化、绿色化转型升级，实现高质量发展，具有重大现实意义。在此背景下，中国纺织工业联合会开展了"专精特新"企业气候行动进展专项调研，截至2023年6月末，共收回相关反馈问卷158份，其中有效样本企业问卷80份，占回收问卷总数量的50.6%。当前，纺织行业"专精特新"企业气候行动进展呈现以下主要特点：

中国纺织行业"专精特新"企业的气候行动进展

一、企业的碳盘查开展情况

已开展碳盘查工作的纺织行业专精特新企业比重还不够高。调研结果显示（表1），纺织行业专精特新企业中已开展碳盘查的企业有32家，占有效样本企业数量的40.0%。其中，已经连续开展碳盘查工作超过3年的企业有18家，占已开展碳盘查企业数量的56.3%；未开展碳盘查的企业有48家，占有效样本企业数量的60.0%，且这些企业未来并没有开展碳盘查的计划。

表1　纺织行业专精特新企业开展碳盘查情况

类别	数量（个）	占有效样本企业数量比例
已开展碳盘查的企业	32	40.0%
未开展碳盘查的企业	48	60.0%
连续开展碳盘查超过3年的企业	18	22.5%
未开展但未来计划开展碳盘查的企业	0	—

资料来源：调研组综合整理

已开展碳盘查的专精特新企业在地域分布上呈现出"集中度较高"的特点。调查结果显示（图1、表2），已开展碳盘查的专精特新企业来自全国11个地区，且主要集中在江苏省、浙江省和湖北省，超六成碳盘查企业来自这三个省份。从区域结构看，东部沿海地区、中部地区和西部地区的企业数量分别为21家、9家和2家，各自占已开展碳盘查企业数量的65.6%、28.1%、6.3%。

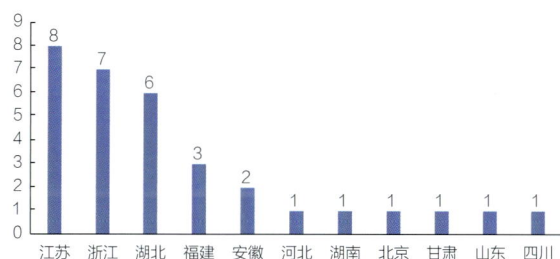

图1 已开展碳盘查的纺织行业"专精特新"企业的省份分布情况

资料来源：调研组综合整理

表2 已开展碳盘查的纺织行业"专精特新"企业的地域分布情况

区域分布	数量（个）	占比
东部地区	21	65.6%
中部地区	9	28.1%
西部地区	2	6.3%

资料来源：调研组综合整理

已开展碳盘查的"专精特新"企业在行业分布上也表现出明显的集中趋势（图2）。已开展碳盘查的"专精特新"企业涉及13个细分领域，但产业用纺织品、棉纺织、针织、印染等四个子行业企业数量较多。经统计，来自这些领域的企业共有18家，占已开展碳盘查企业总数量的56.3%。

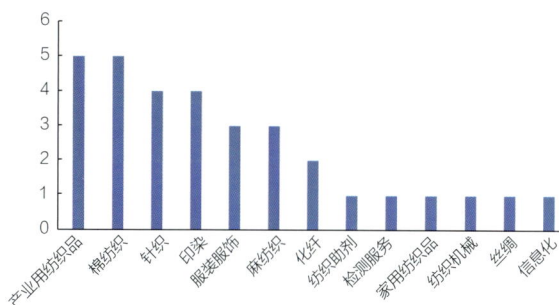

图2 已开展碳盘查的纺织行业"专精特新"企业的行业分布情况

资料来源：调研组综合整理

二、企业气候行动目标和路线图设定情况

设立气候行动目标的纺织行业"专精特新"企业数量偏少，占比不足三成，且以短期目标为主（表3）。从设定目标的企业数量看，设立和未设立气候行动目标的"专精特新"企业数量分别为21家和59家，分别占有效样本企业数量的26.3%、73.8%；从设定目标的类型看，设定气候行动中短期目标的企业数量是设立长期目标的企业数量的2倍多。设定明确的气候行动中短期目标的企业数量为16家，占有效样本企业数量的20.0%。这些中短期目标时间范围位于2025年至2030年期间，包括达峰目标和减排目标两类目标。设定明确的气候行动长期目标的企业数量为7家，占有效样本企业数量的8.8%，但这些企业均有短期目标，长期目标均为碳中和目标，目标时间范围跨度较大，在2030年至2060年之间。

与气候行动目标设定情况相比，纺织行业专精特新企业在制定"双碳"路线图方面的表现则更为逊色。调研结果显示，仅有6家企业反馈有具体的"双碳"路线图，占有效样本企业数量的7.5%。这些企业均为已设定气候行动目标的企业，但企业提供的"双碳"路线图信息均过于简单，且与其气候行动目标存在不匹配的问题。

表3　纺织行业专精特新企业的气候行动目标和路线图设定情况

类别	数量（个）	占有效样本企业总量的比例
已设定气候行动目标的企业	21	26.3%
设定短期目标的企业	16	—
设定长期目标的企业	7	—
同时设定短期和长期目标的企业	7	—
未设定气候行动目标的企业	59	73.8%
已设定气候目标并有"双碳"路线图的企业	7	8.8%

资料来源：调研组综合整理

三、企业的绿色投资情况

纺织行业专精特新企业在绿色投资方面表现较好：一是企业绿色投资的意愿高。调研结果显示（表4），已经开展绿色投资的企业有65家，占有效样本企业数量的81.3%。从所在地域看（图3），开展绿色投资的企业集中在浙江、江苏、山东等传统纺织大省，来自三省的企业共37家，占已经开展绿色投资的企业数量的56.9%；从所属领域看（图4），上述企业主要涉及棉纺织、产业用纺织品、化纤、针织、家用纺织品、印染、服装等七个领域，共52家企业，占已经开展绿色投资的企业数量的80.0%。其中，棉纺织企业的数量最多，共12家。未来有明确的绿色投资计划企业有11家，占有效样本企业数量的13.8%，其中超一半企业是过去未开展绿色投资的企业。

表4　纺织行业专精特新企业的绿色投资情况

类别	数量（个）	占有效样本企业数量比重
已开展绿色投资的企业	65	81.3%
未开展绿色投资的企业	15	18.8%
有明确绿色投资计划的企业	11	13.8%
尚未开展但有明确绿色投资计划的企业	6	—

资料来源：调研组综合整理

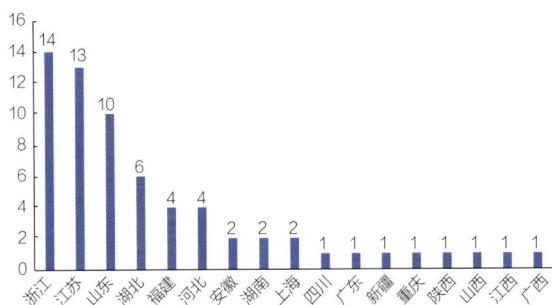

图3　已开展绿色投资的纺织行业专精特新企业地域分布情况

资料来源：调研组综合整理

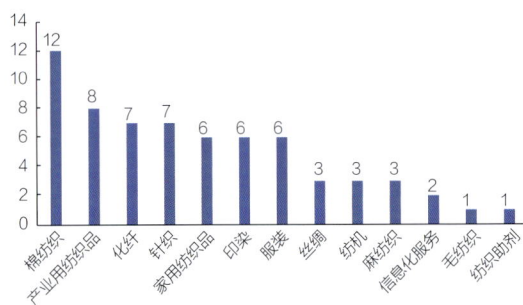

图4　已开展绿色投资的纺织行业专精特新企业行业领域分布情况

资料来源：调研组综合整理

二是企业绿色投资涉及领域广泛，但主要集中在六大领域。调研结果显示（表5），纺织行业专精特新企业的绿色投资主要涉及11个领域，主要包括清洁能源、生产设备改造、生产设备更新、绿色生产技术研发、循环化改造、采购节能产品、环保技术与设备（设施）、生产辅助设备改造与更新、信息化建设、智能化生产线（新建或改造）、绿色产品研发。经过对企业投资信息进行整理分析，纺织行业专精特新企业的绿色投资主要集中在六大领域。具体如下：清洁能源领域是企业最为关注的领

域，投资该领域的企业数量共25家，占有效样本企业总数量的31.3%；其次是生产设备改造领域，共有16家企业投资了该领域，占有效样本企业总数量的20.0%，第三个领域是生产设备更新，投资该领域的企业数量仅比投资生产设备改造的企业数量少1家；第四个领域是绿色生产技术研发，有11家企业，占有效样本企业总数量的13.8%；第五、第六个领域分别是循环化改造和采购节能产品，这两个领域的投资企业数量均为9家，各占有效样本企业总数量的11.3%。

表5　纺织行业专精特新企业的绿色投资领域分布

序号	投资领域	企业单位数（个）	占有效样本企业数量比重（%）
1	清洁能源	25	31.3
2	生产设备改造	16	20.0
3	生产设备更新	15	18.8
4	绿色生产技术研发	11	13.8
5	循环化改造	9	11.3
6	采购节能产品	9	11.3
7	环保技术与设备（设施）	7	8.8
8	生产辅助设备改造与更新	6	7.5
9	信息化建设	6	7.5
10	智能化生产线（新建或改造）	6	7.5
11	绿色产品研发	3	3.8
12	其他	2	2.5

资料来源：调研组综合整理

三是不同领域、不同企业的绿色投资差异较大。整体看，纺织行业"专精特新"企业绿色投资总额的分布区间跨度较大，从数十万元到上亿元不等。因企业的需求和业务类型不同，企业的绿色投资领域和累计投资也存在明显差异。以光伏发电为代表

的清洁能源领域是纺织行业专精特新企业绿色投资较多的领域，其累计投资也相对最多，累计投入较低的企业在清洁能源方面也超过了1000万元，投入较高的企业对光伏发电项目的累计投入达到1亿元。另外，在环保技术与设备（设施）、生产设备改造、

生产设备更新等领域，不同企业之间的绿色投资也存在较大差异。此外，有部分企业制订了长期绿色投资计划，即保障每年投入固定额度的资金，用于支持绿色低碳发展工作或项目。

四、企业的碳减排成果情况

多数纺织行业专精特新企业气候行动已取得明显成效。调研结果显示（表6），已经取得和即将取得碳减排成果的纺织行业专精特新企业共有54家，占有效样本企业数量的67.5%；26家企业还没有明显的减排成果，占有效样本企业数量的32.5%。结合绿色投资的调研结果看，取得碳减排成果的企业都进行了绿色投资。根据企业提供的碳减排成果信息，有11家企业明确提到绿色投资带来的碳减排效益显著，通过绿色投资实现每年碳排放总量或碳排放强度下降超过10%，气候行动成效十分显著。这也表明，绿色投资是企业实现减碳降碳目标的有效手段，也是企业应对气候变化挑战的关键策略。

五、企业的减碳产品或服务

拥有减碳产品或服务的纺织行业专精特新企业较少，占比不足四成。减碳产品或服务是企业通过市场机制获取减排收益或收回减排投入成本的重要方式，也是企业持续推动绿色低碳发展的关键所在。调研结果显示（表7），纺织行业专精特新企业拥有减碳产品或服务的企业有30家，占有效样本企业数量的37.5%。这些企业开发的减碳产品覆盖了纤维材料、中间品和终端产品，研发的减碳服务主要是低碳技术，包括低碳生产工艺、低碳数字化技术、低碳装备技术等。未来计划开发减碳产品或服务的专精特新企业仅有2家。无减碳产品或服务的专精特新企业有48家，占有效样本企业数量的60.0%。

中国纺织行业"专精特新"企业气候行动存在的问题

企业气候转型的意识和意愿普遍不高。碳盘查工作是气候行动的基础性工作。根据调研结果，只有40%的样本企业开展了碳盘查工作，覆盖率偏低，这表明企业的实际行动意愿不足。在这些企业中，仅有56.3%能够持续三年以上进行此项工作，这反映出多数企业的气候行动意识往往是暂时性的，或者是出于应对性需求，而非基于责任感的驱动。

企业气候转型的信心与动力显然不足。确立清晰的气候行动目标路线图，展现的是企业气候转型的信心和决心。根据调研，仅有25%的企业制定了气候目标，且这些目标多是短期目标；约有8.8%的企业不仅设定了气候目标，也制定了实现碳达峰和碳中和的详细路线图。

企业绿色投资多依赖政策驱动。企业的绿色投资行为受政策影响较大，表现出明显的短期性特征。已有绿色投资企业占比超过80%，且多数享受了政策优惠。但这些企业中，仅有约13.8%有明确的绿色投资规划，而在这些有未来投资计划的企业中，还有一半尚未实施任何绿色投资。这揭示出，当前企业绿色投资的主要驱动力是政策优惠，而非企业自身绿色发展的需求。此外，企业绿色投资中存在盲目跟风的现象。在已经开展绿色投资的企业中，仅有27.7%的企业开展了碳盘查工作。这表明，多数企业的绿色投资行动并未与其绿色发展目标相匹配。

在开发低碳产品或服务方面，企业普遍表现出意愿不足。根据调研结果，拥有减碳产品或服务的企业占比不足四成，而未来在这方面有计划的企业也仅有两家。"双碳"目标下，产品的含碳量或服务的减碳量，已成为构建绿色产品竞争力的关键指标。但纺织行业专精特新企业尚未充分认识到"双碳"目标对市场竞争规则变化的影响，依旧依赖传统竞争优势，忽视了行业发展趋势，这可能导致企业错失重要的发展机遇。

表6　纺织行业专精特新企业的碳减排成果情况

类别	数量（个）	占有效样本企业数量比重
已经取得减排成果的企业	51	63.8%
有减排成果但无绿色投资的企业	3	—
即将取得减排成果的企业	3	—
尚没有明显减排成果的企业	26	32.5%

资料来源：调研组综合整理

表7　纺织行业专精特新企业拥有减碳产品或服务的情况

项目	数量（个）	占有效样本企业总量的比例
拥有减碳产品或服务的企业数量	30	37.5%
减碳纤维材料	6	—
减碳纱线产品	3	—
减碳面料产品	4	—
减碳丝绸产品	2	—
减碳服装	2	—
减碳家纺产品	1	—
减碳产业用纺织品	3	—
低碳技术服务	8	—
无减碳产品或服务的企业数量	48	60.0%
计划开发减碳产品或服务的企业数量	2	2.5%

资料来源：调研组综合整理

中国纺织行业专精特新企业气候行动的建议

作为纺织行业发展的重要力量，专精特新企业必须承担减缓气候变化的应有责任，并发挥积极作用。企业应通过增强责任意识、强化行动决心、厚植基础能力等措施，加快绿色低碳转型，助力行业实现碳达峰碳中和目标。要着力加强员工的教育和培训，创新方式与方法，持续提升其对气候变化影响和挑战的理解，进而激发员工参与的积极性和责任感。要围绕行业绿色发展的总体目标，确立自身减排目标和行动路线图，务实推进。要建立健全碳排放管理体系，提高碳排放管理的效能。要加强绿色低碳技术的创新与应用，增强绿色发展的科技支撑。要加强应对气候变化人才队伍建设。

（撰稿人：宋秉政 赵志鹏 胡柯华 郭宏钧）

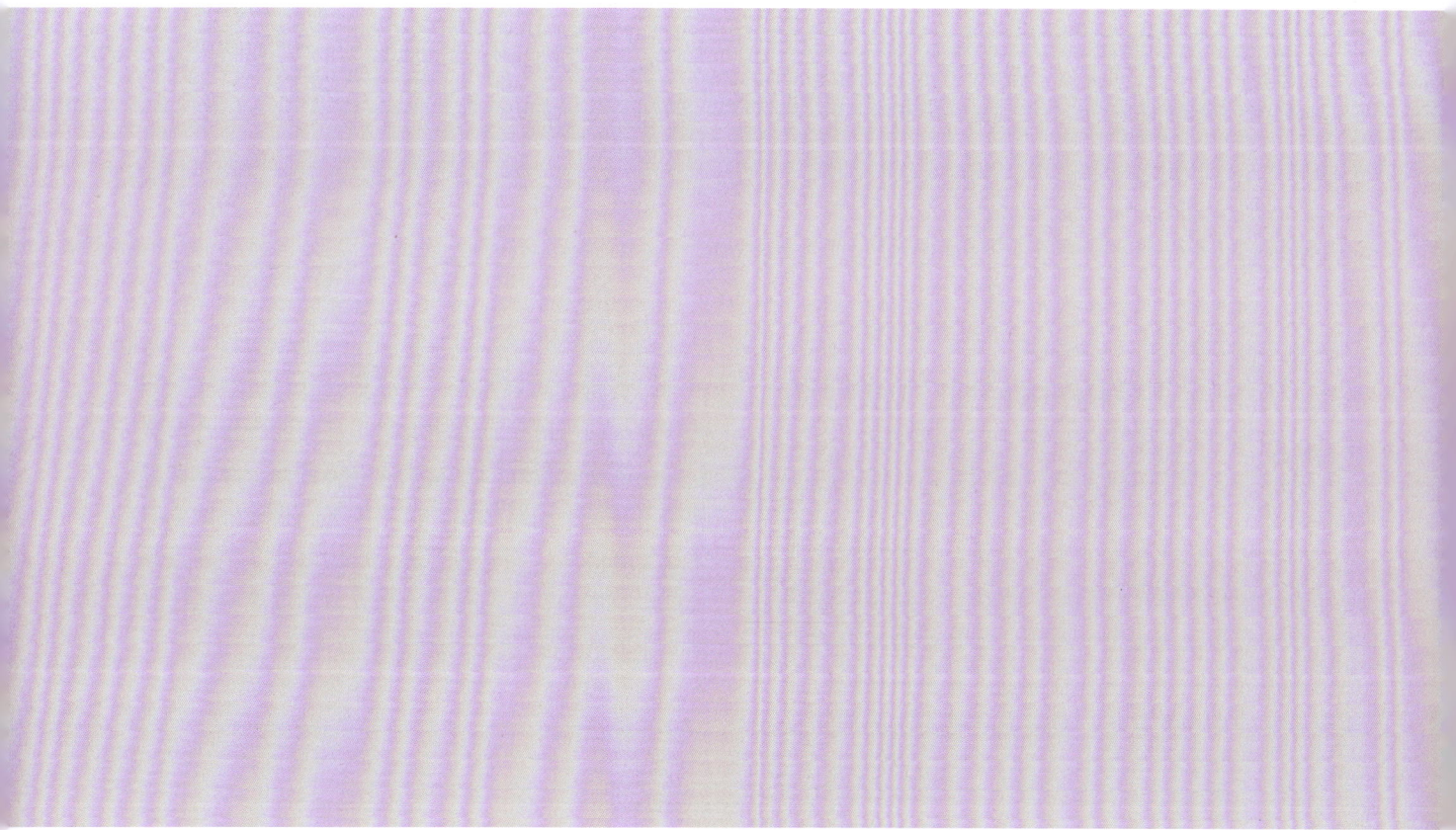

2024/2025 中国纺织工业发展报告
2024/2025 *CHINA TEXTILE INDUSTRY DEVELOPMENT REPORT*

扩内需 · 促转型

构筑纺织现代化产业体系强大内需动力系统

中国纺织工业联合会会长　孙瑞哲

党的二十届三中全会指出，要加快培育完整内需体系，形成有效投资内生增长机制，完善扩大消费长效机制。中央经济工作会议将全方位扩大国内需求作为2025年经济工作的首要任务。作为重要支柱产业和民生产业，满足内需市场，稳固发展基础，激活市场动力，牵引转型升级，是纺织行业高质量发展的主线任务，也是建设纺织现代化产业体系的重要动力引擎。

稳中有进，纺织行业高质量发展取得新成效

2024年是改革之年，新质之年。党的二十届三中全会开启了进一步全面深化改革的时代征程。纺织行业循道而进，与时偕行。面对复杂外部环境，行业坚持稳中求进，扩内需、优结构、提信心、防风险，积极发挥国家系列存量增量政策效能，发展预期持续改善，积极因素持续累积。

根据中国纺联测算，2024年四季度行业综合景气指数为59.5%，连续第8个季度位于荣枯线以上。行业生产形势保持平稳，纺织业、化纤业产能利用率分别为78.5%和85.4%，均高于同期全国水平。2024年全国规上纺织企业工业增加值同比增长4.4%，增速较上年回升5.6个百分点；营业收入同比增长4%，增速较上年回升4.8个百分点；利润总额同比增长7.5%，增速较上年回升0.3个百分点。我国居民人均衣着消费支出同比增长2.8%；限额以上服装、鞋帽、针纺织品类商品零售总额达1.47万亿元，同比增长0.3%；网上穿类商品零售额同比

增长1.5%。2024年，我国纺织品服装出口总额为3011.0亿美元，同比增长2.8%。其中，纺织品出口金额为1419.6亿美元，同比增长5.7%；服装出口金额为1591.4亿美元，同比增长0.3%。行业积极落实大规模设备更新政策要求，2024年纺织业、服装业和化纤业固定资产投资完成额（不含农户）同比分别增长15.6%、18%和4.7%，增速较上年分别加快16个百分点、20.2个百分点和14.5个百分点。

纺织现代产业体系建设迈出坚实步伐。产业规模优势、体系优势不断强化。中国纤维加工总量稳定在6000万吨以上，占世界纤维加工总量50%以上。2020~2024年，纺织服装出口总额连续五年保持在3000亿美元以上。中国服装年产量超700亿件，可为全球每人提供约8.75件衣服。2024年共有5家涉纺企业跻身《财富》世界500强，14家上榜《财富》中国500强，35家入选中国民营企业500强。专精特新企业持续涌现，蓬勃发展。围绕科技、时尚、绿色发展新质生产力，纺织行业在集约发展、融合创新中实现价值延展和重构。

创新引领，产业更加高端。新技术、新材料、新产品持续涌现，对战略产业、未来产业形成有力支撑。高性能纤维、高端装备、高端产业用纺织品自给率持续提升。合纤单体原料、绿色染料、助剂、油剂等大面积实现自主技术突破和进口替代。

数实融合，产业更有智慧。从工业互联网到柔性供应链，从智能制造到智慧营销，数字经济推动流程再造，拓展需求场景。人工智能正在重构产业架构和底层基座，"AI+科学""AI+设计"成为新的创新范式。

文化赋能，产业更为自信。国潮正兴，国风正盛。围绕大师、大牌、大事，世界级品牌，设计师品牌快速成长。细分品类加速裂变。场景细化中的生活方式品牌、特色聚焦中的中式美学品牌、科技赋能中的硬核功能品牌崛起。

低碳转型，产业更具担当。以集约化、减量化、低碳化、循环化、清洁化为方向，全产业链加快绿色转型。绿色制造、原液着色、非水介质染色等技术发展。零碳产品、负碳纤维成功出世。社会责任和ESG管理工具、创新实践持续完善。

全球发展，产业更加开放。从产品到品牌、从产能到供应链、从企业到集群，纺织行业进入"新航海时代"。融入"一带一路"建设，更加多元、均衡的纺织贸易格局形成。一批优质中小企业，成为全球供应链的核心供应商。

从"大而全"向"强而韧"的生态跃迁，从"要素驱动"向"创新驱动"的动能转换，从"被动适应"向"主动塑造"的模式升级，行业进入高质量发展阶段，处于跃迁的关键期。态势可喜，但仍存压力。当前外部环境变化带来的不利影响加深，国内需求不足，部分企业生产经营困难，风险隐患较多。统筹当前与长远，全方位扩大国内需求，是党中央深刻洞悉发展大势作出的重大判断，为行业应对现实挑战，打开发展局面，指明方向与路径。

扩大内需是建设纺织现代化产业体系的核心动力和战略支撑

扩大内需不是"权宜之计"，而是长久之策、战略之举。从全球看，以内循环为主体是大国经济的普遍特征，由以外促内转向以内促外，是大国崛起的共同经历。立足内需体系，构筑具有完整性、先进性、安全性现代化产业体系，是应对错综复杂国际环境变化的战略举措，是发挥我国超大规模经济体优势的内在要求，是适应国家发展阶段变化的自然选择。

一、完整性：扩大内需是构筑产业完整体系的战略腹地

市场是引导产业发展方向和规模的关键因素。市场范围决定分工广度和深度。2024年，全国居民人均衣着消费支出达1521元，比2019年增加13.7%，其中农村居民人均衣着支出累计增加35.5%。14亿人口消费升级催生的超大规模市场，不可能完全依靠外部供给来满足，建立完整的产业体系是必由之路。在市场自动调节和创新驱动机制相互作用下，原料、制造、流通、品牌运营各环节得以形成有效联动、有机整体。充分发挥市场规模优势有助于维持必要的产业体量，保持产业链关键环节的根植性；内需市场的梯度差异可以支撑产业在国内的合理分工和有序转移，维护产业生态的稳定性和自主性。

培育完整的内需体系，既能为传统产业改造升级提供空间，也能为新兴产业、未来产业培育创造条件，对于推进供给能力升级与结构调整具有重要意义。产业体系的完整性不仅体现在供给能力的提升上，也体现在响应社会结构的变化上。随着社会变迁、世代更替，市场需求结构、消费习惯偏好正在发生深刻改变。产品价值成为与满足需求相关的全部感知及意象的集合。以情绪价值为核心的悦己消费、体验经济等快速崛起；以参与互动为重点的社群经济、内容经济蓬勃发展。多样多层的市场需求，是形成规模经济和范围经济的有机统一的基础。我国幅员辽阔、区域发展水平存在梯度差异。发展的梯度为产业有序转移承接和不同地区特色化发展提供空间。

二、安全性：扩大内需是保障产业安全发展的战略纵深

百年变局加速演进，国际局势变乱交织。增长持续放缓、不确定性上升成为当前全球经济的显著特征。国际货币基金组织1月预测，未来五年世界经济年均增长率仅为3%左右，较2000~2019年

3.7%的历史平均水平明显偏低，需求不足成为现实挑战。地缘政治、大国博弈深化，单边主义、保护主义蔓延，经济全球化遭遇逆流。2020~2023年，全球贸易干预措施数量超过4700项，显著高于2020年之前的水平。特朗普2.0版贸易政策陆续出台，向墨西哥、加拿大挥动关税大棒；对中国商品加征10%的关税，计划取消小额包裹免税政策；同时宣布对美贸易伙伴征收"对等关税"，给全球贸易进一步带来阴影。在国际采购商多元化采购的背景下，我国产能面临外迁压力，纺织产业供应链分裂和效率流失风险加大。创新体系的割裂化、对抗化也在增强，技术封锁、科技遏制愈演愈烈，行业面临新的安全形势和发展环境。

扩大内需为应对外部不确定性提供战略缓冲，是提升产业链供应链韧性，保障产业发展安全的重要途径。作为全球最大单一市场，我国内需市场纤维消费总量从21世纪初的1000万吨跃升至3700万吨，全球占比提升至31%；人均纤维消费量从7.5千克提升至26千克，与中等发达国家水平趋同，这构筑起产业发展的基座和底盘。一方面，内需市场的稳定为产业发展提供抵御外部冲击的屏障。把内需市场作为产业体系构建的基本点，既能有效应对外部不利因素的波动干扰，又能为科技创新和产业升级提供回旋空间。另一方面，通过扩大内需，提升产业根植性，纺织行业正加快构建安全高效的国际化供应链体系。超大规模市场所形成的资源"虹吸效应"，有力推动国际产能合作，有效防止脱钩断链。

三、先进性：扩大内需是推动产业质态跃迁的战略基石

新质生产力正在推动纺织产业形成新的要素结构和生产函数。科技、时尚、绿色、健康协同演进成为产业发展新的质态。

创新驱动的科技产业。围绕传统产业的高端化升级、前沿技术的产业化落地，纺织行业价值链各环节的科技属性日渐强化。材料创新、工艺创新、装备创新、产品创新、平台创新系统集成。点式突破与链式创新结合，制造基础与应用场景结合，万物可织趋势明显，未来产业成为重要形态。

文化引领的时尚产业。优秀传统文化、当代先进文化的系统性挖掘和时代性转化正形成中国时尚产业的突围路径。国风国潮、新中式审美崛起；数字经济构筑产业空间；人工智能重新定义设计创新范式，社交媒体传递流行趋势，成为打造大师、大牌、大事新的时尚策源地。

责任导向的绿色产业。围绕"降碳、减污、扩绿、增长"，技术创新、市场创新、模式创新协同推进。从能源体系到材料体系，从制造方式到流通模式，从发展战略到管理体系，绿色发展走向纵深，贯穿整个产业链。产品环境信息披露加速环境资产化、责任价值化进程，利益相关方更加多元。

以人为本的健康产业。保障身心健康、社会健康既是全面推进健康中国建设的要求，也是纺织行业发展的重要着力点。作为民生产业和大健康产业的重要组成，行业已经形成覆盖生命健康、职业健康、生活健康的立体化产品供给。服务于生命全周期、健康全过程，产品高端化、功能化、智能化趋势明显。

市场是创新的熔炉。扩大内需通过形成"需求牵引创新—创新创造需求"的增强回路和互促机制，能够在供需动态平衡中持续推动产业创新，激发市场主体的创新活力，加速新技术、新工艺、新产品涌现。

立足内需基座，建设纺织现代化产业体系

2025年是"十四五"规划的收官之年，"十五五"规划的谋划之年。我们要认真落实稳中求进、以进促稳、守正创新、先立后破、系统集成、协同配合的工作要求，将行业认识和行动统一到中

央经济工作会议部署上来。把实施扩大内需战略同深化供给侧结构性改革有机结合，建设纺织现代化产业体系。

一、联动国内与全球，打造供需适配系统

"大力提振消费、提高投资效益，全方位扩大国内需求"是2025年经济工作的首要任务。要充分发挥消费对经济发展的基础性作用、投资对优化供给结构的关键作用，以优质供给创造有效需求，积极推动"两新"政策扩围实施，主动在"两重"建设中找到担当作为。深化市场研究，提升供给对需求的适配性，增品种、提品质、创品牌。发展首发经济、冰雪经济、银发经济、国潮经济，找到新突破口；关注情绪价值、美学价值、体验价值、服务价值，培育新增长点。持续完善展会生态、提升展会能级。推动线上线下融合，强化沉浸式、交互式、立体式渠道建设。将优化投资结构、稳定投资规模作为落实扩内需任务的重要抓手，围绕新质生产力要求，优化存量结构，开辟增量空间。推动行业实施大规模设备更新，引导企业加大技术升级改造投入和自主创新投入。

以国内循环带动国际合作，推动内外贸一体化，促进内需和外需、进口和出口、引进外资和对外投资协调发展。巩固传统市场，拓展中亚、东盟、非洲等新兴市场，打造多元出口格局。用好国际展会等平台，组织企业走向国际，促进交流与合作，稳定外资企业的信心与预期。顺应出海大势，以优质供给深度嵌入国际市场体系。提升全球配置资源能力，通过合资并购整合原料、装备、技术、品牌等优质国际资源，实现全球发展。持续建设国际营销网络、创新贸易业态，对接国际高标准经贸规则，发展跨境电商等新模式。

二、提升质量与效率，打造价值升级系统

聚焦纺织现代化产业体系建设的价值高点，系统推进行业科技、时尚、绿色、健康发展。

打造先进制造体系。持续完善从纤维材料生产、纺织染整加工到终端产品制造的全产业链制造体系。推动制造高端化、智能化、绿色化升级。推进智能生产线、智能车间、智能工厂建设；做好生产过程的污染物管控与综合治理，开发绿色低碳制造技术，发展绿色制造新模式，打造绿色工厂；完善工业互联网、大数据中心等行业新型基础设施，做好"人工智能+"，引导推动产业链架构在"大数据＋大算力＋强算法"之上。

完善产业应用生态。从满足国家战略需要、解决社会痛点、创造美好生活出发，布局产业新赛道，拓展发展新空间。以高性能纤维材料、产业用纺织品为重点，推动产业融入国防建设、生命保障、生态环保、民生改善等关键领域。以万物可织为导向布局未来产业，强化与大健康、生物经济等领域的跨界融合与协同创新。

提升时尚策源能力。增强文化主体性，在传统与现代的时空融合、本土与全球的文化融合、美学与商业的价值融合中，构建具有中国风格的纺织服装时尚体系。发展纺织非遗与新中式美学，推动中华优秀传统文化在纺织服装中的创新性发展和创造性转化。深化流行趋势、生活方式研究，进一步开展全产业链流行趋势研究与发布。把握AI带来的范式之变，掌握流量密码，在传播新生态中构筑文化影响力、时尚话语权。

三、平衡安全与发展，打造风险防控系统

坚持底线思维，做好应对新风险挑战的准备，把发展的基点放在自己力量的基础上。以高质量发展促进高水平安全，以高水平安全保障高质量发展。

保障产业生态稳定。巩固制造基础，强化产业优势。平衡好国内发展和国际转移的关系，增强产业链根植性和完整性。强化产业链关键领域和薄弱环节。以原料保障为重点，优化全球资源配置；稳步推进印染等关键环节的转型升级。以稳企业来稳

预期、稳就业、稳消费。在大中小融通、上下游协同中提升企业的创新能力、发展活力和经营效益。完善公共服务，帮助中小微企业纾困解难。推进诚信体系建设，加强行业自律，努力化解过度内卷问题。深化产融合作，强化与资本市场对接。

防范化解市场风险。行业发展既面临地缘政治变化带来的经贸风险、投资风险，也面临新技术新模式带来的创新叠加风险。要高度关注外部市场的不确定性，应对内外挑战。加强对美国新政府、欧盟新政策的风险预警与形势研判。密切关注新疆棉、关税征收等重大问题，加强风险预警与形势研判，引导行业健康发展。关注人工智能等技术的发展应用，牢固树立数据安全意识，强化对行业关键数据的保护。进一步规范企业海外经营行为、加强合规管理，支持中国企业海外维权，保障产业正当利益。

四、统筹当前与长远，打造创新动力系统

坚持系统观念，推进科技教育人才一体发展，提升创新整体效能。探索新型举国体制，加强基础研究和关键核心技术攻关。深化科教融汇、产教融合。推动科技创新力量体系化、协同化发展，加强跨领域、跨国界合作。以培养新质生产力为方向，围绕战新产业、未来产业完善学科体系；以职业教育、高等教育、继续教育协同为重点，完善现代教育体系。推动建设创新型、技能型、领军型产业工人队伍。加强青年科技人才、卓越工程师、优秀设计师等培养、选树与激励工作。

坚持市场导向，加速创新成果应用转化。持续扩大纺织行业创新投入，完善协同创新体系。加快推动纤维新材料、天然纤维高附加值精深加工、绿色印染及高档面料加工、全流程智能制造等关键技术研发创新。围绕产业关键领域加快建设一批概念验证、中试熟化平台、技术转移中心，推动新技术新产品新场景大规模应用，加强企业主导的产学研深度融合。拓宽资金渠道，吸引更多耐心资本、大胆资本，促进产学研成果转化应用。强化知识产权保护，推动标准体系建设。打造专业化、集成化科技服务体系。

五、聚焦特色与优势，打造空间协同系统

要因地制宜，优化布局。用好国家区域战略，充分发挥政策叠加效应，在要素集聚、优势集成、产业集约中构建特色鲜明、优势互补的产业格局。推动东部地区产业加快转型升级，鼓励产业集群扩大投入，完善升级检验检测、教育培训、一站式中心等公共服务机构。引导和支持中西部省地区有序承接纺织产业转移。中部省份着重投资完善产业体系，构建内需辐射型和湾区联动型发展格局；西部地区以绿色纤维、绿色能源、绿色加工为投入主线，打造新疆、北部湾经济区等"一带一路"对外开放桥头堡。探索构建跨行政区产业合作发展新机制，促进产业资源在区域间有序流动、高效配置。针对性开展园区、集群深度对接活动，推动沿江合作、跨省协同，促进东、中、西、东北地区产业协作。

要做强特色，集约发展。统筹新型城镇化和乡村全面振兴，在城乡融合中做强集群经济，实现产业升级、人口集聚、城镇发展的良性互动。挖掘特色资源、民族资源、非遗资源，建链、延链、补链，推动兴业、强县、富民一体发展；围绕现代化都市圈加快打造世界级纺织产业集群。把发展先进制造业集群摆到更加突出位置，统筹推进产业改造升级和新兴产业培育壮大，推动集群高端化、智能化、绿色化转型。围绕大健康、低空经济、海洋经济等新领域发展配套产业集群。在专业化、差异化、特色化上下功夫，真正将资源优势转化为产业优势。

（本文根据孙瑞哲会长在中纺圆桌第十九届年会上的主题演讲整理）

人工智能（AI）在纺织服装产业品牌渠道与终端消费领域的应用

中国纺织工业联合会副会长　杨兆华

麦肯锡报告显示，AI正在巩固其在塑造未来时尚行业的关键地位，未来三到五年内，AI技术预计将为服装、时尚和奢侈品行业增加1500亿~2750亿美元的运营利润。AI技术飞速发展的同时，正在驱动纺织服装产业以消费需求为核心导向，赋能品牌渠道建设，升级消费者体验。

AI在品牌渠道与终端消费领域的创新场景应用

一、基于生成式AI赋能内容营销

2023年被誉为"生成式AI元年"。据工业和信息化部测算，2023年我国生成式AI及人工智能生成内容（AIGC）市场规模约为14.4万亿元，2035年将突破30万亿元，在全球占比超过35%。据美国市场研究机构（Market.us）报告，超过70%的时尚品牌计划使用生成式AI创建个性化营销材料、产品描述和社交媒体内容。

（一）生成式AI应用于营销的方式与效果

一是AI文生文。拥有强大的自然语言处理能力，可根据用户输入的关键词或主题，迅速理解并生成符合不同平台风格的营销文案，包括社交媒体、广告横幅、电子邮件等领域。

二是AI图片生成。能根据关键词和产品信息，自动生成符合品牌形象的创意性营销图片，进一步提升营销的视觉吸引力。

三是AI视频编辑器。能够基于已有素材，智能生成符合品牌个性化需求的推广视频，精准传达品牌信息。

（二）AI生成内容赋能营销的优势

一是效率与速度。AI能够在短时间内生成大量的文案、广告语、社交媒体帖子等，快速响应市场需求和热点，提高营销内容的产出效率。

二是个性化与精准度。基于大数据分析和用户画像，AI能够为不同目标受众生成高度个性化的营销内容，精准匹配用户的兴趣和需求。

三是成本效益。AI能够降低人力成本，提高资源利用效率。

二、基于元宇宙技术催生虚拟营销

元宇宙已经从概念走向前台，并已实现从技术驱动到资本介入再到政策支持的转换。2023年8月，工信部等五部门印发《元宇宙产业创新发展三年行动计划（2023—2025年）》，推动元宇宙技术成为数字经济重要增长极。泰伯智库预测，到2030年，中国元宇宙市场规模将达8500亿元。

元宇宙时代的虚拟营销方式主要包括以下三种。

一是数字人虚拟主播。虚拟主播具有低投入、高产出、续航久的优势，省去真人主播、场地与设备。

二是 AI 智能客服。借助自然语言处理技术，为客户实时提供即时解答与精准回应，提高品牌响应速度与服务质量，有效增强客户满意度与忠诚度。

三是虚拟展播场景。元宇宙技术不仅可以带来丰富多维的视觉感受、更多元化的互动形式，更加符合年轻人的审美取向，还可更精准地寻找目标用户，提升品牌传播力度。

三、通过自主定制实现个性化消费体验

有数据统计，全球服装定制平台市场规模已超过 1000 亿美元，并以每年 10% 的速度增长。其中，中国市场规模增长迅速，成为全球最大的服装定制平台市场之一。面对如此庞大的市场空间，AI 个性化自主定制模式通过实现准确测量尺寸、推荐风格喜好、提供创意灵感三方面功能，让消费者在自主便捷购物的同时，感受创作乐趣，以此拥抱 AI 时代下的"设计平权"。

四、通过虚拟测款打造便捷化消费体验

虚拟试穿结合人工智能、增强现实（AR）、图像处理和 3D 建模等技术，提供无须亲自试穿、现场购买，即可查看纺织品服装穿着、家用效果的便捷方式。市场调研公司（Expert Market Research）的数据显示，全球虚拟试衣间市场预计将从 2023 年的 62.4 亿美元增长到 2032 年的 283.5 亿美元，2024~2032 年复合年增长率为 18.3%。

五、借助用户画像进行消费需求精准预测

AI 技术能够通过数据挖掘分析，多维度构建用户画像，借助人工智能大模型，即具有超大规模参数和数据的深度学习模型，自我学习、迁移学习，实现多种复杂任务和功能，有别于传统的"销售数据分析 + 市场调研 + 客户反馈"消费需求预测模式，大大提升了消费需求预测的时效性和精准度。

主要应用场景：一是通过数据挖掘分析构建用户画像，通过实时追踪收集消费者的浏览、点击、购买行为、社交媒体互动等多维度数据，构建精细用户画像，洞察客户需求、偏好及潜在需求；二是通过个性化推荐提升购买转化率，基于用户历史行为和实时偏好，智能推荐符合其兴趣的商品或服务，提供个性化的商品推荐和购物体验。

六、借助数据模型支撑供应链高效管理

AI 通过大数据分析和预测模型，能够精准预测原材料需求，优化库存水平，减少过剩与短缺风险，降低成本并提高运营效率，突破了传统供应链管理中存在的预测准确性不足、反应速度慢、库存不平衡、成本控制难，以及信息传递不畅、决策过程烦琐等局限性。主要应用包括以下三方面。

一是通过数据分析实现精准供给。利用大数据和机器学习技术，分析历史销售数据、市场趋势、季节性变化等，更为准确预测需求。

二是实时监控库存实现智能补货。实时监控库存水平，并根据预测的销售数据自动下达补货订单，确保库存始终处于最佳水平，提高补货效率。

三是分析脱货滞销优化库存结构。更有效管理退货，识别退货原因，帮助改进产品设计或供应链管理，减少退货率；自动识别滞销和过期库存，提供清理建议。

AI 在品牌渠道与终端消费领域应用面临的挑战

尽管 AI 在品牌渠道与终端消费领域的应用前景广阔，但在实际应用过程中仍面临诸多难点和挑战。

一、用户体验

在品牌渠道与终端消费领域，AI技术的应用需确保用户在整个购物过程中感受到无缝、便捷且个性化的体验。然而，目前AI系统可能因算法优化不足或设计缺陷，导致推荐内容不精准、交互界面复杂或响应速度慢，进而影响用户的满意度和忠诚度。因此，如何持续提升AI系统的智能化水平和用户友好性，成为亟待解决的问题。

二、数据完整性

AI在品牌渠道与终端消费领域的应用高度依赖于数据，包括用户行为数据、交易数据、市场趋势等。然而，数据的完整性和准确性直接影响到AI决策的精准度和效果。数据缺失、错误或不一致可能导致AI推荐系统产生偏差，甚至误导用户。确保数据的完整性、准确性和实时性，是AI在品牌渠道与终端消费领域应用中的一大挑战。

三、人的学习能力和分析能力

信息与数据处在极速发展的过程中，人的学习能力和分析能力有限，可能无法迅速掌握新技术、新算法或新趋势，从而影响AI在品牌渠道与终端消费领域的应用效果。培养一支具备高度学习能力和数据分析能力的人才团队，是品牌渠道与终端消费领域应用AI的重要挑战。

四、数据隐私

在纺织服装品牌领域，数据隐私与安全问题尤为重要，因为涉及大量关于消费者偏好、身体尺寸、购买历史等敏感信息。AI技术的运行依赖于大量数据的收集与处理，但如何确保这些数据的安全性、防止数据泄露成为品牌方必须面对的问题。需要建立完善的数据安全管理体系，加强数据加密、访问控制等措施，确保数据在传输、存储、处理过程中的安全性。

AI在品牌渠道与终端消费领域应用的发展趋势

一、全渠道供应链的数智化协同不断加速

在AI、大数据、云计算、物联网等技术的推动下，服装品牌的全渠道供应链将实现数智化协同，极大提升运营效率和响应速度。AI技术通过深度学习和数据分析，能够更加精准预测市场需求，指导供应链各环节进行灵活调整；大数据技术则能收集并整合来自线上线下、各渠道的海量数据，为品牌决策提供全面支持；云计算提供了强大的数据处理和存储能力，确保数据的高效流通与共享；物联网技术使供应链中的各个环节紧密相连，实现实时监控和智能调度。这些技术的融合应用，将加快全渠道供应链数智化协同，实现透明化、智能化和高效化。

二、线上线下渠道的融合发展不断强化

AI赋能下的服装品牌，将更加注重线上线下的融合发展，为消费者提供更加便捷、个性化的购物体验。线上平台利用大数据和AI技术，精准推送个性化商品信息和优惠活动，吸引消费者关注并促成交易。线下门店则通过引入AR、VR等技术，提升消费者的沉浸式购物体验。同时，线上线下将实现无缝对接，消费者可以在线上浏览商品、下单购买，再到线下门店试穿、提货或退换货。这种融合发展的模式，不仅提升了消费者的购物体验，也将促进品牌销售的增长。

三、时尚零售的新业态不断形成

随着 AI 的不断发展，服装行业将涌现更多新业态。例如，基于大数据分析的个性化定制服务将越来越普及，消费者可以根据自己的需求和喜好，定制独一无二的服装产品；智能零售和无人店等新兴业态也将逐渐兴起，通过自动化和智能化的手段降低人力成本，提升运营效率；基于物联网技术的智能仓储和物流系统也将得到广泛应用，实现库存的精准管理和快速配送。这些新业态的形成，都将进一步推动服装品牌渠道的升级和变革。

据美国咨询机构（Grand View Research）发布，2023 年全球人工智能市场规模预计为 1966 亿美元，2024~2030 年复合年增长率预计达 36.6%，未来十年将增长 13 倍以上。未来 AI 与品牌之间将实现从浅表的"应用共创"到深度的"机体共生"。AI 也将大大扩展品牌的知觉，成为品牌打通、融合、再造物理世界与虚拟世界的"标配"。"工欲善其事必先利其器"，品牌企业及相关服务环节都要加强运用 AI 的各类工具语言，自我进化，自我迭代，与时代同频，共享科技红利。

人工智能（AI）在纺织行业生产领域的应用

中国纺织工业联合会信息化部

近些年来，随着新一代信息技术的应用与发展，AI逐步应用于纺织行业生产领域，为纺织行业的生产方式、发展模式和产业生态带来了重大影响。加快AI在纺织行业生产领域的发展，是推动纺织行业实现高质量发展的重要途径。本文认为，推动AI应用的关键是做好"3+1"模式（数据、算力、场景算法＋人才）的应用。

纺织行业生产领域AI发展现状

AI在纺织行业生产领域的应用仍处于初级阶段。因AI系统需要大量的数据、算力、算法等资源支撑，现阶段纺织行业仅少数企业在进行尝试，大部分企业仍以自动化、数字化、网络化改造为主。在生产领域的应用主要在设计、工艺优化、质量检测、智能物流、产品数字化等方面，需要持续完善和推广。

一、AI在棉纺织行业生产领域的应用现状

AI在棉纺织行业生产领域的应用仍在尝试中，主要应用在异纤分拣机、布面疵点检测等设备以及产品质量在线监测、自动排产、智能配棉、能效管理、智能物流等系统。根据行业AI应用突出企业反馈，目前企业最先进生产线具备全工序自动化、全流程质量监控管理、设备健康管理、能耗管理、车间最优运营等功能，较常规生产线生产效率提高38%，能源利用率提高21%，用工节约80%，万锭用工在10人左右。

二、AI在印染行业生产领域的应用现状

AI在印染行业生产领域目前的应用场景较少，只有少数企业尝试使用智能验布系统、AI图案与风格设计。智能验布系统，用于印染布成品检验。将机器视觉与AI技术融合应用，采用AI深度学习技术自动生成疵点检测模型，实现对印染面料疵点智能化检测。但目前该技术还不够成熟，应用效果还有待进一步优化，尚未能在行业中大面积推广应用。AI图案与风格设计，主要用于印花面料花型设计和面料开发。能够模仿设计师的创作构思，快速呈现设计作品，极大地推动了面料花型设计的快速发展，满足消费者对个性化、定制化的消费需求。

三、AI在服装行业生产领域的应用现状

AI在服装行业生产领域的应用逐渐深入，过去，传统服装制造以批量化生产和传统管理模式为主，在满足当下市场渠道多样和消费者需求多变等方面具有较大的提升空间。智能化改变了服装行业的生产效率和提升快速反应的生产能力，生成式AI的应用可实现订单款式设计、自动板型工艺处理、自动计划产前、生产过程调度全流程的效率提升及深度协同，力求更高效、更精准快速满足消费者不断更新迭代的消费需求。据咨询公司预测，到2026年，超过80%的技术产品将集成某种形式的AI技术。在服装智能制造领域，生成式AI技术已全面深入的介入服装生产各个环节，使得设计研发、生产与供应链管理、精准营销和可持续发展等领域实现更高层次的自动化和智能化；到2035年，在生成式AI的

推动下，制造业数字化率将突破85%；到2055年，中国生成式AI技术基本实现对各行业的数字化转型，数字化率将达100%。

AI在纺织行业生产领域应用的典型场景

一、配棉数字化

配棉是棉纺企业非常重要的一道工序。因原棉在性能上呈现的多样性和差异性，配棉工作需了解原棉库存情况、物理性能、质量连续性和稳定性，计算量大，容易出现错误。配棉工作面临的问题越来越复杂，多数企业依赖配棉师的经验完成，难以实现配棉高效、精准，直接影响企业用棉成本。AI+数字配棉利用数字技术的系统配棉可极大提高工作效率，减少人为经验造成的质量波动，有效降低接批前后平均等级差异波动，在减少配棉成本的同时，保障产品质量稳定性。有企业数据表明，通过系统自动化配棉后，同种产品，用棉等级平均能够下降0.5级左右，配棉接替前后平均等级差异降低0.1级。但是需要关注的是影响到产品质量波动的各类因素都需要建立数据模型，除了配棉模型外，还需要建立执行工艺标准与跟踪记录、纺专配件损耗数据跟踪、温湿度环境信息跟踪、员工状态跟踪等，真正实现智慧配棉还需要长时间的研究和积累。

二、纺纱协同制造

面对纺纱企业人工巡检效率低、纱线质量控制较为被动，管理上较为粗放、招工难、缺少支撑平台等问题，基于纱厂小批量多品种、顾客需求多样化的特点，无锡物联网创新中心研制纺纱工业互联网协同制造管理创新平台解决纺纱行业痛点问题，自研的"磁电"+"光电"传感器，实时监测锭子运动状态，甄别出断纱等问题。粗纱停喂，及时自动化触发停喂动作，减少粗纱浪费以及胶辊缠绕问题。

智能小车快速引导挡车工作业，提高巡检效率，采集全流程设备数据，部署大数据平台，实现全方位监控和数据分析。纺纱的数字化赋能有助于企业生产精益化、管理透明化、决策数字化，为企业降本提质增效。

三、智能纺丝检测

面对纺丝人工检测存在的检测时间长、检测效率低、易疲劳、用工难的问题，福建恒申集团通过外观视觉检测系统解决产品外观检测难题，提高产品合格率和效率。该系统运用机器视觉设备代替人眼完成检测、测量和判断，实现产品毛丝、绊丝、网丝、成型不良、油污、纸管破损等一体化外观检测；检测时间由之前人工检测一车48锭丝饼需要5分钟提升到每锭2.5秒，整车2分钟即可完成检测，效率提升2.5倍，准确率由人工的96%提升至99%。

四、瑕疵检测

面对织造企业人工检测招工难、漏检率高、原料浪费多的问题，特别是经编花边花型更换频繁、瑕疵种类多、面料具有弹性的检测难点问题，福建东龙针纺有限公司应用AI瑕疵检测技术，快速高效检测出蕾丝花边瑕疵，有效提高生产效率。通过对生产机台进行技术改造（增加相机成像及管理系统、图像采集及预处理系统），部署5G网络，开发面料算法、异常识别等模型，运用AI训练等云服务，实现织造过程检测、坯布瑕疵检测、印染布瑕疵检测、成品布瑕疵检测等。

在检测效果和人力成本上，AI+智能瑕疵检测均具有很大优势，能够有效提高品质合格率和产品竞争力、减少原料浪费和补损率、节省人力成本。同时，东龙针纺地处福州长乐区，该地区拥有众多纺织厂，且从事花边工艺制造的厂家也较多，瑕疵检测技术的应用，可复制性强，投入成本不高，对其他企业有快速复制推广的作用。

五、智慧印染

面对印染企业在生产过程中普遍存在的运行效率低、能耗高以及管理方式较为粗放等痛点，并结合当前市场小批量、多品种的变化趋势，杭州天富德泰信息技术有限公司成功研发了印染智造系统。系统全面覆盖了从染布、染纱、染棉到染成衣，再到印花与织染一体化的全过程，实现了生产过程的全面数字化管理。

通过构建集成化的ERP管理系统，加强了企业在计划排产、质量控制、设备管理等核心业务方面的能力，实现了业务流程的优化和信息的实时共享；建立了MES系统，实现了对定型机等关键设备的实时监控和精细化管理；采集染缸等设备的能耗数据，对能耗进行精准计量和考核，有针对性地采取措施减少能源浪费。

六、服装生产智能化

服装行业作为具有市场化程度高、中小微企业占比较大、劳动密集型等特点的工业门类之一，近年来面临着综合成本高、市场竞争加剧、数字化智能化转型亟待提升等挑战。AI技术正在参与服装设计、生产、供应链、销售全流程环节，大致可以分为数字人分身、研发技术管理、计划排产管理、设备物联、智能生产管理、视觉质量检测管理决策五个领域。

通过集成生成式AI，可在生产运营管理过程中发挥精准灵活的分析决策功能，增进企业理解和运用大数据的能力，促进管理层至执行层各阶段的智能化。此外，生成式AI还改变了传统依赖非结构化数据的工作流程，打通了部门的信息壁垒，使得信息传递更加高效、透明，确保操作的流畅性。实时查询和播报生产运营数据，提供管理层精准快速决策，实现数据可视化呈现，提升决策效率和系统友好性交互体验。

AI在纺织行业生产领域应用存在的问题和关键因素

一、AI在纺织行业生产领域应用存在的问题

近年来，虽然AI在纺织行业生产领域取得了初步应用，为纺织行业带来了前所未有的发展机遇和挑战，但在进一步做好人工智能在生产领域的应用中仍面临诸多挑战和问题。

在企业层面，大多数企业尚处于数字化转型阶段，管理数字化、设备智能化基础较为薄弱。同时由于人才短缺、资金困难等多方面困境，距离实现人工智能应用还有较大差距；在行业层面，数据在纺织行业内部分散保留，缺乏有效的跨界数据共享和积累，缺少一套对于行业生产领域关键数据广泛认可的数据标准和注释协议，缺乏系统化、大规模的数据收集机制，限制了AI模型的训练效果和精度，限制了AI在行业的进一步应用。

二、AI在纺织行业生产领域发展的关键因素

基于AI发展面临的挑战和问题，应结合行业特点，抓住AI发展的关键因素，才能做好人工智能在行业内的推广和应用。应提升企业数据采集、整合和处理能力，夯实AI应用的基础；应识别AI生产领域典型应用场景，结合纺织生产制造特定需求和逻辑的创新算法，同行业内优质资源合作，共同推动；应通过云计算资源共享来优化算力使用，探索算力共享模型，共同承担成本；应多方共同培养了解AI、纺织业务的人才，提供人才培养的渠道。同时，数字孪生技术的应用和发展，持续推动AI在纺织行业的应用。基于数字孪生的智能工厂逐步尝试应用，在全生产要素采集和计划调度、生产管理等方面发挥重要作用。因此，应紧紧围绕数据是基础、算法是关键、算力是保障、人才是支撑的这一模式，从企业的能力、效

益这一本质出发，持续深入的在行业内进行推广和应用。

加快 AI 在纺织行业生产领域应用的建议

近年来，AI 在纺织行业的应用效果初显，应继续保持这一良好发展势头，在典型应用场景、关键技术、人才培养等方面持续推进。

一、深化纺织行业生产领域典型应用场景

加快研究并应用纺织行业生产领域生产优化、智慧检测、供应链管理、智能仓储物流、产品追踪、智慧营销等先进技术方案，培育一批集智能设计、生产、管理为一体的纺织智能工厂，在行业内大规模复制推广，发挥 AI 标杆企业的示范引领作用。

二、加快突破一批关键核心技术

依托纺织行业龙头企业、优质服务商和科研院所推动人工智能关键共性技术研究以及智能部件、装备、系统研发。开发适用于纺织行业智慧配棉、智慧染色等解决方案的应用，加快突破智能控制与优化、数据采集与分析、故障诊断与维护等一批核心技术，夯实纺织行业 AI 硬件和软件基础。

三、加强复合型人才培养

充分发挥行业协会作用，整合产、学、研、用各方资源，推动构建纺织行业人工智能"复合型人才"培养体系。建立在岗学习进修通道，打造具有自主发展力的企业人才梯队。积极引入并发挥相关产业联盟、科研机构、服务商的作用，组织举办各类专题培训。

（撰稿人：殷强）

助眠消费需求下家用纺织品发展趋势研究

中国家用纺织品行业协会

当前，睡眠健康已成为我国消费者的重要关注点和消费"新增长点"，也是我国家用纺织品行业发展的重要趋势之一。中国家用纺织品行业协会和中国睡眠研究会携手院校、研究机构、寝具企业以及国内头部电商平台，共同推出《2025助眠力洞察报告》（以下简称《报告》），旨在以我国居民助眠需求为锚点，以助眠力改善路径为主线，以产品解决案例为落脚点，围绕科技、材料、设计等创新角度，助力大众睡眠质量综合提升。《报告》在深度分析我国居民睡眠消费趋势基础上，开创性引入"助眠力"概念，对影响消费者睡眠质量的近体环境因素和卧室环境因素等进行多维度诠释，总结和梳理提升睡眠质量的产品改善策略，通过睡眠知识科普等形式，对消费者在被褥、床垫、枕头等家纺产品购买，优化睡眠环境以及助眠产品选择等方面提出科学建议。本文基于《2025助眠力洞察报告》调查，提出我国居民主要存在的睡眠改善、节律优化、高效睡眠、健康管理等四大助眠需求，围绕数智转型、交互体验、健康美学、场景定制等角度，提出了家纺产品今后发展的趋势方向。

我国居民助眠消费趋势调查分析

一、调查样本基本情况

中国家用纺织品行业协会、中国睡眠研究会与天猫、淘宝头部平台合作，采用分层随机抽样法，对2024年期间搜索过"助眠"及其相关衍生词的300万~500万线上用户，开展我国居民助眠消费趋势调查。本次调查共计回收2583份样本，其中有效样本数量为2500份。

从年龄结构来看，24岁及以下的年轻人群占比为15%；25~34岁的泛年轻人群占比为60%，35~39岁的中年人群占比为15%；40岁及以上的大龄人群占比为10%。

从家庭结构来看，有60%的受访者为已育群体；其余40%涵盖单身、恋爱、未育及备孕阶段的用户，各占比约10%。

从职业分布来看，受访者的职业类型以办公室白领为主，同时涵盖学生、自由职业者、家庭主妇/夫、教育培训从业者和医疗救护人员等多元化群体。

二、助眠需求分析

（一）助眠需求

根据调查结果，我国居民的助眠需求主要集中于以下四类：睡眠障碍与质量改善需求、生物钟调整与节律优化需求、睡眠不足与高效睡眠需求、睡眠健康管理与卓越状态需求。具体来看，具有睡眠障碍的人群仍是主要构成，占比达到43%，是助眠需求的核心来源。同时，节律紊乱和睡眠不足等睡眠问题人群的需求呈增长趋势，合计占比已超过50%。此外，一个新的趋势逐渐显现：部分高质睡眠追求用户为追求更高效的表现，开始关注助眠解决方案。随着大众对睡眠重要性的认知不断提升，助眠领域的用户结构呈现多元化发展趋势（图1）。

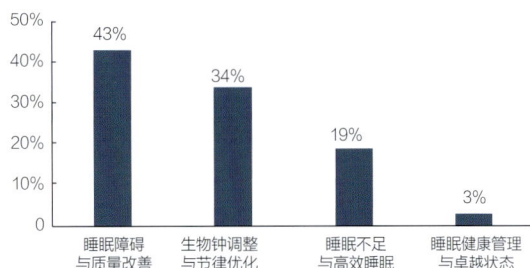

图1 消费者细分助眠需求一览

资料来源：天猫新品创新中心TMIC

（二）细分睡眠改善偏好

从助眠需求人群的睡眠改善偏好来看，"增强睡眠深度"（65%）和"加快入睡速度"（55%）是消费者的主要关注点，反映了睡眠质量和入睡效率在助眠需求中的核心地位；其次，"提高睡眠延续性"（39%）、"延长睡眠时间"（31%）和"改善生物钟"（31%）也占据一定比重，表明部分人群对夜间睡眠的稳定性和节律调节有较高需求；而"促进快速恢复"（30%）和"改善日间觉醒状态"（22%）则作为细分需求，主要集中于特定人群对睡眠功能优化的关注。总体而言，助眠需求表现出以提高睡眠质量为核心，同时向多元化、细分化发展的趋势（图2）。

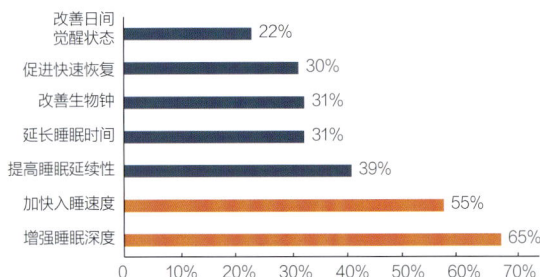

图2 助眠需求人群睡眠改善偏好

资料来源：天猫新品创新中心TMIC

（三）消费者助眠改善策略及产品选择

根据调查情况，当前我国消费者改善睡眠主要通过睡眠寝具、环境改善和安神助眠三种方式，其中以与家用纺织品行业密切相关的睡眠寝具更换居于主导。调查数据显示，更换睡眠寝具以78%的偏好率居首位，反映出其在改善睡眠中的核心作用；其次，气味助眠（60%）和保健品/营养品助眠（54%）的高偏好率表明，消费者对感官舒适和营养补充的重视正逐步增强；同时，睡眠环境光线管理（49%）和按摩助眠（43%）也占据重要地位，凸显了环境调节和身体放松在助眠中的价值；相比之下，控制睡眠环境噪声（34%）、声音助眠（19%）、空气质量优化（17%）和温湿度控制（17%）的关注度相对较低，但仍然是部分特定消费者的核心需求。整体而言，助眠策略的偏好不仅集中于核心睡眠改善工具，还逐渐向多元化、精细化方向拓展，反映了人群对睡眠质量提升的全方位需求（图3）。

图3 助眠需求人群的助眠策略选择偏好

资料来源：天猫新品创新中心TMIC

在不同助眠策略下，消费者会选购对应产品以实现助眠目标。根据天猫淘宝平台消费大数据，在多元化助眠策略下，消费者高热度购买的助眠类产品主要包括以下8大类（表1）。

表1 消费者高热度购买助眠产品品类

品类	商品
睡眠寝具类	包含枕头、床垫、被芯、床品套件等各种消费者必备的寝具产品。近年来，随着新材质、新技术的发展，记忆绵枕（TGI:800）、记忆绵床垫（TGI:500）、智能床垫（TGI:500）等产品受到助眠消费者的追捧
气味安神类	近年来，较受消费者欢迎的产品主要为一些环境香氛类产品，如香薰蜡烛、香薰精油、香薰机（以上品类TGI≥400）等；同时，还有一些创新的产品形态出现，如可以直接用于皮肤的助眠身体喷雾（TGI:800）
保健品安神类	主要产品类型为调节神经系统兴奋性的内服性保健品和营养品，其中最热门的产品为认知度较高的褪黑素（TGI:1000）；同时，中式养生热潮也推动了酸枣仁（TGI:1000）这类草本天然的助眠营养品的热销
光线管理类	主要产品类型为营造黑暗光环境的遮光家居日用品，除了较为普及的遮光眼罩（TGI:550）外，目前还衍生出遮光窗帘、遮光床幔（TGI:350）等新趋势产品。此外，一些具备唤醒功能的蓝光类产品也开始受到消费者的关注
按摩安神类	主要产品类型为针对用户全身不同部位的按摩器材，这些按摩器材主要是针对用户的眼、足、颈椎、头等部位进行按摩舒缓放松，如冰敷/热敷眼罩（TGI:600）、眼部按摩器（TGI:550）、头部按摩器（TGI: 500）、蒸汽眼罩（TGI: 450）、颈椎按摩器/枕（TGI: 400）、足浴器（TGI:350）
噪声控制类	消费者目前不光会购买隔音耳塞（TGI:550）、睡眠耳机（TGI:800），同时也会考虑在装修阶段安装隔音棉主材（TGI:260），提升墙壁隔音效果
声音安神类	主要是一些可以帮助掩盖环境中的干扰声，播放经过优化的助眠噪声产品，如白噪声睡眠仪（TGI:1000）
空气质量及温湿度类	主要是一些可以对睡眠环境的空气质量、环境温度、环境湿度进行主动管理的小家电，如加湿器（TGI:350）、空气净化器（TGI:400）等

注 人群体量=300万~500万，基于天猫策略中心获得的消费者2024年网购行为分析。

TGI：偏好度指数，与整体人群对比偏好度，大于100指偏好度高，小于100指无显著偏好。

计算逻辑：TGI=目标人群的选择占比/整体人群的选择占比×100。

资料来源：根据天猫、淘宝相关消费数据测算

三、寝具产品助眠消费趋势分析

从助眠需求人群的寝具产品选购调研数据来看，枕头、床垫、被芯、床品套件都是消费者在实现助眠诉求时重要的寝具类型，它们共同构成了一个完整且舒适的近体睡眠环境。每种寝具在帮助消费者提高睡眠质量、改善睡眠舒适度上均发挥着不同作用。

（一）枕头

助眠需求人群在选购枕头产品时，核心关注两大要素，一个是枕头对于头颈部的贴合支撑（贴合承托头颈部为74%、不易变形塌陷为41%）；另一个是枕头的舒适睡感（软硬度适中为55%、排湿透气为20%）。同时，随着枕头电气化与智能化的发展，目前已经有两成助眠用户会高度关注助眠

相关的辅助功能。具体来看，按摩、睡眠监测、热敷、睡姿矫正都是较受消费者欢迎的助眠辅助功能（图4、图5）。

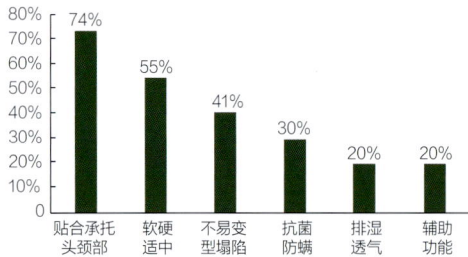

图4　助眠需求人群枕头选购的主要因素

资料来源：根据调查情况整理

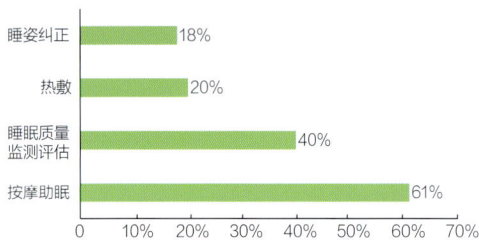

图5　助眠相关辅助功能偏好

资料来源：根据调查情况整理

在枕头产品的类型偏好上，多数用户仍然首选购买舒适性高、材质天然的乳胶枕（46%）。与此同时，释压性能和包裹感更佳的记忆枕（25%）、智能化和功能性更强的功能枕（13%），已经被越来越多的助眠需求用户所接纳和偏好。从天猫淘宝平台的成交数据来看，记忆枕是今年增速最快的细分枕头类型，全年达到53%的高速增长（图6）。

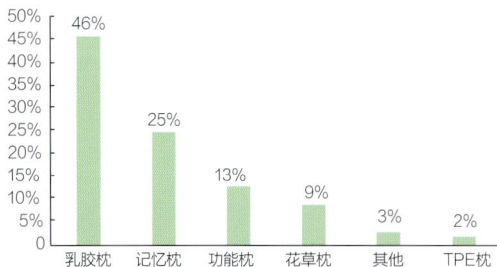

图6　助眠需求人群的枕头首选类型偏好

资料来源：根据调查情况整理

（二）床垫

助眠需求人群在选购床垫产品时，核心关注三大要素，一是舒适的睡感（软硬适中为42%、排湿透气为18%），二是贴合的支撑性（科学护脊为41%、0压贴合为37%），三是床垫的助眠相关辅助功能（34%）。可以发现，用户对于床垫电气化与智能化的接受程度要明显高于枕头产品，他们对于电动/智能床垫可提供的助眠相关辅助功能具备更高的兴趣度。具体来看，智适应调节、按摩放松和睡眠健康管理是较受消费者欢迎的床垫助眠辅助功能（图7、图8）。

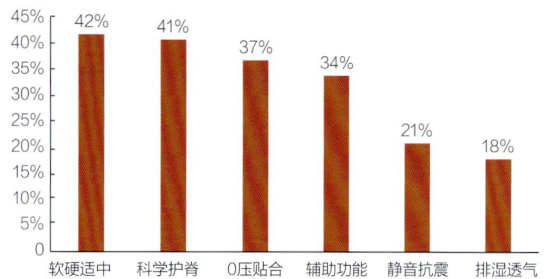

图7　助眠需求人群的床垫首要选购因素

资料来源：根据调查情况整理

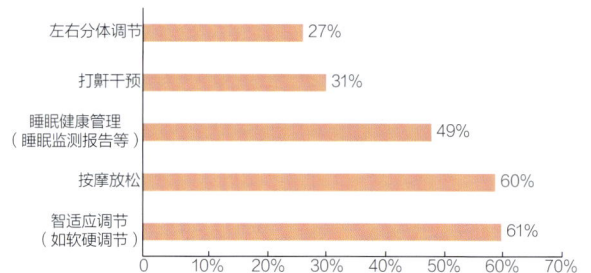

图8　助眠相关辅助功能偏好

资料来源：根据调查情况整理

在床垫记忆产品的类型偏好上，除普及度较高的乳胶床垫外，记忆绵床垫（25%）和智能床垫（15%）成为助眠用户的主要偏好产品类型。其中，记忆绵床垫能分散身体压力，贴合身体曲线，静音效果好，适合需要缓解压力和深度睡眠的用户；智能床垫则通过科技实现个性化调节和健康监测，为用户提供高科技与便捷的睡眠体验。

与此同时，部分用户还存在薄垫叠加使用的需求场景，主要是通过高端舒适材质的叠加来获得星级酒店同款睡感。根据天猫淘宝平台相关成交数据，记忆绵床垫、智能床垫是消费增长最强劲的细分产品类型（图9）。

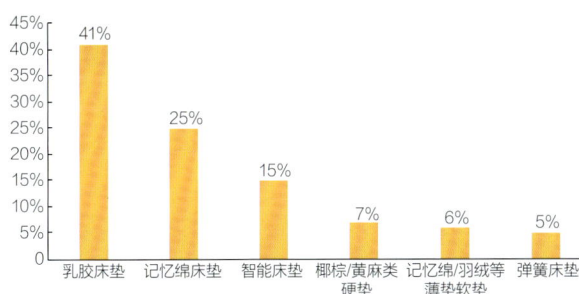

图9　助眠需求人群的床垫首选类型偏好

资料来源：根据调查情况整理

（三）被芯

在选购被芯产品时，助眠需求人群会高度关注产品的睡感与舒适度。具体来看，柔软蓬松（61%）、良好的蓄热保暖（53%）以及排湿透气（37%）是消费者最重要的三大选购决策因素（图10）。

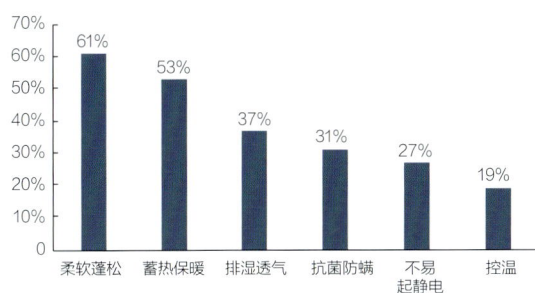

图10　助眠需求人群被芯重要选购因素

资料来源：根据调查情况整理

因此，具备此类特性的蚕丝被（54%）、羽绒被（37%）尽管价格明显更贵，但却受到助眠需求用户的高度追捧。与此同时，从产品趋势来看，助眠重力被（33%）、凉感被（22%）、控温功能被

（16%）等在功能性、季节性上更适配产品类型，目前在天猫淘宝平台内有着强劲的需求增长（图11）。

图11　助眠需求人群被芯的首选类型偏好

资料来源：根据调查情况整理

（四）床品套件

在选购床品套件时，助眠需求人群仍然最关注产品的舒适睡感，如亲肤舒适（77%）。同时，对于产品的温湿度控制需求明显增多，如排湿透气（39%）、蓄热保暖（28%）和凉感/暖感技术（17%）。

消费者在材质上的偏好也可以印证这一消费趋势。一方面，亲肤舒适的纯棉、真丝是最受消费者喜爱的材质类型；另一方面，牛奶绒、冰丝等具备冬暖夏凉特性的材质也受到部分消费者的独特偏爱（图12）。

图12　助眠需求人群的床品套件首选类型偏好

资料来源：根据调查情况整理

四、日间碎片式睡眠习惯衍生多样消费场景

在核心的夜间睡眠场景之外，有九成以上的消

费者还存在工作间隙、学习休息或长途旅行中等日间进行5~30分钟的碎片式睡眠场景。这类日间睡眠场景通常被视为是夜间睡眠不足的一种补偿形式，具有时间短、碎片化的特点，更易融入高强度、快节奏的现代生活。研究表明，适度的日间睡眠能够显著提升认知表现和精力恢复，促进记忆巩固，并在一定程度上缓解压力。但是小睡也宜规律进行，不宜过久过多，白天不能抑制的过多小睡可能意味着身体不健康或影响晚间入眠。

日间碎片式睡眠的空间场景具有高度的多样性。从数据来看，日间碎片式睡眠的场景分布反映了人们在不同空间中的碎片化时间利用特点。以办公室为主的职场环境和居家舒适区为核心场景，而移动化、户外化和特定群体场景则为补充。随着智能设备和舒适性设计的普及，未来可能会出现更多专属碎片式睡眠空间（图13）。

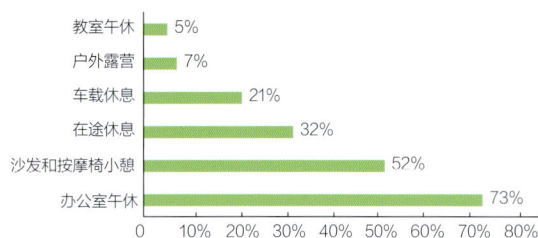

图13 日间碎片式睡眠场景需求洞察
资料来源：根据调查情况整理

（一）办公室午休场景

职场人士在午间利用办公室环境进行短暂休息或睡眠，以缓解高强度工作带来的疲劳，满足快速恢复精力的需求。企业文化对于支持员工午休的接受度逐步提升，使这一场景成为主流。

（二）居家小憩场景

人们日益重视利用碎片化时间进行能量补充，沙发和按摩椅作为家庭中的核心放松区域，自然成为短时睡眠的首选。其独特的空间属性和使用便捷性，完美契合了居家碎片式休息的需求。

（三）在途休息场景

交通工具上的碎片式睡眠也占据了重要比例。长途出行或通勤时间较长时，人们通常会利用座椅、颈枕等辅助工具进入短暂的睡眠状态。这一现象显示了现代生活中"移动化"休息需求的特点。

（四）车载休息场景

这一场景主要源于自驾旅行和长途驾驶的需求。驾驶者在中途停车休息时选择短暂入睡，既是安全的必要措施，也反映了人们对灵活睡眠空间的需求。

（五）新消费场景下日间碎片式助眠寝具消费趋势

从淘宝天猫平台的用户消费数据来看，休闲头枕、折叠床、休闲薄毯和按摩靠垫等产品都是每年有千万级规模消费者购买的符合日间碎片式助眠寝具产品（表2）。

表2 消费者偏好购买的日间碎片式助眠寝具产品

品类	产品定义	溢价卖点	适用场景
休闲头枕	产品形状非常多样，有U型、C型、工字型、中空式和环抱式等，使消费者在趴睡、仰睡和侧睡等状态下保持肩颈的舒适	材质升级（记忆绵、竹炭、凝胶）、功能性升级（降噪、遮光、按摩）是重要溢价趋势	办公室午休、教室午休、旅途中的小憩

续表

品类	产品定义	溢价卖点	适用场景
折叠床	通常是床架+床垫的一体设计，当前产品以海绵填充材质为主，具备可折叠、易收纳、可移动和坐躺多用的特点	结构升级（床架支撑、垫层支撑——带头枕）是当前产品的主要溢价趋势	办公室午休
休闲薄毯	比标准被芯设计得更薄、更轻便的薄毯。午睡毯的材质、尺寸、图案设计和收纳外观设计非常多样	图案设计（IP联名款、原创IP款）、材质升级（蚕丝、山羊绒）、功能升级（抗菌、防水）是重要溢价趋势	居家、办公室、车载或旅途中的小憩场景
按摩靠垫	一种结合了腰部支撑与按摩功能的健康辅助工具，通常用于放松背部、腰部等特定部位的肌肉	材质升级（记忆绵）、功能升级（按摩+热敷多重功能）、技术升级（脉冲技术、气囊技术）是当前产品的主要溢价趋势	居家、办公室、车载的小憩场景

资料来源：根据调查情况整理

助眠产品发展展望

一、智能化与数据驱动：助眠产品迈向动态交互新时代

助眠产品正在从传统静态功能向动态交互方向发展，消费者对"可测量、可优化"的需求强烈。智能枕头、睡眠监测床垫等产品通过数据收集与分析，可为消费者提供个性化解决方案。同时，AI驱动的助眠算法（如调整光线、温度、声音）正在迅速普及，为消费者提供端到端的助眠管理体验。

二、沉浸式交互体验：赋能助眠产品情感与功能并重

助眠产品正从单一功能性向沉浸式体验转型，消费者更加追求助眠过程中的情感共鸣与全面放松。例如，带有香氛功能的智能寝具、可定制的助眠音乐系统等，将科技与情感体验结合，打造沉浸式助眠氛围。未来，情感价值与功能创新的深度融合，将推动助眠产品从"静态工具"向"动态伴侣"转变，满足消费者对身心放松的双重需求。

三、健康化与美学化：助眠产品设计的全新趋势

天然、安全、可持续的材料成为消费者选择助眠产品的重要考量因素。例如，乳胶、竹炭、蚕丝等天然寝具材料备受青睐。同时，助眠产品在外观设计上也日趋美学化，融入家居环境的产品更容易获得市场认可，尤其是年轻一代用户对颜值与功能兼备的需求较高。

四、定制化与场景化：驱动助眠产品精细化升级

助眠产品正在向精准化和定制化升级。通过分析用户的睡眠数据（如身体质量指数、心率、体温等）和生活习惯，品牌可提供个性化解决方案，如专属定制的智能床垫、调节式枕头等。同时，细分人群专属产品（如儿童成长寝具、老年护脊寝具）成为新兴增长点。助眠产品正迈向场景化定制，满足不同人群的多样化需求。

（撰稿人：徐晶鑫　阮航）

2024年纺织行业相关发展政策、信息汇总

2024年纺织行业相关发展政策、信息汇总见表1~表4。

表1　2024年国家工信部发布的促进制造业发展的相关措施

序号	时间	文件名称	部门	文号
1	2024年1月16日	工业和信息化部等九部门关于印发《原材料工业数字化转型工作方案（2024—2026年）》的通知	工业和信息化部 国家发展和改革委员会 财政部 自然资源部 生态环境部 国务院国有资产监督管理委员会 国家市场监督管理总局 中国科学院 中国工程院	工信部联原〔2023〕270号
2	2024年1月16日	两部委关于印发《制造业中试创新发展实施意见》的通知	工业和信息化部 国家发展和改革委员会	工信部联科〔2024〕11号
3	2024年1月18日	工业和信息化部等七部门关于推动未来产业创新发展的实施意见	工业和信息化部 教育部 科学技术部 交通运输部 文化和旅游部 国务院国有资产监督管理委员会 中国科学院	工信部联科〔2024〕12号
4	2024年1月19日	工业和信息化部关于印发工业控制系统网络安全防护指南的通知	工业和信息化部	工信部网安〔2024〕14号
5	2024年1月19日	工业和信息化部关于印发《绿色工厂梯度培育及管理暂行办法》的通知	工业和信息化部	工信部节〔2024〕13号
6	2024年2月4日	工业和信息化部办公厅关于印发工业领域碳达峰碳中和标准体系建设指南的通知	工业和信息化部办公厅	工信厅科〔2024〕7号

续表

序号	时间	文件名称	部门	文号
7	2024年2月5日	工业和信息化部等七部门关于加快推动制造业绿色化发展的指导意见	工业和信息化部 国家发展改革委 财政部 生态环境部 中国人民银行 国务院国资委 市场监管总局	工信部联节〔2024〕26号
8	2024年2月7日	工业和信息化部办公厅关于组织开展2024年度工业节能监察工作的通知	工业和信息化部办公厅	工信厅节函〔2024〕40号
9	2024年2月9日	工业和信息化部办公厅关于组织开展2024年度工业节能诊断服务工作的通知	工业和信息化部	工信部网安〔2024〕14号
10	2024年2月9日	工业和信息化部办公厅关于组织开展2024年度工业节能诊断服务工作的通知	工业和信息化部	工信厅节函〔2024〕45号
11	2024年2月23日	工业和信息化部关于印发《工业领域数据安全能力提升实施方案（2024-2026年）》的通知	工业和信息化部	工信部网安〔2024〕34号
12	2024年3月5日	工业和信息化部等18部门办公厅（室）关于开展2024年"一起益企"中小微企业服务行动的通知	工业和信息化部办公厅 国家发展改革委办公厅 司法部办公厅 财政部办公厅 人力资源社会保障部办公厅 农业农村部办公厅 商务部办公厅 文化和旅游部办公厅 退役军人事务部办公厅 海关总署办公厅 税务总局办公厅 市场监管总局办公厅 金融监管总局办公厅 中国证监会办公厅 国家知识产权局办公室 全国总工会办公厅 全国工商联办公厅 中国贸促会办公室	工信厅联企业〔2024〕16号

续表

序号	时间	文件名称	部门	文号
13	2024年3月27日	工业和信息化部等七部门关于印发推动工业领域设备更新实施方案的通知	工业和信息化部 国家发展改革委 财政部 中国人民银行 税务总局 市场监管总局 金融监管总局	工信部联规〔2024〕53号
14	2024年4月3日	工业和信息化部办公厅关于做好2024年工业和信息化质量工作的通知	工业和信息化部办公厅	工信厅科函〔2024〕113号
15	2024年4月12日	两部门关于开展2024纺织服装优供给促升级活动的通知	工业和信息化部办公厅 商务部办公厅	工信厅联消费函〔2024〕131号
16	2024年4月12日	两部门关于开展2024"三品"全国行活动的通知	工业和信息化部办公厅 商务部办公厅	工信厅联消费函〔2024〕132号
17	2024年4月24日	两部门关于开展"优企进校招才引智"专项行动的通知	工业和信息化部办公厅 教育部办公厅	工信厅联企业〔2024〕23号
18	2024年4月24日	两部门关于开展2024年全国中小企业网上百日招聘高校毕业生活动的通知	工业和信息化部办公厅 教育部办公厅	工信厅联企业〔2024〕22号
19	2024年5月6日	工业和信息化部办公厅关于组织开展2024年工业互联网一体化进园区"百城千园行"活动的通知	工业和信息化部办公厅	工信厅信管函〔2024〕155号
20	2024年5月7日	三部门关于印发《制造业企业供应链管理水平提升指南（试行）》的通知	工业和信息化部办公厅 交通运输部办公厅 商务部办公厅	工信厅联运行〔2024〕25号
21	2024年5月10日	工业和信息化部关于印发《工业和信息化领域数据安全风险评估实施细则（试行）》的通知	工业和信息化部	工信部网安〔2024〕82号
22	2024年5月14日	工业和信息化部办公厅关于印发服务型制造标准体系建设指南的通知	工业和信息化部办公厅	工信厅科〔2024〕32号

续表

序号	时间	文件名称	部门	文号
23	2024年5月15日	中华人民共和国工业和信息化部关于《粘胶纤维行业规范条件（2024版）》及《粘胶纤维企业规范条件公告管理办法》的公告	工业和信息化部	2024年第7号
24	2024年5月16日	四部门关于开展2024年"百场万企"大中小企业融通对接活动的通知	工业和信息化部办公厅 国务院国资委办公厅 国家知识产权局办公室 全国工商联办公厅	工信厅联企业函〔2024〕174号
25	2024年5月20日	工业和信息化部办公厅关于开展2024年全国中小企业服务月活动的通知	工业和信息化部办公厅	工信厅企业函〔2024〕178号
26	2024年5月24日	三部门关于进一步完善首台（套）重大技术装备首批次新材料保险补偿政策的意见	工业和信息化部 财政部 金融监管总局	工信部联重装〔2024〕89号
27	2024年6月5日	四部门关于印发国家人工智能产业综合标准化体系建设指南（2024版）的通知	工业和信息化部 中央网络安全和信息化委员会办公室 国家发展和改革委员会 国家标准化管理委员会	工信部联科〔2024〕113号
28	2024年6月24日	三部门关于2024年度享受增值税加计抵减政策的先进制造业企业名单制定工作有关事项的通知	工业和信息化部办公厅 财政部办公厅 国家税务总局办公厅	工信厅联财函〔2024〕248号
29	2024年7月9日	工业和信息化部办公厅关于印发2024年度国家工业节能诊断服务任务的通知	工业和信息化部办公厅	工信厅节函〔2024〕275号
30	2024年7月17日	三部门关于推动工艺美术行业传承创新发展的指导意见	工业和信息化部 人力资源社会保障部 文化和旅游部	工信部联消费〔2024〕139号
31	2024年7月22日	两部门关于印发物联网标准体系建设指南（2024版）的通知	工业和信息化部 国家标准化管理委员会	工信部联科函〔2024〕206号

续表

序号	时间	文件名称	部门	文号
32	2024年7月29日	中华人民共和国工业和信息化部公告关于发布《工业机器人行业规范条件（2024版）》和《工业机器人行业规范条件管理实施办法（2024版）》的公告	工业和信息化部	２０２４年第20号
33	2024年7月30日	工业和信息化部办公厅关于印发《工业和信息化部主责国家重点研发计划重点专项管理实施细则》的通知	工业和信息化部办公厅	工信厅高新〔2024〕45号
34	2024年8月27日	工业和信息化部办公厅关于做好2024年度中小企业经营管理领军人才培训工作的通知	工业和信息化部办公厅	工信厅企业函〔2024〕333号
35	2024年8月29日	工业和信息化部办公厅关于印发《工业中小企业管理提升指南（试行）》的通知	工业和信息化部办公厅	工信厅企业〔2024〕54号
36	2024年8月29日	工业和信息化部办公厅关于推进移动物联网"万物智联"发展的通知	工业和信息化部办公厅	工信厅通信〔2024〕52号
37	2024年9月2日	工业和信息化部关于印发《首台（套）重大技术装备推广应用指导目录（2024年版）》的通知	工业和信息化部	工信部重装函〔2024〕254号
38	2024年9月3日	工业和信息化部关于印发《中外中小企业合作区管理暂行办法》的通知	工业和信息化部	工信部企业〔2024〕168号
39	2024年9月10日	工业和信息化部办公厅关于加快布局建设制造业中试平台的通知	工业和信息化部办公厅	工信厅科函〔2024〕346号
40	2024年9月4日	工业和信息化部关于印发《国家高新技术产业开发区综合评价指标体系》的通知	工业和信息化部	工信部规〔2024〕169号
41	2024年9月4日	工业和信息化部办公厅关于发布中小企业数字化水平评测指标（2024年版）的通知	工业和信息化部办公厅	工信厅企业〔2024〕56号

续表

序号	时间	文件名称	部门	文号
42	2024年9月16日	两部委关于印发《新材料中试平台建设指南（2024—2027年）》的通知	工业和信息化部 国家发展改革委	工信部联原〔2024〕181号
43	2024年9月19日	工业和信息化部办公厅关于印发《智能制造典型场景参考指引（2024年版）》的通知	工业和信息化部办公厅	工信厅联通装函〔2024〕361号
44	2024年9月29日	工业和信息化部办公厅关于分级打造中国消费名品方阵的通知	工业和信息化部办公厅	工信厅消费函〔2024〕369号
45	2024年10月8日	工业和信息化部关于印发《印染行业绿色低碳发展技术指南（2024版）》的通知	工业和信息化部	工信部消费〔2024〕194号
46	2024年10月11日	工业和信息化部办公厅关于印发《先进安全应急装备推广目录（工业领域2024版）》的通知	工业和信息化部办公厅	工信厅安全函〔2024〕377号
47	2024年10月16日	三部门关于印发《新材料大数据中心总体建设方案》的通知	工业和信息化部 财政部 国家数据局	工信部联原〔2024〕205号
48	2024年10月28日	六部门关于开展2024年度智能工厂梯度培育行动的通知	工业和信息化部办公厅 国家发展改革委办公厅 财政部办公厅 国务院国资委办公厅 市场监管总局办公厅 国家数据局综合司	工信厅联通装函〔2024〕399号
49	2024年10月29日	工业和信息化部关于印发《工业和信息化领域数据安全事件应急预案（试行）》的通知	工业和信息化部	工信部网安〔2024〕214号
50	2024年11月4日	工业和信息化部办公厅关于发布2024年中小企业人才培训"名师优课"优质课程的通知	工业和信息化部办公厅	工信厅企业函〔2024〕407号
51	2024年11月20日	五部门关于开展"一月一链"中小企业融资促进全国行活动的通知	工业和信息化部办公厅 财政部办公厅 中国人民银行办公厅 金融监管总局办公厅 中国证监会办公厅	工信厅联企业函〔2024〕460号

续表

序号	时间	文件名称	部门	文号
52	2024年12月12日	四部门关于发布《中小企业数字化赋能专项行动方案（2025—2027年）》的通知	工业和信息化部 财政部 中国人民银行 金融监管总局	工信部联企业〔2024〕239号
53	2024年12月13日	工业和信息化部生态环境部应急管理部国家标准化管理委员会关于印发《标准提升引领原材料工业优化升级行动方案（2025—2027年）》的通知	工业和信息化部 生态环境部 应急管理部 国家标准化管理委员会	工信部联科〔2024〕235号
54	2024年12月17日	工业和信息化部办公厅关于印发《打造"5G＋工业互联网"512工程升级版实施方案》的通知	工业和信息化部办公厅	工信厅信管函〔2024〕481号
55	2024年12月17日	三部门关于印发《制造业企业数字化转型实施指南》的通知	工业和信息化部 国务院国有资产监督管理委员会 中华全国工商业联合会	工信部联信发〔2024〕241号

表2　2024年国家工信部组织申报的项目

序号	时间	文件名称	部门	文号
1	2024年1月5日	五部门关于认定第五批国家文化和科技融合示范基地的通知	工业和信息化部 中央宣传部 中央网信办 文化和旅游部 国家广播电视总局	工信部联高新〔2023〕266号
2	2024年1月10日	两部门关于组织开展"无废园区""无废企业"典型案例征集工作的通知	工业和信息化部办公厅 生态环境部办公厅 国家发展改革委办公厅 市场监管总局办公厅	工信厅联节函〔2024〕16号

续表

序号	时间	文件名称	部门	文号
3	2024年1月10日	五部门关于组织开展智能制造示范工厂揭榜单位验收工作的通知	工业和信息化部办公厅 国家发展改革委办公厅 财政部办公厅 国务院国资委办公厅 市场监管总局办公厅 国家数据局综合司	工信厅联通装函〔2023〕392号
4	2024年2月28日	工业和信息化部办公厅关于开展2024年印染企业规范公告申报及复核工作的通知	工业和信息化部办公厅	工信厅消费函〔2024〕57号
5	2024年3月11日	工业和信息化部办公厅关于开展2024年循环再利用化学纤维（涤纶）企业规范公告申报及自查工作的通知	工业和信息化部办公厅	工信厅消费函〔2024〕77号
6	2024年4月8日	工业和信息化部办公厅关于组织推荐2024年度中小企业特色产业集群的通知	工业和信息化部办公厅	工信厅企业函〔2024〕122号
7	2024年5月16日	工业和信息化部办公厅关于组织开展2024年老年用品产品推广目录申报工作的通知	工业和信息化部办公厅	工信厅消费函〔2024〕170号
8	2024年6月12日	工业和信息化部办公厅关于组织开展2024年度大企业"发榜"中小企业"揭榜"工作的通知	工业和信息化部办公厅	工信厅企业函〔2024〕221号
9	2024年6月12日	工业和信息化部办公厅关于开展国家自主创新示范区发展改革情况评估工作的通知	工业和信息化部办公厅	工信厅规函〔2024〕219号
10	2024年6月13日	四部门关于组织开展2024年重点用水企业、园区水效领跑者遴选工作的通知	工业和信息化部办公厅 水利部办公厅 国家发展改革委办公厅 市场监管总局办公厅	工信厅联节函〔2024〕225号
11	2024年6月24日	三部门关于开展2024年制造业人才支持计划申报推荐工作的通知	工业和信息化部办公厅 财政部办公厅 国务院国资委办公厅	工信厅联人〔2024〕38号
12	2024年6月25日	工业和信息化部办公厅关于开展2024年度科技型中小企业评价工作的通知	工业和信息化部办公厅	工信厅企业函〔2024〕244号

续表

序号	时间	文件名称	部门	文号
13	2024年6月28日	工业和信息化部办公厅关于开展2024年工业和信息化百项团体标准应用推广典型案例遴选工作的通知	工业和信息化部办公厅	工信厅科函〔2024〕257号
14	2024年7月1日	工业和信息化部办公厅关于开展2024年中小企业人才培训"名师优课"征集遴选工作的通知	工业和信息化部办公厅	工信厅企业函〔2024〕260号
15	2024年7月5日	工业和信息化部办公厅关于开展2024年粘胶纤维企业公告申报工作的通知	工业和信息化部办公厅	工信厅消费函〔2024〕269号
16	2024年7月15日	工业和信息化部办公厅关于开展2024年工业废水循环利用典型案例征集工作的通知	工业和信息化部办公厅	工信厅节函〔2024〕280号
17	2024年7月29日	工业和信息化部办公厅关于组织开展人工智能赋能新型工业化典型应用案例征集工作的通知	工业和信息化部办公厅	工信厅科函〔2024〕301号
18	2024年7月29日	工业和信息化部办公厅关于组织开展化纤油剂企业"揭榜"工作的通知	工业和信息化部办公厅	工信厅消费函〔2024〕299号
19	2024年7月29日	工业和信息化部办公厅关于组织开展2024年物联网赋能行业发展典型案例征集工作的通知	工业和信息化部办公厅	工厅科〔2024〕300号
20	2024年7月31日	工业和信息化部关于发布国家重点研发计划"高性能制造技术与重大装备"等16个重点专项2024年度项目申报指南的通知	工业和信息化部	工信部高新函〔2024〕224号
21	2024年8月14日	工业和信息化部办公厅关于开展2024年度制造业数字化转型典型案例征集工作的通知	工业和信息化部办公厅	工信厅规函〔2024〕316号
22	2024年8月20日	工业和信息化部办公厅关于组织开展2024年城市制造业高质量发展实践案例征集的通知	工业和信息化部办公厅	工信厅运行函〔2024〕326号

续表

序号	时间	文件名称	部门	文号
23	2024年8月23日	工业和信息化部办公厅关于组织开展2024年工业领域数据要素应用场景征集工作的通知	工业和信息化部办公厅	工信厅信发函〔2024〕331号
24	2024年8月26日	工业和信息化部办公厅关于开展2024年制造业单项冠军企业遴选认定和复核评价工作的通知	工业和信息化部办公厅	工信厅政法函〔2024〕328号
25	2024年8月26日	两部门关于征集2024年度智能体育典型案例的通知	工业和信息化部办公厅国家体育总局办公厅	工信厅联电子函〔2024〕330号
26	2024年8月28日	三部门关于组织开展2024年智慧健康养老产品及服务推广目录申报工作的通知	工业和信息化部办公厅民政部办公厅国家卫生健康委办公厅	工信厅联电子函〔2024〕334号
27	2024年8月29日	工业和信息化部办公厅关于组织开展2024年"5G+工业互联网"融合应用先导区试点工作的通知	工业和信息化部办公厅	工信厅信管函〔2024〕336号
28	2024年9月11日	四部门关于征集重点工业产品碳足迹核算规则标准研究课题的通知	工业和信息化部办公厅生态环境部办公厅国家发展改革委办公厅市场监管总局办公厅	工信厅联节函〔2024〕347号
29	2024年9月22日	工业和信息化部办公厅关于征集先进计算赋能新质生产力典型应用案例的通知	工业和信息化部办公厅	工信厅电子函〔2024〕368号
30	2024年9月22日	工业和信息化部办公厅关于组织开展工业产品质量控制和技术评价实验室评估复核工作的通知	工业和信息化部办公厅	工信厅科函〔2024〕359号
31	2024年9月23日	工业和信息化部办公厅关于组织开展2024年度质量提升与品牌建设典型案例遴选工作的通知	工业和信息化部办公厅	工信厅科函〔2024〕362号
32	2024年10月14日	工业和信息化部办公厅关于开展2024年工业机器人行业规范公告申报工作的通知	工业和信息化部办公厅	工信厅通装函〔2024〕379号

续表

序号	时间	文件名称	部门	文号
33	2024年10月14日	工业和信息化部办公厅关于做好第六批产业技术基础公共服务平台申报工作的通知	工业和信息化部办公厅	工信厅科函〔2024〕378号
34	2024年10月21日	工业和信息化部办公厅关于组织开展2024年实体经济和数字经济深度融合典型案例征集工作的通知	工业和信息化部办公厅	工信厅信发函〔2024〕387号
35	2024年10月21日	两部门关于开展2024年度智能制造系统解决方案"揭榜挂帅"申报工作的通知	工业和信息化部办公厅市场监管总局办公厅	工信厅联通装函〔2024〕392号
36	2024年10月28日	工业和信息化部办公厅关于组织开展首台（套）重大技术装备保险补偿项目申报工作的通知	工业和信息化部办公厅	工信厅重装函〔2024〕400号
37	2024年11月28日	工业和信息化部办公厅关于组织开展2024年未来产业创新发展优秀典型案例征集工作的通知	工业和信息化部办公厅	工信厅高新函〔2024〕450号
38	2024年12月11日	工业和信息化部办公厅关于组织开展2024年首批次新材料保险补偿资格审定工作的通知	工业和信息化部办公厅	工信厅原函〔2024〕473号

表3 2024年国家工信部发布的纺织行业所获支持的项目

序号	时间	文件名称	部门	文号
1	2024年1月8日	工业和信息化部关于公布2023年消费品工业"三品"战略示范城市名单的通告	工业和信息化部	工信部消费函〔2024〕5号
2	2024年1月12日	工业和信息化部关于公布2023年国家技术创新示范企业名单和国家技术创新示范企业复核评价结果的通知	工业和信息化部	工信部科函〔2024〕7号

续表

序号	时间	文件名称	部门	文号
3	2024年1月22日	两部门关于公布2023年度智能制造系统解决方案揭榜挂帅项目名单的通知	工业和信息化部办公厅市场监管总局办公厅	工信厅联通装函〔2024〕18号
4	2024年2月6日	工业和信息化部办公厅关于公布全国工业领域电力需求侧管理前七批示范企业（园区）名单及前五批参考产品（技术）目录的通知	工业和信息化部办公厅	工信厅运行函〔2024〕37号
5	2024年3月13日	工业和信息化部办公厅关于公布2023年工业互联网试点示范项目名单的通知	工业和信息化部办公厅	工信厅信管函〔2024〕81号
6	2024年6月12日	中华人民共和国工业和信息化部中华人民共和国国家发展和改革委员会国家市场监督管理总局关于发布30个行业能效"领跑者"企业名单的公告	工业和信息化部国家发展和改革委员会国家市场监督管理总局	2024年第13号
7	2024年7月5日	中华人民共和国工业和信息化部关于发布行业标准的公告	工业和信息化部	2024年第18号
8	2024年7月11日	中华人民共和国工业和信息化部公告关于复审和废止部分行业标准的公告	工业和信息化部	2024年第17号
9	2024年8月14日	工业和信息化部办公厅关于印发2024年第三批行业标准制修订计划的通知	工业和信息化部办公厅	工信厅科函〔2024〕317号
10	2024年8月19日	工业和信息化部办公厅关于公布2024年安全应急装备应用推广典型案例名单的通知	工业和信息化部办公厅	工信厅安全函〔2024〕324号
11	2024年9月14日	工业和信息化部办公厅关于印发2024年第四批行业标准制修订计划的通知	工业和信息化部办公厅	工信厅科函〔2024〕352号
12	2024年9月19日	工业和信息化部关于2024年度中小企业特色产业集群名单的通告	工业和信息化部	工信部企业函〔2024〕267号

续表

序号	时间	文件名称	部门	文号
13	2024年9月25日	工业和信息化部关于公布《2024年老年用品产品推广目录》的通告	工业和信息化部	工信部消费函〔2024〕275号
14	2024年9月29日	中华人民共和国工业和信息化部关于符合《印染行业规范条件（2023版）》企业名单（第一批）的公告	工业和信息化部	2024年第26号
15	2024年10月22日	工业和信息化部关于公布第六批国家工业遗产及通过复核的第一批、第二批国家工业遗产名单的通知	工业和信息化部	工信部政法函〔2024〕301号
16	2024年10月24日	中华人民共和国工业和信息化部关于批准《制造业企业质量管理能力评估规范》等761项行业标准公告	工业和信息化部	2024年第28号
17	2024年11月5日	中华人民共和国工业和信息化部关于《符合环保装备制造业规范条件企业名单（2024年版）》的公告	工业和信息化部	2024年第30号
18	2024年11月25日	工业和信息化部办公厅关于印发《2024年5G工厂名录》的通知	工业和信息化部办公厅	工信厅信管函〔2024〕445号
19	2024年12月6日	工业和信息化部关于公布2024年国家先进制造业集群名单的通知	工业和信息化部	工信部规函〔2024〕372号
20	2024年12月6日	工业和信息化部办公厅关于公布2024年先进计算赋能新质生产力典型应用案例名单的通知	工业和信息化部办公厅	工信厅电子函〔2024〕466号
21	2024年12月9日	关于公布2024年工业废水循环利用典型案例名单的通知	工业和信息化部办公厅	工信厅节函〔2024〕469号
22	2024年12月12日	中华人民共和国工业和信息化部关于符合《循环再利用化学纤维（涤纶）行业规范条件》企业名单（第二批）的公告	工业和信息化部	2024年第41号

续表

序号	时间	文件名称	部门	文号
23	2024年12月16日	工业和信息化部办公厅关于公布《全国工业领域电力需求侧管理典型案例（2024年）》的通知	工业和信息化部办公厅	工信厅运行函〔2024〕479号
24	2024年12月20日	中华人民共和国工业和信息化部水利部国家发展改革委市场监管总局关于确定82家具备引领示范和典型带动效应的水效领跑者企业和园区的公告	工业和信息化部 水利部 国家发展改革委 市场监管总局	2024年第44号
25	2024年12月24日	中华人民共和国工业和信息化部关于符合《粘胶纤维行业规范条件（2024版）》企业名单（第一批）的公告	工业和信息化部	2024年第47号
26	2024年12月26日	工业和信息化部办公厅市场监管总局办公厅关于公布2024年度智能制造系统解决方案"揭榜挂帅"项目名单的通知	工业和信息化部办公厅 市场监管总局办公厅	工信厅联通装函〔2024〕494号

表4 2024年国家发改委发布的促进制造业发展的相关政策

序号	时间	文件名称	部门	文号
1	2024年1月18日	国家发展改革委办公厅市场监管总局办公厅关于一步做好信用修复协同联动工作的通知	国家发展改革委办公厅 市场监管总局办公厅	发改办财金〔2024〕33号
2	2024年1月29日	国家发展改革委等部门关于发布《重点用能产品设备能效先进水平、节能水平和准入水平（2024年版）》	国家发展改革委 工业和信息化部 财政部 住房城乡建设部 市场监管总局 国家能源局	发改环资规〔2024〕127号

序号	时间	文件名称	部门	文号
3	2024年2月2日	关于印发《绿色低碳转型产业指导目录(2024年版)》的通知	国家发展改革委 工业和信息化部 自然资源部 生态环境部 住房城乡建设部 交通运输部 中国人民银行 金融监管总局 中国证监会 国家能源局	发改环资〔2024〕165号
4	2024年3月2日	关于建立全国政府和社会资本合作项目信息系统的通知	国家发展改革委办公厅	发改办投资〔2024〕151号
5	2024年3月17日	关于印发《节能降碳中央预算内投资专项管理办法》的通知	国家发展改革委	发改环资规〔2024〕338号
6	2024年3月17日	国家发展改革委关于印发《污染治理中央预算内投资专项管理办法》的通知	国家发展改革委	发改环资规〔2024〕337号
7	2024年3月22日	关于印发《重点流域水环境综合治理中央预算内投资专项管理办法》的通知	国家发展改革委	发改区域规〔2024〕352号
8	2024年3月22日	国家发展改革委等部门关于修订印发《文化保护传承利用工程实施方案》的通知	国家发展改革委 中央宣传部 住房城乡建设部 文化和旅游部 广电总局 国家林草局 国家文物局	发改社会〔2024〕374号
9	2024年3月25日	中华人民共和国国家发展和改革委员会 中华人民共和国工业和信息化部 中华人民共和国住房和城乡建设部 中华人民共和国交通运输部 中华人民共和国水利部 中华人民共和国农业农村部 中华人民共和国商务部 国家市场监督管理总局令 公布实施《招标投标领域公平竞争审查规则》	—	第16号

续表

序号	时间	文件名称	部门	文号
10	2024年4月30日	关于深入开展重点用能单位能效诊断的通知	国家发展改革委办公厅	发改办环资〔2024〕395号
11	2024年5月13日	国家发展改革委办公厅等关于做好2024年降成本重点工作的通知	国家发展改革委办公厅 工业和信息化部办公厅 财政部办公厅 人民银行办公厅	发改办运行〔2024〕428号
12	2024年5月20日	国家发展改革委办公厅关于印发《2024—2025年社会信用体系建设行动计划》的通知	国家发展改革委办公厅	发改办财金〔2024〕451号
13	2024年6月11日	关于组织推荐绿色技术的通知	国家发展改革委办公厅 科技部办公厅 工业和信息化部办公厅 自然资源部办公厅 生态环境部办公厅 住房城乡建设部办公厅 国务院国资委办公厅 国家能源局综合司	发改办环资〔2024〕528号
14	2024年6月11日	国家发展改革委办公厅住房城乡建设部办公厅关于开展污水处理绿色低碳标杆厂遴选工作的通知	国家发展改革委办公厅 住房城乡建设部办公厅	发改办环资〔2024〕531号
15	2024年6月13日	国家发展改革委等部门印发《关于打造消费新场景培育消费新增长点的措施》的通知	国家发展改革委 农业农村部 商务部 文化和旅游部 市场监管总局	发改就业〔2024〕840号
16	2024年6月19日	国家发展改革委办公厅金融监管总局办公厅关于进一步提升融资信用服务平台服务质效深入推进"信易贷"工作的通知	国家发展改革委办公厅 金融监管总局办公厅	发改办财金〔2024〕548号
17	2024年7月3日	国家发展改革委等部门关于印发《数据中心绿色低碳发展专项行动计划》的通知	国家发展改革委 工业和信息化部 国家能源局 国家数据局	发改环资〔2024〕970号

续表

序号	时间	文件名称	部门	文号
18	2024年7月14日	关于进一步强化碳达峰碳中和标准计量体系建设行动方案(2024—2025年)的通知	国家发展改革委 市场监管总局 生态环境部	发改环资〔2024〕1046号
19	2024年7月24日	国家发展改革委财政部印发《关于加力支持大规模设备更新和消费品以旧换新的若干措施》的通知	国家发展改革委 财政部	发改环资〔2024〕1104号
20	2024年7月26日	关于2024年棉花关税配额外优惠关税税率进口配额申请有关事项的公告	国家发展改革委	2024年第2号
21	2024年8月16日	国家发展改革委办公厅等关于建立促进民间投资资金和要素保障工作机制的通知	国家发展改革委办公厅 自然资源部办公厅 生态环境部办公厅 金融监管总局办公厅	发改办投资〔2024〕705号
22	2024年9月11日	国家发展改革委办公厅关于组织申报第二批绿色低碳先进技术示范项目的通知	国家发展改革委办公厅	发改办环资〔2024〕759号
23	2024年10月8日	国家发展改革委等部门关于印发《完善碳排放统计核算体系工作方案》的通知	国家发展改革委 生态环境部 国家统计局 工业和信息化部 住房城乡建设部 交通运输部 市场监管总局 国家能源局	发改环资〔2024〕1479号
24	2024年10月18日	国家发展改革委等部门关于大力实施可再生能源替代行动的指导意见	国家发展改革委 工业和信息化部 住房城乡建设部 交通运输部 国家能源局 国家数据局	发改能源〔2024〕1537号
25	2024年9月20日	关于2025年粮食、棉花进口关税配额申请和分配细则的公告	国家发展改革委	2024年第4号

续表

序号	时间	文件名称	部门	文号
26	2024年12月4日	国家发展改革委等部门关于发挥国内贸易信用保险作用助力提高内外贸一体化水平的意见	国家发展改革委 工业和信息化部 财政部 商务部 中国人民银行 金融监管总局 中国证监会	发改财金〔2024〕1731号
27	2024年12月12日	国家发展改革委办公厅关于进一步做好政府和社会资本合作新机制项目规范实施工作的通知	国家发展改革委办公厅	发改办投资〔2024〕1013号
28	2024年12月28日	关于促进数据产业高质量发展的指导意见	国家发展改革委 国家数据局 教育部 财政部 金融监管总局 中国证监会	发改数据〔2024〕1836号

2024/2025 中国纺织工业发展报告

2024/2025 CHINA TEXTILE INDUSTRY DEVELOPMENT REPORT

行业研究

"健康中国"视域下智能纺织品发展趋势

青岛大学

纺织行业作为国民经济支柱产业，正从传统制造向"科技＋健康"的价值链攀升，"科技、时尚、绿色、健康"协同演进，成为纺织产业发展新的质态。以人为本的健康产业，是当前及今后我国纺织行业实现高质量发展的重要组成部分。智能纺织品是一类新型感知外界环境刺激并做出响应的未来技术纺织品，通过集成柔性传感、物联网、生物医用材料等前沿技术，已覆盖健康监测、运动康复、慢病管理等多元场景，正在重构纺织品的健康价值内涵，成为"健康中国"战略的重要技术支撑。

"健康中国"战略下纺织行业新使命

"面向人民生命健康"是新时代的新要求，是尊重和维护人民生命健康的迫切需要。中共中央、国务院印发的《"健康中国2030"规划纲要》明确提出"促进健康与养老、互联网、健身休闲、食品融合，催生健康新产业、新业态、新模式"。智能纺织品通过将传感技术、生物材料与纺织工艺深度融合，不仅打破了传统纺织品的功能边界，更成为构建全民健康监测网络的重要基础设施。

面对"健康中国"战略带来的万亿级市场机遇，纺织行业正加速构建健康服务的全链条生态。高等院校与科研院所走在前，包括东华大学、天津工业大学、青岛大学、武汉纺织大学等纺织特色类高校和清华大学、浙江大学、复旦大学、华中科技大学等科研院校，先后在新型传感纤维/纱线、高性能纤维能源器件、智能穿戴应用等领域取得突破性进展，驱动智能纺织品全链条生态发展。东华大学与安踏

集团共建联合创新研究院，双方共同围绕智能纤维运动装备研发，探索运动场景下的人机交互新应用，为可穿戴应用和发展提供了新范式。产业资本亦加速布局，华为、小米等电子行业巨头近年先后成立柔性电子与可穿戴研究中心，抢占智能可穿戴技术高地。根据百谏方略（DIResearch）研究统计，全球智能纺织品市场规模呈现稳步扩张的态势，2024年全球智能纺织品市场规模达到303.5亿元，先后涌现出韧和科技、翼纺科技、墨现科技、矩侨工业等一大批新兴科技公司。

基于佰腾网数据库，近20年智能纺织领域的专利趋势图（2004~2024年）分析全球创新格局呈现显著分化：中国自2012年起专利数量进入爆发式增长通道，2018年后更是以每年超过30%的增速领跑全球，2021年突破150项大关（图1）。相较之下，美国在2016~2018年间达到约85项的峰值后回落至60项区间，欧洲始终维持在35~45项的技术平台期，韩国则长期在20项基线附近徘徊。通过智能纺织专利分布数据进行分析，中国以56%的优势占据主导地位，印证了我国在智能纤维材料、柔性传感器等核心技术的突破，也反映出产学研协同创新机制的有效运作。因此，中国已从技术追赶者转型为创新引擎，其专利集群效应正在重构全球智能纺织产业的技术版图。

智能纺织品关键技术领域创新图谱

传统纺织工业通过材料科学与智能技术的跨界融合，实现了从纤维到系统的功能跃迁。新型智能

纤维的研发突破（如导电聚合物纤维、石墨烯复合纤维）使织物兼具传感性能与舒适性，心率监测衬衫、呼吸频率检测睡衣等产品的市场化，标志着健康监测从"设备佩戴"向"无感穿戴"的科技转变。从导电纤维/纱线的连续化制备、大面积织物传感阵列设计到智能多场景应用算法与程序开发研究等角度充分绘制智能纺织品关键技术创新图谱，则是未来驱动智能纺织科技进步的关键（图2）。

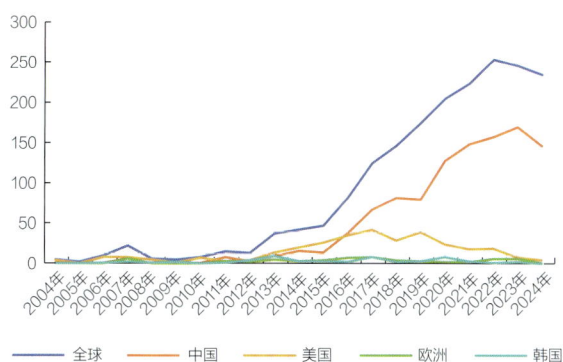

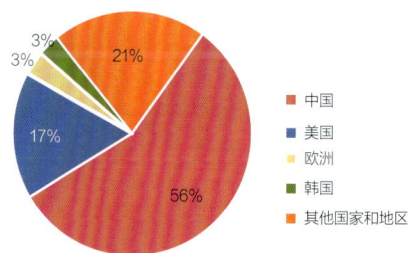

图1 智能纺织品近20年专利申请趋势及专利公开
地区分布图

资料来源：佰腾网

图2 智能纺织品关键技术领域创新图谱设计

资料来源：笔者整理

一、智能电子纤维构筑关键技术

电子纤维是智能纺织品实现电子功能、传感、能量收集、通信和温度调节等关键技术的基础材料，其重要性在于纺织加工性、舒适性、耐久性和多功能性。如何连续制备具有优异传感性能和高弹性的智能电子纤维是应变传感器实现微形变到超形变范围监测的关键。因此，满足可穿戴复杂应用需求的高性能导电纤维/纱线，是智能纺织品主动健康应用突破的核心研发方向之一。

二、柔性电子织物传感技术创新

将智能纺织品与服装、绷带、敷料、床上用品等系列载体材料集成，在与人体接触中捕捉重要的生理状态信息，是其在运动健康、疾病干预与预警等方面应用的核心功能。如何实现复杂穿戴环境下（如剧烈运动、汗液腐蚀、纤维摩擦等）智能织物传感器对不同物理或化学信号的高灵敏、高精度传感，是智能纺织品主动健康应用突破的核心研发方向之二。

三、智能纺织品系统构建关键技术

数据交互与智能系统堪称智能纺织品应用中的"大脑"，传感器件负责将体征等物理变化转化为电信号数据。当前，智能纺织品前端传感功能材料是国际科研热点，而后端智能系统与算法方面的研究则相对薄弱。因此，开发智能纺织品数据交互与智能算法系统是智能纺织品主动健康应用突破的核心研发方向之三。

四、先进智能纺织制造工艺突破

先进纺织制造工艺对智能纺织品的多功能集成、性能提升、可靠性保障、大规模生产非常重要。当前智能纺织品的加工依然属于小规模的量产试验，大面积电子纺织品的一次成型加工依然具有挑战，如何推动电子纺织品大面积纺织加工技术突破，是未来智能纺织品主动健康应用突破的核心研发方向之四。

智能纺织品市场驱动因素分析

一、需求侧爆发

截至2024年底，我国60岁及以上的老年人口达到3.1亿，占总人口的比重为22%（数据来源于国家卫健委数据），中国老龄化进程已进入最快时期（图3）。人口老龄化带来的突出问题是老年相关疾病的高发，据统计，60岁以上老年人中，有三分之二的时间处于带病生存状态。例如，我国潜在糖尿病患者高达5.4亿，未来智能穿戴监测市场容量预计达千亿级。随着我国老年人口持续攀高，未来几年失能老人预计突破5000万，智能护理类产品年均复合增长率达15%。在国家政策引导、老年化大趋势等多因素作用下，智能监测与护理需求将持续爆发，中国大健康市场规模超十万亿元，智能纺织品细分市场将突破1000亿元。

二、供给侧变革

（一）产业链新重构

纺织行业是国家重点关注的民生行业，加快智能纺织品研发与生产的产业链重构，推动智能纺织品的基础材料、纺织加工、产品应用等配套企业和科研院所的协同创新，是持续推进"智能+纺织"政策变革的关键。

（二）政策链新导向

国家科技部、发改委等部门通过"功能性纤维材料"专项累计投入超10亿元资金，重点聚焦柔性传感、智能纤维等核心技术攻关，2025年"两新"政策将智能设备纳入补贴范围，支持高端化、智能化可穿戴的产业化应用。

（三）技术链新突破

智能健康头部企业着力加快推进产业技术融合，华为移动服务（HMS）今年正式组建智慧医疗卫生生态圈，围绕产业链和技术链上的AI科技与智能纺织端口，吹响了纺织科技企业从"配套企业"向"新生态公司"转型的冲锋号。

三、应用场景创新

智能纺织品在医疗健康领域的渗透呈现多维化特征，已可广泛应用在健康监测、康复评估、辅助诊断、健康管理等多场景，被医疗行业称为"软器械"，已有产品被列入国家医疗器械目录，市场需求持续放大（表1、图4）。

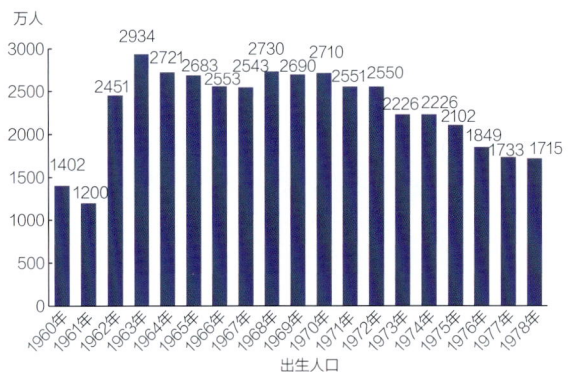

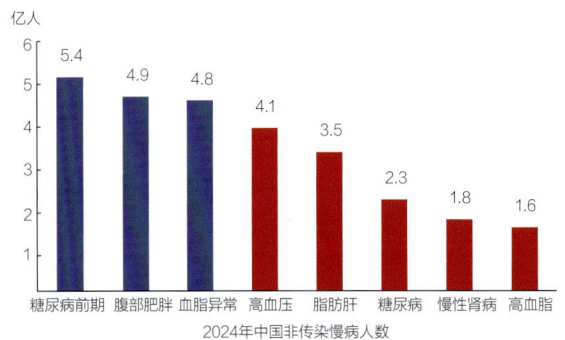

图3 1960~1978年中国出生人口数量及亚健康或疾病前期人群数量情况

资料来源：根据国家卫健委及相关资料整理

表1　智能纺织品医疗健康领域应用场景

应用领域	功能描述	关键技术	典型案例
医疗应用	实时监测与精准干预、慢性病远程管理、术后患者监测、术后康复、癌症治疗辅助	高分辨、高精度生理信号和生化指标传感监测关键技术	心电监测衣、热疗内衣、癫痫监测头带、糖尿病袜、智能绷带
运动健康	肌能优化与损伤预防、专业运动监测、青少年体育、记录运动量、姿势矫正、肌肉状态等	力电疲劳稳定、耐汗渍抗腐蚀及舒适集成关键技术	智能运动服、智能护脊背心、自适应护膝、智能鞋垫、智能护肘
职业健康	心理健康监测、实时监测装备性能、环境危险预警	特种环境及危险信号参数响应关键技术	智能手套、气体检测衬衫、智能降温工作服、辐射防护马甲
智慧养老	个性化护理与防护、尿湿智能监测、监测全身压力分布	无扰监测算法与智能预警关键技术	跌倒监测腰带、呼吸监测衬衫、湿度监测尿布、生命体征检测睡衣、防褥疮床垫
特殊护理	失能护理、自闭症儿童干预、抑郁症患者情绪追踪，辅助治疗实时环境监测与预警	人体特征信号辅助医学机器学习关键技术	情绪监测衣、恒温睡袋、智能腹带、智能康复手套、肌电刺激训练服

资料来源：笔者整理

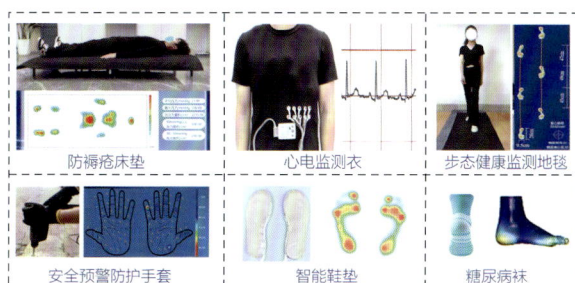

图4　智能纺织品医疗健康领域应用实例

资料来源：笔者整理

（一）医疗应用领域

智能纺织品融合了先进的纺织技术与智能科技，具有无感监测和强化理疗等显著优势，有望大幅提高医疗效率、改善患者舒适度，并实现更高水平的个性化治疗。例如，善行医疗公司开发的智能心电监测衣能够实时追踪心电图、体温和呼吸频率；北京潞河医院与北京工业大学合作研制的智能袜系统利用柔性传感技术监测足底压力分布，为糖尿病

足溃疡高风险患者提供早期预警；清华大学研发的智能绷带有效提升了创面渗出液的管理效率，在动物实验中使伤口愈合率从43.9％提高到70.2％；Neurotex公司推出的癫痫监测头带搭载EEG信号分析算法，可提前30秒预警癫痫发作；ThermoTex热疗内衣则通过靶向温控技术增强化疗药物的渗透效率，使肿瘤缩小率提高20％。

（二）运动健康领域

运动健康是目前可穿戴应用的最大市场之一，智能纺织品集成于运动装备实时监测运动员的生理参数，可提供个性化健康管理和运动建议。以下是一些创新实例：中国科学院宁波材料技术与工程研究所研发的智能护膝具备高精度压力监测和动态支撑调节功能，特别适用于登山、篮球等高强度运动；上海健康医学院开发的一体式智能护脊背心，内置姿态传感器和肌电检测模块，可实时矫正脊柱姿势，有效预防脊柱侧弯；青岛大学研发的智能鞋垫能够实时检测步幅偏差与节奏异常，并通过触觉反馈系统提供动态步态矫正提示；加拿大Hexoskin公司推出的智能运动背心支持心率、呼吸频率及运动强度的实时监测，其精度误差控制在±2次/分钟以内。此外，FlexGuard智能护肘可根据关节屈伸角度实现支撑刚度的自适应调节，调节范围为0~30牛顿/米。

（三）职业健康领域

我国有高达2亿人属于从事接触职业病危害作业的特殊人群（数据来源于国家卫健委）。智能纺织品通过生理参数、环境状态等传感监测，可提供精准的职业健康预警和防护优化方案，推动职业健康监管从被动响应向主动防护升级，保障高危行业从业者的长期健康与生产力。例如，人本国际推出的智能降温马甲可使衣料表面温度比环境温度低10~15℃，从而将户外作业人员的中暑风险降低30%；北京万视达伟业科技研发的智能手套能够捕捉手部关节角度和握力，适用于重复性动作的风险评估；新莱福研制的连体式核辐射防护服能够有效阻挡射线辐射，适用于需要核辐射防护的场景；Healium情绪监测衣集成了多模态生物信号分析系统，实现了压力水平的量化评估，情绪识别准确率超过85%；霍尼韦尔气体检测衬衫搭载了工业级气体传感器阵列，对有害气体的识别准确率超过95%。

（四）居家养老领域

居家养老已成为应对老龄化社会的重要模式，智能纺织品可提供全天候的健康守护和紧急响应服务，推动居家养老模式从基础看护向智慧化、预防性照护转型。苏州衣带保智能有限公司研发的智能防摔腰带能够实时分析老年人的姿态，精准检测跌倒风险，并在必要时触发充气气囊的主动防护系统；深圳作为科技有限公司研发的智能尿布通过检测液体存在，有效提升老年人护理质量，降低尿布疹的发生率；青岛大学研发的智能床垫配备了10000个/平方米传感单元，可实现褥疮风险的动态评估与微环境的自动调节；VitalScout智能衬衫可对呼吸频率与潮气量进行动态监测，测量误差小于4%；Smart Pajamas智能睡衣则持续监测心率、呼吸频率等核心生命体征，使急诊响应时间缩短35%。

（五）特殊护理领域

特殊护理在医疗健康体系中占据着重要地位，而智能纺织品能够提供精准的临床护理支持和辅助康复支持，如在术前监测、术后恢复等关键场景中发挥重要作用。这将推动特殊护理服务从传统的经验型模式向数据驱动的智能化护理模式转型。中国婴童品牌i-baby恒温睡袋采用相变材料与温度反馈控制系统动态调节织物温度（28~32℃），维持婴儿舒适体温区间；物苑智能托腹带结合胎心监护与腹部支撑功能，可实时监测胎心并预警早产风险；中国科学技术大学研发的康复手套融合了传感系统与形状记忆合金驱动，实现手功能障碍患者便携、精准和安全的康复训练；英特尔发布的智能T恤可监测用户情绪波动，追踪抑郁症患者情绪；PowerSuit神经肌肉电刺激训练服通过低频电脉冲增强肌肉激活，脑卒中患者使用4周后，步行速度提升28%。

智能纺织品发展面临的挑战与政策建议

一、技术瓶颈、成本困局与行业壁垒

智能纺织品的主要应用领域是可穿戴设备，但目前仍面临性能精确度有限、生产成本高以及行业标准缺失等诸多挑战（图5）。

（一）技术瓶颈——泛场景下性能稳定应用

柔性传感器的稳定性易受环境湿度和机械拉伸等因素影响，当应变传感器的误差超过15%时，心率监测功能就会失效。在多参数同步监测时，信号干扰问题严重；在能源供应方面，频繁外接充电严重影响用户体验。

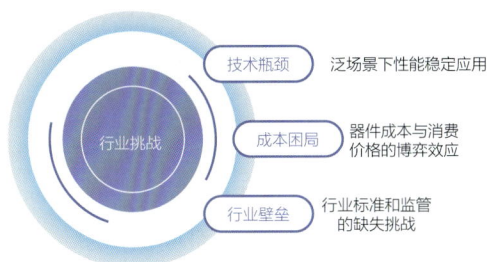

图5　智能纺织品发展面临的挑战

资料来源：笔者整理

（二）成本困局——器件成本与消费价格的博弈效应

传统的纺织工艺与电子制造工艺之间存在价格标准不兼容的问题。例如，一条集成EMG传感器的智能瑜伽裤的生产成本80美元，而普通产品仅需15美元。尽管卷对卷印刷技术成本降低30%，但其投资超过千万美元。

（三）行业壁垒——行业标准和监管的缺失挑战

各国对"纺织品"和"医疗器械"的界定模糊，导致企业面临合规风险，现行标准对智能纺织品的性能参数缺乏明确界定。例如，柔性传感器在血氧监测场景中误差 ±3% 是否合规，尚无统一国际标准可依。

二、以政策赋能智能纺织品产业高质量发展

围绕标准体系建设、临床概念验证、商业模式创新与产业集群培育，支持柔性传感、生物电子等关键技术攻关（图6）。

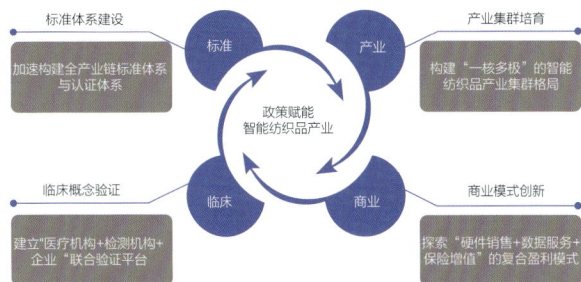

图6　智能纺织品发展面临的政策建议

资料来源：笔者整理

（一）推动标准体系建设

重点围绕生物相容性、数据安全、信号传输精度等7大领域，加速构建全产业链标准体系。中国纺织工业联合会已成立智能纺织品标准化技术委员会，发布《柔性电子织物通用技术要求》等12项团体标准，推动领军企业开展标准应用试点。

（二）推动临床概念验证

打造国家级纺织行业协会、生物医学协会、重点三甲医院及龙头纺织企业联合验证平台，建立涵盖心电监测织物、高血压监测、压力袜等产品的临床研究网络。建设智能纺织品医疗数据溯源系统，加快智能纺织品与健康管理等智能健康类应用的数据可靠性，提高智能纺织品健康可穿戴设备和产品的临床验证效率和质量。

（三）推动商业模式创新

头部企业联合保险投资机构，探索"硬件销售＋数据服务＋保险增值"的复合盈利模式，推动资本投资、产业研发、消费增长的良性循环，实现消费端与产业端的价值闭环。此外，产业端可依托区块链技术建立健康数据确权交易平台，可向体育科研机构、医药企业提供数据服务。

（四）推动产业集群培育

构建"一核多极"的智能纺织品产业集群格局，重点依托长三角、珠三角、山东半岛三大纺织产业集聚区与科技研发核心区，打造"研发设计—材料智造—终端应用"全链条生态圈。

智能纺织品发展展望

在"主动健康"理念的引领下，智能纺织品正以惊人的速度重塑健康管理与智能医疗的新模式。政策支持、技术创新与市场需求的多重协同作用，将共同助力智能纺织品行业发展，迈向更高层次的科技化和普及化。据Global Market Insights预测，到2025年，全球智能纺织品市场规模将突破150亿美元，其中医疗健康领域的占比将超过40%。中国纺织工业联合会的数据显示，国内企业已掌握56%的关键技术专利，并在柔性传感、可穿戴电源等细分领域处于领先地位。作为纺织工业与医疗健康产业融合的典范，智能纺织品正通过技术突破、应用场景拓展以及产业生态重构，为健康中国建设提供深度赋能。随着材料科学、柔性电子和人工智能诊断算法的进一步渗透，预计到2030年，国内智能健康纺织市场规模将突破1500亿元，成为全球健康科技领域的重要增长点。

〔撰稿人：夏东伟　田明伟　王航〕

中国纺织服装行业绿色低碳转型的发展现状与展望

中国纺织工业联合会社会责任办公室

随着应对气候变化成为全球议题与国家战略，中国纺织服装行业价值取向正在从"经济驱动"向"责任协同"转型——世界发达经济体正在制定并实施以"绿色""低碳""循环"为核心的贸易规则，在原材料、产品和供应链等方面对我国纺织出口贸易提出现实要求。气候金融、转型金融持续升温，"气候友好"成为商业决策的重要考量；可持续循环时尚成为全球新消费风向，为中国品牌带来全新增长机遇的同时也带来成本上涨与竞争加剧的双重压力。

中国纺织服装行业是推进碳达峰碳中和的重要领域，其绿色低碳转型对于应对全球规则之变、市场之变，赢得社会认同与金融支持具有重要意义。在此背景下，中国纺织工业联合会（以下简称"中国纺联"）在2017年正式启动"可持续创新先锋"项目，引导行业企业开展应对气候变化工作；并在《建设纺织现代化产业体系行动纲要（2022—2035年）》提出，将通过优化能源消费结构、稳步推进节能低碳转型、推动信息化数字化管理赋能和加强行业应对气候变化试点示范建设，分阶段完成纺织行业"双碳"目标和任务。

纺织服装行业温室气体排放现状

中国纺织服装行业温室气体年排放量在2.2亿吨左右（图1）。行业排放量约占全国排放量的2%，占全国工业排放量的2.7%，与其他行业相比，纺织服装行业整体排放水平不高。据世界资源研究所统计，2019年全球纺织和皮革业排放在2.99亿吨左右，占全球排放量的0.6%，因此，作为全球纺织服装生产和消费核心枢纽，中国纺织服装行业肩负重大使命，其气候行动和进展将极大推动全球时尚行业绿色转型。

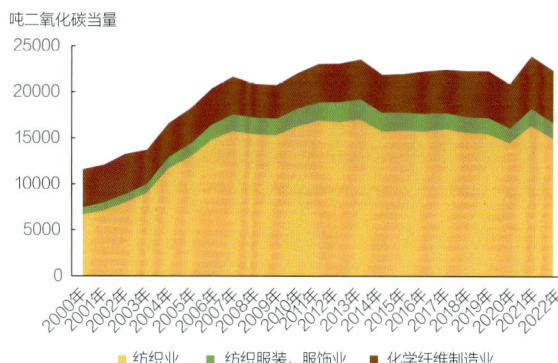

图1　中国纺织服装行业细分行业温室气体排放量
资料来源：国家统计局，中国纺织工业联合会社会责任办公室

从排放来源看，中国纺织服装行业排放主要来自上游的材料制造加工端（包括纺织业和化学纤维制造业），纺织服装、服饰业占比低于10%；从排放强度看，中国纺织服装行业排放强度连年下降，2022年为1.37吨/万元工业增加值，绿色低碳转型成果显著。2005～2022年行业排放强度下降超60%，"十三五"期间共下降13%。2005～2022年，三个子行业温室气体排放强度均呈下降趋势，化学纤维制造业，纺织服装、服饰业以及纺织业排放强度降幅分别为65%、63%和61%（图2）。

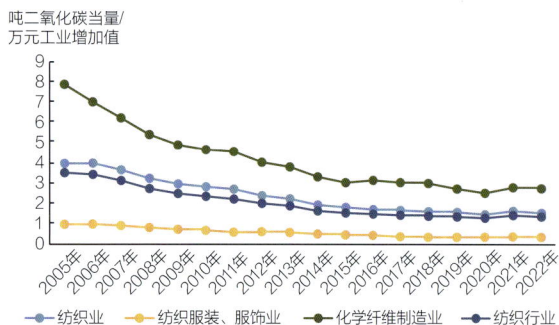

图 2 中国纺织服装行业温室气体排放强度

资料来源：国家统计局，中国纺织工业联合会社会责任办公室

从能源排放结构来看，中国纺织服装行业排放绝大部分来自能源使用，但近年行业能源低碳转型取得突破性进展（图 3）。到2022年，全行业"煤改气""煤改电"取得显著进展，行业煤炭消耗所致排放占比从2005年的35%显著下降至3%，电气化程度不断提高，电力所致排放占比由12%增至62%。

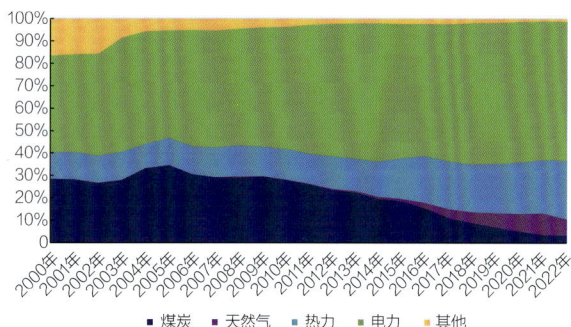

图 3 中国纺织服装行业不同能源消费产生的温室气体排放占比

资料来源：国家统计局，中国纺织工业联合会社会责任办公室

行业绿色低碳转型进展

中国纺联于2005年成立社会责任办公室（以下简称"中国纺联社责办"），致力于建立和完善行业

社会责任公共治理平台，是中国第一个成立国家级社会责任常设机构的行业组织。

围绕"双碳"目标，中国纺联从产业集群端、企业端和产品端切入，围绕基础核算、减排技术、规划与管理、低碳评价、信息披露与标识等板块，通过产业动员、基础设施开发、标准化建设、能力建设等方式，引领和推动行业各相关方参与气候行动、加速绿色低碳转型。

一、产业动员

（一）路线规划与广泛发声

2017年，中国纺联发布"2050年实现零碳产业"的行业气候愿景。为实现这一愿景，中国纺联制定了行业减碳路线图，将2030年前的时间分为三个阶段——自发阶段（2019~2022年）、自主阶段（2023~2025年）和市场化阶段（2026~2030年）。自发阶段是有意识企业先行自发采取减排行动；自主阶段是引导行业大部分企业主动采取减排行动；市场化阶段是指通过碳交易机制等市场化手段实现行业的整体减排。

为推动行业零碳愿景的实现，中国纺联于2017年发起"碳管理创新2020行动"，并于2019年将其升级为"气候创新2030行动"，旨在凝聚各方力量协同推进时尚产业减排目标的实现，为全球气候治理做出产业贡献。

2018年12月，在《联合国气候变化框架公约》第24次缔约方大会（COP 24）上，中国纺联作为缔约支持组织之一，和全球其他42个主要时尚品牌、零售商、供应商组织共同发布了《时尚业气候行动宪章》，同意采取一致解决行动，减少时尚行业在整个价值链中对气候的影响。

2019年12月，在《联合国气候变化框架公约》第25次缔约方大会（COP 25）上，中国纺联发起"衣再造竞赛COP秀"，组织来自国内外多所高校学生共同完成"当可持续时尚遇见气候变化"走秀活动，共展示30套从"衣再造竞赛"中脱颖而出的由中国青年设计师原创的再造衣作品，向全球展现来自中国的可持续时尚。

2020年9月23日，中国宣布"双碳"目标次日，中国纺联秋季联展设专门展位作出响应，展示行业气候行动进展，中国纺织服装行业成为中国第一个响应"双碳"目标的行业。

（二）重点企业气候行动赋能

为进一步赋能行业绿色低碳转型，加速行业企业开展气候行动，2021年6月1日，中国纺联启动"时尚气候创新30·60碳中和加速计划"（以下简称"30·60计划"），在中国纺织服装行业竞争力500强企业中优先支持30家重点品牌企业和60家重点制造企业开展气候创新行动。"30·60计划"是"气候创新2030行动"的一部分，更加强调行动落实和进展公示。

截至2025年3月，已有23家品牌企业、42家制造企业加入"30·60计划"，支持绿色低碳技术研发推广和应用，全面推进可信低碳产品、支持可持续消费，共同推进行业气候行动。

2024年，"30·60计划"三周年之际，中国纺联社责办编制了《"时尚气候创新30·60碳中和加速计划"企业进展手册》和《"时尚气候创新30·60碳中和加速计划"企业案例集》，汇集41家"30·60计划"成员企业气候行动进展及27家成员企业亮点案例，系统梳理了加入企业的实践成果和面临的障碍。

（三）产业集群气候行动示范

2023年5月，国务院常务会议明确提出要把发展先进制造业集群摆到更加突出位置，在专业化、差异化、特色化上下功夫。

近年来，以城市群和都市圈经济为重点，纺织先进制造业集群由集聚到集约加快发展，成为全行业高速高效成长的重要因素。产业集群作为产业调整的重要力量，其气候行动先行示范对行业绿色低碳转型具有深刻意义。

2020年起，在中国纺联的推动下，重点纺织产业集群陆续发布气候承诺，宣布打造地区气候行动示范目标，引领和指导行业企业开展气候行动。

1.盛泽：从愿景到实践——千亿级纺织产业基地气候行动示范

盛泽于2021年6月16日正式发布"盛泽纺织产业集群碳中和愿景"并确立发展目标，即努力创建中国产业区域气候治理的最佳实践，力争率先建成世界领先的零碳纺织产业集群。

2022年10月25日，盛泽发布《盛泽纺织产业气候行动白皮书》，明确了其气候行动目标与计划、减排路线图和重点任务。

2023年至今，盛泽开展"盛泽纺织产品碳排放基线调研"项目，进行全产业链重点产品碳足迹核算，进一步建立数据基础和挖掘产品减排潜力。目前已完成多项典型产品碳足迹核算工作，基线研究持续进行中。

2.柯桥：《中国绍兴·柯桥气候行动宣言》——中国第一个地区产业集群气候行动承诺

2020年10月26日"世界布商大会"开幕式上，柯桥作为拥有全球最大的纺织贸易集聚地及全球最大的印染加工集聚区的世界级纺织产业集群，联合当地12家企业共同发布《中国绍兴·柯桥气候行动宣言》，承诺将联合中国纺联共同设定柯桥气候行动目标，制定推进低碳企业政策与低碳产品激励机制，积极参与全球气候治理。

二、基础设施开发

（一）产品碳足迹核算与评价工具

2020年，中国纺联社责办推动成立中国纺织服装行业全生命周期评价（CNTAC-LCA）工作组，指导行业开展纺织产品全生命周期评价和产品环境信息披露工作。截至2025年3月，工作组已完成116件单品的LCA测评，涉及13种原材料、177家制造商、35个品牌。此外，工作组还成功完成了多个细分品类的第一例，如国内首次新疆棉T恤全供应链数据实测追溯、中国首套商务休闲男装碳足迹测评、中国首套床品套装碳足迹测评、中国首条一体织文胸碳足迹测评等。

2023年，CNTAC-LCA工作组开发中国纺织服装行业产品全生命周期环境足迹追溯与评价SaaS平台"LCAplus"，打造一站式产品碳足迹测评、认证和标签推广的数字化产业级平台，为企业提供全方位的产品环境绩效数字化服务，帮助实现生产到消费全价值链产品绿色属性追溯与价值挖掘。

高质量本土背景数据库的缺失制约着中国纺织品LCA结果的准确性。CNTAC-LCA工作组从2021年开始筹备可持续材料（ecoM）数据库共建共享计划，目前已涵盖13种纤维类型、6种纺纱方式、24种纱支类型、2种面料织造方式及3种染色方式，涵盖服装、床品、面料、纱线等多个纺织服装品类。

（二）数字化产业链气候行动平台

2023年，中国纺联发起"30·60气候贡献者项目"，建设数字化产业链气候行动平台（3060.info），支持企业开展自身运营和价值链的数字化碳管理，推动企业开展气候行动信息披露，促进价值链碳管理信息共享互通，共同探索创新合作模式以有效应对绿色贸易挑战，减轻中小企业在气候行动信息披露的负担与成本。截至目前，共有超过300家企业进驻平台，并将于2025年实现进驻企业100%碳信息披露。

三、标准化建设

2022年，中国纺联正式启动《纺织企业ESG披露指南》《纺织行业碳中和工厂创建和评价技术规范》《碳中和纺织品评价技术规范》《纺织品碳标签技术规范》4项团体标准起草工作，旨在为行业企业提供相关指引和规范有关行动。2024年3月1日，4项团体标准正式开始实施。

2024年，中国纺联正式启动面向碳中和门店、产品数字护照以及碳足迹管理体系的三大涉碳类标

准起草工作，制定《纺织服装行业碳中和门店评价技术规范》《纺织产品数字护照》（系列）、《纺织品碳足迹管理体系》（系列）、《零碳纺织产业园区评价技术规范》《纺织行业气候友好型企业评价规范》等团体标准，为企业完善碳管理水平，应对国际涉碳规则变化，提升消费者感知等提供规范指引。

四、企业减排实践

（一）绿色制造

《"时尚气候创新30·60碳中和加速计划"企业进展手册》显示，2020~2022年，在自身运营范围内开展减排项目的受调研企业由41%上升到71%，其中制造企业这一比例高达79%。2022年，受调研企业共计减排20万吨二氧化碳当量，同比增长163%。

（二）创新产品研发

《"时尚气候创新30·60碳中和加速计划"企业进展手册》显示多达38%的受调研企业选择从可持续产品开发的维度切入，通过开发并使用零碳/低碳/再生原材料或进行低碳产品设计与市场推广推进价值链合作。

（三）可再生能源利用

《联合国气候变化框架公约》第28次缔约方大会（COP 28）达成"阿联酋共识"，"摆脱化石燃料"被写进文本。

2022年，41家受调研企业可再生能源电力使用总量达2.5亿度，占企业总用电量比例由2018年的1%上升至8%，其中光伏为最大贡献者，约占企业总用电量的5%。

光伏作为纺织企业应用可再生能源的首选，近年来装机量一直呈上升态势。截至2022年底，41家参与调研的纺织企业已共计装机161兆瓦光伏，较2018年增长332%。据不完全统计，2023年光伏装机迎来新一轮爆发式增长，增量在244兆瓦左右，

同比增长152%。

企业对绿证的关注正呈井喷式增长——2022年企业绿证采购量同比增长近10万倍，达92吉瓦时。未来，随着国家绿证制度的进一步完善，绿证有望成为自建光伏之外助力纺织企业实现可再生能源电力目标的又一有力助益。

政策建议

一、核算与评价体系

中国纺织服装行业虽无论在产业规模还是发展程度上都处于全球绝对领先地位，但在环境足迹测算与评价这一方向上却成为政治博弈的薄弱点。贸易规则对纺织品生态价值的强调正在对中国纺织品外贸竖起高墙，并且无论是在组织层级还是产品层级，核算与评价规则当前都存在本土化不足的特点。提供可信、可靠、可比的环境绩效数据，开发配套科学适用的核算与评价体系，支持产品绿色化和终端绿色消费，是中国纺织服装行业保持产业龙头地位的必然需求。

（一）测算与评价规则国际互信

对政府而言，建议积极应对国际涉碳贸易政策，推动产品碳足迹规则国际对接、推动与"一带一路"共建国家产品碳足迹规则交流互认、积极参与国际标准规则制定、加强国际交流与合作，降低国际涉碳贸易规则对中国纺织品的影响程度。

（二）本土数据库共建共享

纺织供应链离散度高，测算过程中常常存在实景数据难以获得的情况，且可用数据库质量参差不齐，本地可信数据匮乏。中国纺联建立本土纺织服装供应链涉碳数据库，解决数据溯源难、建模难的痛点，是未来打通企业核算及标准对接的重点方向。

（三）可信可靠的标识标志规则

尽管有了科学评价方法来支撑可信的碳标签，但是企业实际应用产品碳标签中还是面临着市场工具鱼龙混杂、关键工艺信息容易泄露、可持续供应链存在壁垒、价值定位和有效传递滞后等问题。建议研究制定产品碳足迹认证目录和实施规则、产品碳标识认证管理办法，明确适用范围、标识式样、认证流程、管理要求等，建立起一套标志标识规则，为对接消费市场提供可信可靠的依据。

二、可再生能源

（一）鼓励可再生能源项目投资，明晰激励措施细则

政府对可再生能源项目的补贴、税收优惠等激励措施细则有待进一步明晰。当前全国各地政策不一，一定程度上影响着纺织企业成本收益预估，尤其作为中小微企业占比高达99.8%的行业，给予明确的政策优惠，降低企业沉没成本预估，将为纺织企业布局可再生能源提供有力支撑。

中国纺联现已启动行业可再生能源直接投资可行性研究，基于全球供应链可持续管理和中国市场级本土供应链政策，预测可再生能源需求规模、分析实现路径，推动行业向清洁能源转型。

（二）加快衔接"电—证—碳"市场交易机制

当前绿电、绿证、碳排放权交易等市场机制的操作规则、计价标准尚待细化和完善，并且在碳减排认定机制及权证界定方面的差异也导致市场之间还未形成有效衔接，大多纺织企业尚处于观望态度，未涉足于此。建议加快上述政策研究，推动纺织企业消纳可再生能源电力，加速清洁能源转型。

三、金融工具

建议加快编制地方气候/转型金融支持目录，尤其是纺织产业集群地区。例如，2022年，湖州市出

台全国首个地方转型金融发展路线图，之后相继推出《转型金融支持目录》（2022版、2023版），长兴县细化编制了《纺织行业转型金融支持经济活动目录》。通过强化顶层设计，引导金融机构创新转型金融产品与服务，为纺织企业提供切实可行的金融支持项目。

可尝试建立低碳转型绩效阶段性评价机制。针对不同类型项目建立指标体系，探索实施转型纺织企业评价制度，配套转型金融政策激励，规避以洗绿骗取资金的现象，让真正在做转型的企业减轻负担、得到实惠，更好地推动企业转型升级。

（撰稿人：阎岩　齐艺晗）

中国纺织行业中间品对外贸易现状及国际合作趋势

中国纺织工业联合会国际贸易办公室

近年来，随着全球化和国际分工深入发展，全球货物贸易重心逐步从最终产品转向用于制造业产业链配套的中间品，中间品贸易在保障全球产业链供应链稳定高效运行中发挥关键作用。我国连续十三年在全球中间品出口贸易中位居第一，占全球中间品贸易的份额由2013年的8.8%增长至2023年的12%。2024年，我国中间品出口贸易额达12.4万亿元，占全国货物贸易出口总额的48.3%，近五年年均增速高达14.6%，成为外贸新增长点。

纺织中间品主要指纺织产业链中上游产品，包括化学纤维、纺织纱线和面料，是我国与全球纺织服装产业链供应链合作最紧密的部分，也是我国纺织产业链参与国际竞争的优势领域。根据中国海关统计数据测算，2024年，我国纺织中间品出口额为851.6亿美元，占我国纺织品服装出口总额的比重为28.3%，对行业出口总额的增长贡献率超过六成。

我国纺织中间品贸易保持稳步增长态势

我国纺织产业链中间产品加工门类齐全，产能规模较大，主要大类产品均具有较强市场竞争力，化纤产量占全球比重超过70%，纱和面料产量占全球40%~50%。由于我国纺织终端产品加工规模也位居世界首位，产业链中上游环节长期以来主要致力于满足国内下游产业配套需求，并在关键领域加快技术突破，实现进口替代，因此2009年之前，我国纺织中间品出口规模总体不大。近年来，随着东南亚、南亚、非洲等地区的发展中国家加速承接发展纺织服装加工业，对产业链配套产品的

贸易需求扩大，我国纺织服装中间产品的国际竞争力得到稳步释放，对外贸易规模整体呈现扩大趋势（图1）。

图1　2004~2024年中国纺织品服装及中间品出口贸易额统计

资料来源：中国海关

一、化学纤维出口竞争力持续提升

化学纤维是最重要的纺织纤维原料之一，在全球纺用纤维中占比达到75%。近年来，随着全球纺织产业布局调整，一些发展中国家在纺纱、织造、针织、非织造等领域的加工能力显著提升，带动了对化纤需求的持续增长。我国是全球最大的化纤生产国，根据中国化学纤维工业协会数据，2024年我国化纤产量达7475万吨。凭借从石油炼化、单体原料到全品类纤维产品的产业链优势、规模优势及技术创新优势，我国化纤行业实现了从21世纪初净进口到全球第一出口大国的根本性转变。2024年，我国化纤出口量达664.8万吨，较2010年增长2.6倍；出口额为10.9亿美元，较2010年增长1.4倍，显示出较强的国际市场竞争力。

从出口结构来看，化纤长丝是主要出口产品，

占比达 72.5%，其余为化纤短纤。主要出口市场集中在纺织制造业快速发展的国家和地区，包括越南、印度、巴基斯坦、埃及、土耳其、巴西、印尼和韩国等。此外，随着关键技术及成套装备突破，我国自主技术的超高分子量聚乙烯、碳纤维等高性能纤维品种近年来也已经具备了参与国际竞争的能力，出口规模快速扩大。

二、纺织纱线出口规模波动中有所下降

我国是全球最大纱线生产国，棉纺环锭纺和气流纺产能占全球的 40% 左右。2024 年，我国棉型短纤纱产量为 1823 万吨，约占世界纱产量的 45%。我国棉纱线产品以中高支品种为主，色织纱、色纺纱、花式纱等特殊品种产量占全世界比重达 60%~90%。除棉纱外，我国毛纱、麻纱生产能力也位居全球首位，产量占全球的 45%~50%。

纱线是近年来我国纺织产业链上唯一出口规模没有明显增加的大类中间品（图 2）。2024 年，我国共出口纱线达 128 万吨，出口额 49.7 亿美元，出口量较 2015 年仅增加 19 万吨。其中，棉纱线长期处于净进口状态，是造成我国纱线出口增长乏力的主要原因。受进口政策影响，我国棉花价格长期较国际市场偏高，造成低支棉纱在国际市场上缺乏价格竞争力，我国国内部分低支棉纱需求也依靠进口满足。而作为我国棉纺行业主力产品的中高支棉纱在海外的后道加工能力有限，因而我国棉纱出口规模多年没有明显增长。近年来，受到美国所谓"涉疆法案"影响，我国棉纱线出口压力进一步增加，2024 年出口量仅有 29.4 万吨，较 2019 年减少 20%，同期棉纱线进口量则达 152 万吨。

目前，我国纱线的主要出口市场包括越南、孟加拉国、巴基斯坦、印度、埃及、巴西、土耳其等；发达国家中，意大利自我国进口较多棉、毛、丝、麻天然纤维纱线，用于生产高档面料及服装。

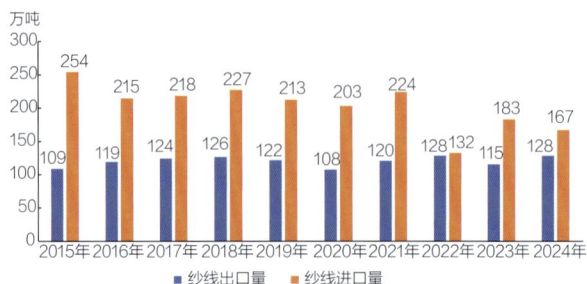

图 2　2015~2024 年中国纱线进、出口贸易量统计

资料来源：中国海关

三、纺织面料成为行业稳外贸重要支撑

纺织面料是现阶段我国出口金额最大的纺织中间品。近十余年间，我国织造、针织及印染精深加工技术创新稳步推进，纺织面料品种更加丰富多元，产品品质、生产效率与加工过程绿色环保水平均大幅提升，面料已经成为纺织行业外贸稳定增长的重要支撑因素，印染也成为我国纺织产业链的核心竞争优势来源之一。

近年来，东南亚、南亚、非洲等地服装加工业持续发展，但当地产业配套普遍不完善，中上游产业链缺失，面辅料主要依靠进口，而我国是其进口的最主要来源国。2024 年，我国纺织面料出口额达 684.5 亿美元，处于历史高位水平，较 2010 年增长 1.1 倍。其中，随着国际市场对具有高性价比、舒适性、功能性等特征的面料需求提升，针织面料、化纤面料在面料出口总额中所占比重快速提高。2024 年，我国针织面料出口额占比为 36.6%，化纤面料出口额占比达到 73.5%，比 2010 年分别 10.6 提高和 23.1 个百分点（图 3）。

目前，我国纺织面料的前三大出口市场依次为越南、孟加拉国和柬埔寨，分别占面料产品对全球出口总额比重的 16.5%、10% 和 6.3%，其他主要出口市场还包括印度尼西亚、印度、缅甸、尼日利亚、巴西和墨西哥等国。

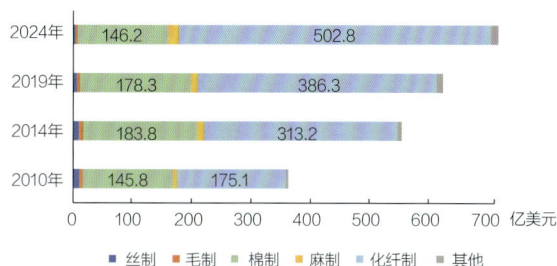

图3　2010~2024年中国纺织面料分类出口统计
资料来源：中国海关

我国纺织中间品对外投资合作不断深化

伴随着我国纺织行业转型升级不断走向深化，推进共建"一带一路"持续创造有利的国际合作环境，近年来，我国纺织企业逐步在全球范围内优化资源配置，对外投资活动日益活跃，产业链供应链内外协同化水平稳步提升。据有关数据统计，2013~2024年，我国化学纤维制造业和纺织业（含纺纱、织造/针织及印染精加工，并包括家纺及产业用纺织品制造）对外直接投资存量分别达27.8亿美元和81.5亿美元，两项合计对外投资额占到我国纺织行业同期对外累计直接投资总额的77%。

我国纺织企业在海外投建生产基地，促使我国先进的纺织制造技术、优质的产业资本与各国优势要素资源相结合，共同构建形成了灵活高效、快速反应的全球化产供应链体系。通过跨国布局，我国纺织企业不仅能够规避地缘政治风险和贸易壁垒，还与下游客户形成供应链协同，共享自由贸易区优惠关税安排、全球市场消费扩容升级等红利。

总体上看，我国纺织企业在海外投建的中间品产能现阶段以棉纺织为主，近年来随着东南亚、南亚、非洲等地纺织服装产业不断发展，对完善本地产业配套的需求增强，我国在织造、针织、印染、化纤等领域的投资项目也有所增加，为相关国家承接发展纺织服装产业提供了有力配套支持。

一、纺纱企业在境外已形成一定规模投资

纺纱是现代工业的基础性产业，是从生活必需品手工制造发展而来的工业环节，因此全世界大部分国家都有纺纱工业基础，为我国纺纱企业海外投资提供基础条件。我国纺织企业在海外投建纺纱厂较为集中的时间是2010年左右，动因主要解决国内外棉价差较大的问题。国内一批骨干企业在越南、马来西亚、印度尼西亚等东南亚国家投建了纺纱厂及纺织工业园，开启了我国纺织企业规模化建设海外生产基地的进程。截至目前，我国骨干棉纺企业，如天虹国际集团、百隆东方股份有限公司、华孚时尚股份有限公司、鲁泰纺织股份有限公司、河北新大东纺织有限公司、山东岱银纺织服装集团、无锡一棉纺织集团有限公司等均在海外投建了纺纱厂，其中在越南投资的纺纱产能估计接近400万纱锭，越南的很多骨干棉纺企业都是由我国纺织企业投建的。此外，我国麻纺和毛纺企业也在海外设立了纱线生产基地。例如，金达控股在埃塞俄比亚和埃及建有高档亚麻纱项目，浙江新澳纺织则在越南西宁省投建了高档精纺生态纱纺织染整项目。这些投资更好地满足了海外客户的订单需求，同时有效提升了企业的供应链交付能力和国际竞争力。

二、纺织面料企业逐步加快海外投资布局

纺织面料是纺织中间品中通过技术增值空间广泛的环节，具有相对资本和技术密集的属性，对产业链上下游配套条件有较高要求。受海外投资环境及产业链配套条件限制，现阶段我国纺织面料企业在海外绿地投资的规模存量并不大，但近年来，随着各国服装加工业规模扩大，完善本地面料配套的需求日益增长，我国纺织企业在海外投建的印染项目明显增多。

我国纺织企业投建的海外印染产能早期以服装企业为本企业配套的印染项目为主，后续逐渐出现了专业从事印染的企业投建加工厂。2019年，江苏

联发纺织与安巴拉·萨里服装公司（印度尼西亚）（PT Ungaran Sari Garments）合作，在印度尼西亚肯德尔工业园区投资设立年产 6600 万米高档机织服装面料项目；2023 年，黑牡丹集团投资 7140 万美元，在越南海河工业园启动建设年产 3000 万米牛仔面料的生产基地；2025 年 2 月，浙江彩蝶实业股份有限公司在埃及建立的年产 1 万吨高档功能性绿色环保面料的纺织工厂揭幕。

三、化纤业对外投资逐渐步入新增长阶段

近年来，我国化纤业对外投资合作也呈现增长明显趋势。根据商务部数据显示，2013~2018 年，我国化学纤维制造业对外直接投资累计金额为 8.6 亿美元，约占同期纺织行业对外直接投资额的 11.1%。而 2019~2024 年，我国化纤业对外投资累计金额增长超过一倍，达 19.3 亿美元，占行业对外投资总额的比重也提升至 29.8%。化纤是纺织产业链上资本投入最为密集的环节，化纤生产对于投资环境及产业链配套要求较高，因此我国企业在海外投资的大型项目不多，目前的海外化纤项目以纤维素浆粕原料、小规模聚酯涤纶纺丝及加弹项目为主，近两年也规划了一些练化一体项目、涤纶长短丝及其他品种合纤项目。

2018 年，恒申控股集团有限公司收购荷兰福邦特公司的全球己内酰胺业务，一跃成为全球最大的己内酰胺生产商。目前，恒申集团有限公司已建立起包括福州、南京和荷兰马斯特里赫特在内的国内外三大产业基地，己内酰胺合计年产能达 170 万吨，约占全球产能的 22%；2023 年，桐昆集团股份有限公司与新凤鸣集团股份有限公司联合启动印度尼西亚北加练化一体化项目，积极构建跨国产业链供应链体系，保障聚酯产业链原料 PTA 的供应；2024 年，神马实业股份有限公司公告拟投资 2.5 亿元在泰国建设年产 2 万吨锦纶 66 差异化纤维生产基地，以满足国际客户需求，进一步完善产品在全球市场的供应能力。

我国纺织中间品发展趋势展望

2025 年政府工作报告提出发展中间品贸易，为纺织行业外贸结构优化和价值链提升提供了新方向。我国纺织行业经过多年创新发展，已经累积形成了良好的产业链韧性和国际竞争优势，纺织新材料、新制造技术不断实现应用突出，全产业链协同创新不断推进，均支撑了纺织中间品国际竞争力显著提升。

当前，国际贸易形势高度复杂，我国纺织终端制成品出口发达国家市场频繁遭遇关税壁垒、绿色壁垒等挑战，中间品贸易对于纺织行业稳外贸、稳增长的重要支撑作用更加凸显。近年来，其他发展中国家纺织服装产业崛起，与我国纺织行业的直接竞争关系增强，贸易摩擦也有所增多。2024 年，我国纺织行业共遭遇 19 起国外贸易救济调查，主要针对纺织纱线、面料等具有较强竞争力的中间品，涉及土耳其、墨西哥、巴西、印度、印度尼西亚等主要贸易伙伴。

展望未来，随着全球纺织产业链供应链格局调整不断深入推进，我国纺织中间品贸易结构也将持续优化，其中化纤、中高支纱线、中高档面料等高附加值产品出口将进一步扩大。同时，在与各国深化产业链供应链合作中，我国纺织中间品境外投资合作也将迈入国际化发展新阶段，全球生产力布局将进一步加速，并形成与国内研发创新、绿色化学品等关键优势环节协同联动的新格局。在机遇与挑战并存的形势下，我国纺织中间品发展应以科技创新为根本动力，以绿色发展为引领，加强高端化、智能化、绿色化转型升级，不断巩固并扩大国际领先优势，开创发展新局面。

（撰稿人：崔晓凌）

2024年纺织服装专业市场运行分析

中国纺织工业联合会流通分会

2024年是充满压力挑战的一年，新的经济发展周期、地缘政治影响和技术创新冲击不断叠加，行业发展面临着复杂严峻的形势和有效需求不足的现实考验。2024年是承载希望与机遇的一年，行业大力发展新质生产力，纺织现代化产业体系建设取得积极进展，在稳定宏观经济中发挥了建设性作用。从纺织服装流通行业看，2024年是行业竞争格局深刻变革的一年，传统渠道颠覆与创新渠道融合趋势不断加深，给纺织服装专业市场带来巨大挑战，行业进入结构深度调整周期。

2024年我国万平方米以上纺织服装专业市场店达862家，市场总成交额达2.36万亿元，同比增长0.45%；中国纺联流通分会重点监测的44家市场商圈总成交额为17177.57亿元，同比增长6.79%。专业市场在外部存在较大不确定性，内部发生剧烈结构挑战的现实条件下，坚持守正创新，融合发展，保障了总量规模的整体稳定，实现了平稳收官。

2024年纺织服装专业市场总体情况

根据中国纺联流通分会统计，2024年我国万平方米以上纺织服装专业市场达862家，同比增长0.23%；市场经营面积达到7311.60万平方米，同比增长0.05%；市场商铺数量134.83万个，同比增长0.02%；市场商户数量109.13万户，同比增长0.02%；市场总成交额2.36万亿元，同比增长0.45%。

总量规模方面。我国万平方米以上纺织服装专业市场数量于2018年达到巅峰，即915家。随着

存量竞争的不断深入，专业市场行业优化与内部淘汰并存，歇业重装、关停倒闭、转变业态等情况加剧，新市场投资建设更加理性，市场总量减少。自2022年以来，关停市场数量和新增市场数量相对平衡。

成交额增速方面。2019~2024年，专业市场总成交额年同比增速依次为-1.08%、-2.22%、1.98%、-8.54%、10.11%、0.45%；2023年，纺织服装专业市场市场成交额增速达10%以上，拉动成交额规模恢复至新冠肺炎感染前水平；2024年，专业市场在不利因素叠加的情况下，维持整体规模，实现了平稳收官（图1）。

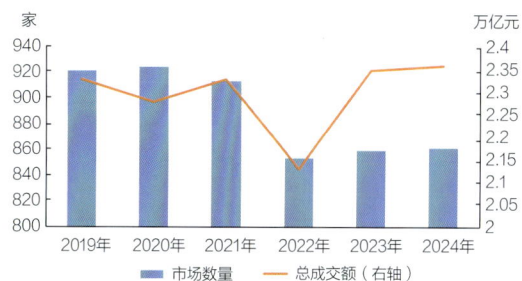

图1　2019~2024年纺织服装专业市场
数量与成交额

资料来源：中国纺联流通分会

运行效率方面。2024年纺织服装专业市场商铺效率为174.71万元/铺，同比增长0.44%；商户效率为215.85万元/户，同比增长0.43%；市场效率为32216.03元/平方米，同比增长0.40%。2024年，纺织服装专业市场运行效率、商铺效率、商户效率均达到近六年的最高值，更少的市场和商户创造了更大的价值，专业市场结构优化的成果在运行

效率方面逐渐显现（图2）。

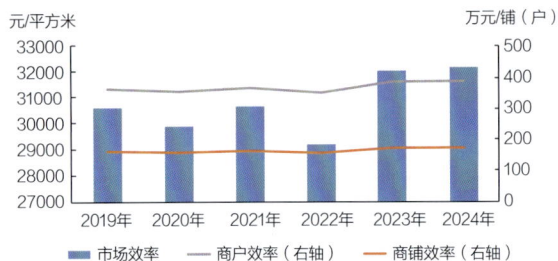

图2　2019~2024年纺织服装专业市场运行效率

资料来源：中国纺联流通分会

景气方面。2024年专业市场管理者景气指数全年平均值为51.84，商户景气指数全年平均值为50.72，两项平均数均高于50荣枯线，可见2024年我国纺织服装专业市场管理者与商户商业活跃度较高，整体处于扩张区间。从指数走势看，管理者指数起伏更大，专业市场运营淡旺季表现明显；商户指数相对平稳，可见商户在全年始终保持着较为活跃的商业活动（图3）。

图3　2024年全年景气指数一览

资料来源：中国纺联流通分会

2024年纺织服装专业市场结构分析

从区域看，862家专业市场中，东部地区达521家（图4），成交额为20142.78亿元，占总成交额的85.51%，同比增长1.58%；中部地区188家市场成交额为2334.73亿元，占总成交额的9.92%，

同比下降5.42%；西部地区153家市场成交额为1177.57亿元，占总成交额的4.57%，同比下降6.32%（表1）。

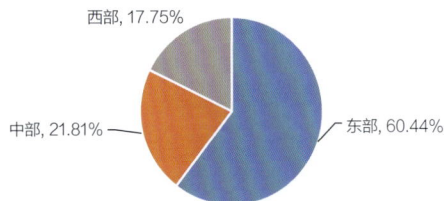

图4　2024年东中西部地区纺织服装
专业市场数量占比情况

资料来源：中国纺联流通分会

表1　2024年东中西部地区纺织服装专业市场成交额占比及增速情况

项目	东部	中部	西部
成交额（亿元）	20142.78	2334.73	1177.57
占比（%）	85.51	9.92	4.57
增速（%）	1.58	-5.42	-6.32

资料来源：中国纺联流通分会

从品类看，服装和原、面（辅）料是我国纺织服装专业市场的主营商品，主营服装和原、面（辅）料的专业市场共610家，占市场总量的70.76%（图5），成交额占总成交额的68.20%。其中，主营服装产品的专业市场达453家，在各品类中成交额最高，达8500.66亿元，占总成交额的36.09%，同比下降3.23%；主营原、面（辅）料的专业市场为157家，成交额位列第二，达7562.90亿元，占比为32.11%，同比增长1.91%；小商品市场增速最高，达14.02%；家纺类专业市场也实现了正增长，同比增长1.26%；综合类市场、其他类市场成交额下降，分别下降4.95%、12.96%（表2）。

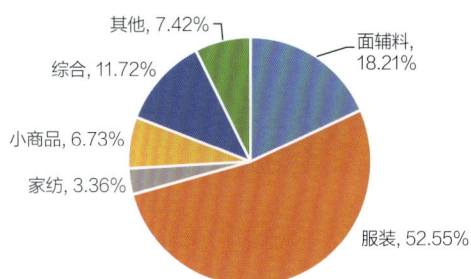

图 5　2024年各品类专业市场数量占比情况

资料来源：中国纺联流通分会

表 2　2024年各品类专业市场成交额
占比及增速情况

项目	成交额 （亿元）	占比	增速
面（辅）料	7562.90	32.11%	1.91%
服装	8500.66	36.09%	-3.23%
家纺	1853.08	7.87%	1.26%
小商品	3339.99	14.18%	14.02%
综合	1613.18	6.85%	-4.95%
其他	685.28	2.91%	-12.96%

资料来源：中国纺联流通分会

2024年纺织服装重点监测市场情况

2024年，中国纺联流通分会重点监测的44家纺织服装专业市场商圈总成交额达17177.57亿元，同比增长6.79%。其中，20家市场成交额同比增长，平均增幅为8.98%；23家市场成交额同比减少，平均降幅为1.66%；1家市场成交额持平。

一、运行效率分析

从市场运行效率看，44家重点监测市场平均运行效率为77332.88元/平方米，同比上升6.79%；平均商铺效率为591.72万元/铺，同比上升6.80%。

二、市场区域结构分析

从区域结构看，2024年，44家重点监测专业市场中，东部地区专业市场成交额为15083.36亿元，同比上升7.62%，占专业市场总成交额的87.81%；中部地区专业市场成交额为1499.21亿元，同比上升1.34%，占专业市场总成交额的8.73%；西部地区专业市场成交额为595.00亿元，同比上升0.71%，占专业场总成交额的3.46%（表3）。

表 3　2024年44家重点监测市场东中西部
地区成交额占比及增速情况

项目	东部	中部	西部
成交额 （亿元）	15083.36	1499.21	595.00
占比（%）	87.81	8.73	3.46
增速（%）	7.62	1.34	0.71

资料来源：中国纺联流通分会

三、流通层级结构分析

从流通层级来看，44家重点监测市场单位中包括26家产地型专业市场、18家销地型专业市场。2024年，26家产地型市场成交额达15638.05亿元，占总成交额的91.04%，同比上升7.70%；18家销地型市场成交额为1539.52亿元，占总成交额的8.96%，同比下降1.66%。

2024年纺织服装专业市场运行特点

一、数据表现

（一）积极应对挑战稳住成交规模

2020～2022年，我国纺织服装流通领域遭受新型冠状病毒感染疫情冲击，专业市场承压运行，总成交额与2020年前相比存在一定差距；2023年，纺织服装专业市场高速增长，成交额重回2020年前规模；2024年，纺织服装专业市场面临机遇与挑战并存的全新发展阶段，在技术革新、商业竞争、消费巨变叠加之下，呈现出更加坚韧的发展意志和创新精神，在行业激励竞争和内部淘汰的情况下，稳住了成交额规模。

（二）龙头市场对行业总量的影响持续加深

2024年，纺织服装专业市场面临激烈的内外部竞争，市场发展压力加大，较大比例专业市场成交额下降。在行业困难模式之下，马太效应进一步凸显，各地龙头市场展现出更强的资源整合能力和市场竞争优势，成交额不断实现新的突破。从品类看，柯桥、盛泽面辅料市场群，义乌中国小商品市场，南通叠石桥家纺市场等几大龙头市场群，在各自细分领域占据半壁江山，并在较大总量基数的情况下，实现了中高速增长，直接拉动面辅料市场、家纺市场、小商品市场等三大细分品类实现了成交额的正增长。从全国看，流通分会重点监测的44个龙头市场群占据了全国纺织服装专业市场70%以上的市场份额，并实现了6.79%的增长，对行业总量起到了巨大的拉动作用。

（三）专业市场运行效率达到六年间最高值

2024年，我国纺织服装专业市场运行效率、商铺效率、商户效率均达到近六年的最高值，行业效率不仅从新冠肺炎感染的冲击中得到恢复，甚至超过了新冠肺炎感染前的水平。行业效率的提升，体现出更少的市场创造了更大的价值，这是市场结构优化的直观呈现，也是高质量发展的意义所在。我国纺织服装专业市场行业洗牌仍在继续，优秀的市场和商圈仍将继续吸引更多优质资源集聚。

二、专业市场进入品质化发展周期

2024年，服装电商发展进入瓶颈期，线上流量红利持续减弱；消费者逐渐向实体回流，随之而来的是实数融合、全域营销、场景体验的全新局面。在新旧商业文明交替的新阶段，我国纺织服装专业市场进入品质化发展周期。

（一）以"新质"为引擎，推动行业全面创新

2024年全国两会后，"新质生产力"这一被写进政府工作报告的概念，引起各行业的广泛讨论。纺织服装专业市场作为纺织服装行业的重要中枢，积极探索以新质生产力为核心的转型升级路径。2024年，专业市场通过新产品研发、新技术应用、新模式融合等积极尝试，取得了良好的成果，带动了营业额的提升。

新产品研发方面，纺织面料市场以产业科技创新为引领，以新材料研发为抓手，以面料研发带动服装研发设计水平的全面升级。柯桥中国轻纺城大力推进"纺织新材料中心""纺织技术创新中心"项目落地，广州国际轻纺城打造"时尚源创平台"，两大面料龙头市场从行业源头开始推动新质生产力在全产业链的深入发展。

新技术应用方面，各地专业市场积极组建技术团队，结合自身情况和现实需求，打造高匹配度、高实操性的全新技术工具，极大提升了专业市场的运营服务效率。常熟服装城升级智慧商城"尚城小二"平台2.0版本，上线12个功能体系，建立线上线下联动机制；郑州锦荣商贸城自主开发"快批吧"平台，通过"曝、探、推、引、聚、卖"实现商、客线上对接，助力商家营销拓客。

新模式融合方面，各地专业市场开展策展式运营，在郑州银基广场、汉正街服装市场等市场出现大面积的供应链集合品牌展厅，兼具供应链平台和"白牌大店"双轮驱动的发展特点；即墨服装城实现职业经理人分区托管和集中运营，打造特色专区，形成良好的示范带动效应；各地市场强化会员制运营，深耕私域流量池，全面提升会员服务体系；商户不断提升原创设计水平，试水轻量化定制、档口与工作室融合等新模式，提升客户的个性化设计服务体验。

（二）以人为本，提升专业市场服务品质

2024年，胖东来在我国零售行业掀起以人为本的新浪潮，纺织服装专业市场作为满足人民美好生活的商业业态之一，不断提升批零兼营的服务品质。除了各类采购节、节假日促销节等传统模式外，各地纺织服装专业市场纷纷打造场景、提升体验，实现了品质服务的新突破。在场景打造方面，广州国际轻纺城、广州中大门、郑州银基广场等打造艺术场景化展厅和策展空间；深圳华海达市场搭建中式古典美学打卡点，推动纺织服装专业市场打造时尚与艺术融合的体验空间。在业态融合方面，重庆大融汇打造"好吃街"；广州白马服装市场引入一楼餐吧区；深圳笋岗商圈引进特色餐车；武汉汉正街商圈打造十字街市集，建设烟火气十足的城市居民消费空间。

（三）发展会展经济，畅通产业流通循环

2024年，纺织服装专业市场充分发挥展会在畅通供需循环中的关键作用，以博览会、采购节、时尚周等多种方式，推动线上线下双向引流，提升了影响力，带动了成交额的增长。

2024年，中国纺联春季、秋季联展在国家会展中心（上海）盛大开幕，白马服装市场、意法服装城、常熟服装城、中纺中心服装城、郑州银基广场等行业龙头市场组团参展，展示了纺织服装流通行业的创新发展成果；2024中国（大连）国际服装纺织品博览会、金正茂·汉派服装总部2024汉派秋冬采批节、第七届中国（鄂尔多斯）国际羊绒羊毛展览会、绍兴柯桥中国轻纺城窗帘布艺展览会、海宁中国国际皮革毛皮时装面辅料展、濮院国际毛针织服装博览会等地方性展会连续举办，极大提升了产业流通活力，加强了各地市场、企业、商户之间的交流对接。

与此同时，各地专业市场积极创办时尚周、服饰节，大力发展"发布经济"，不断提升行业"首发""原创""时尚""设计"内涵。2024济南时装周、2024西柳国际服装周、2024朝天门原创时装周、2024湖南服饰博览会暨芦淞时装周、2024中国流花国际服装节等成功举办，不断提升专业市场在时尚艺术行业的专业地位和话语权。

（四）促进国际合作，全球发展打开新局面

2024年，各地纺织服装专业市场不断发力外向经济，开拓海外市场。海城西柳举办"2024全国纺织服装内外贸一体化融合发展大会"，绍兴柯桥举办"2024国际纺博会海外云商展（英国站）"，中国纺织服装企业积极参加第六届中国纺织精品展览会（南非）、家纺企业积极参加俄罗斯国际家用及室内纺织品展览会，"广州白马时尚行·边贸供应链对接会"在云南昆明拉开帷幕……纺织服装专业市场不断拓展对外国际贸易网络，深化供应链合作。

跨境电商方面，2024年，商务部、国家发展改革委等各部门相继出台文件，持续释放支持跨境电商行业发展的重要信号。纺织服装专业市场敏锐把握行业发展趋势，积极筹划产业出海，布局跨境电商。"毛衫派"全球毛衫一站式跨境采购平台在洪合正式启动；2024广东服装跨境电商大会隆重举行；"希花怒放"产业带出海专场对接会在柯桥举行，TEMU秋冬季重点企业招商会在常熟举行；湖北天门以跨境电商为主题召开2024中国（天门）服装电商产业大会。

纺织服装专业市场发展方向

2024年，我国纺织服装专业市场行业进入震荡调整、结构优化的发展周期，同时也进入了新旧商业文明交替、实体消费复苏的战略机遇期。适应新环境、明确新定位、探索新模式、寻找新增量是一个相对漫长而充满挑战的过程，专业市场必须在外部环境的不断变化中，适应上下游主体之变、消费需求之变和渠道模式之变，立足行业内涵与趋势的深刻变化，围绕发展新质生产力的方向要求找到工作着力点；专业市场应坚持线上线下融合、内外贸融合、产商文旅融合、供应链协同的发展理念，共建纺织服装产业流通新生态。

（撰稿人：胡晶）

2024年纺织服装行业上市公司情况综述

中国纺织工业联合会产业部

2024年，世界经济增长动能不足，大国博弈和地缘政治冲突加剧，贸易保护主义愈演愈烈，外部环境变化带来的不利影响加深；国内有效需求不足，新旧动能转换阵痛持续释放，重点领域风险隐患较多，我国纺织行业保持平稳发展态势面临诸多考验。面对复杂多变的国内外发展环境，我国纺织行业充分展现发展韧性，积极发挥国家系列存量增量政策效能，经济运行态势总体平稳，主要运行指标较2023年实现回升，市场信心和发展预期有所改善。

作为纺织服装行业企业的领军者，纺织服装类上市公司的整体表现呈现出复杂的局面，既有部分企业取得较好的业绩增长，也有不少企业面临困境。截至目前，纺织服装类上市公司共有110家企业披露了2024年业绩预告，其中有46家公司业绩预喜（包括预增、续盈、扭亏）。

纺织服装上市公司基本情况

据纺织服装类上市公司2024年相关财报数据不完全统计，截至2024年年底，A股涉及纺织服装产品类上市公司总数为205家，在A股上市公司总数（5392家）中的占比为3.80%。

截至目前，纺织服装类上市公司共有199家发布了2024年三季报。其中，纺织企业上市公司数量为48家，家纺企业为12家，产业用企业为49家，服装企业为38家，化纤企业为37家，纺机企业为15家。

截至2024年三季报，纺织服装上市公司的平均每股盈余（EPS）为0.28元，比2023年同期下滑15.2%。平均每股净资产（BPS）为6.00元，比2023年同期增长0.2%。

2024年前三季度，199家纺织服装上市公司仅占我国规模以上纺织服装企业户数的0.52%，而同期资产占比为54.30%，营业收入占比为38.31%，利润占比为43.64%。可看出，虽然规上纺织服装企业中上市公司较少，但营业收入、利润总额、资产总额占比分别超过三成、四成和五成，凸显出纺织服装上市公司在资本市场助力下，能够筹集大量资金用于扩大生产规模、购置先进设备、进行技术研发和市场拓展等，发挥了引领全行业创新发展排头兵的积极作用。

营收持续稳定，利润大幅下滑

纺织服装全行业板块上市公司2024年前三季度营业总收入同比增长1.1%，显示上市公司经营规模保持稳定；而同期规模以上纺织服装企业营业收入呈现平稳增长态势，显示行业规上企业和上市公司都在努力扩大经营规模，保持市场份额（表1）。

纺织服装上市公司利润总额同比下降21.5%，同期规模以上纺织服装企业利润增长10.3%。上市公司处于公众视野之下，面临着更高的市场期望和更为严格的财务审视。2024年纺织上市企业承受了更大的经营压力，显示盈利难度加大，全行业利润大幅下滑，但纺织服装企业经营者对行业发展有信心，纺织设备更新改造力度不减，纺织机械板块上市公司利润总额实现快速增长，增速达28.8%。

上市公司研发投入保持强度

2024年，在外部环境变化带来的不利影响持续加深，国内需求不振、预期偏弱等问题交织叠加，我国纺织服装上市公司的生产经营遭遇到了较大的压力，整体业绩承压，分化明显，但纺织工业企业围绕科技、时尚、绿色、健康已经进入高质量发展阶段，企业经营者对行业的发展有信心，纺织服装上市企业研发投入保持强度，尤其是纺机板块上市企业研发费用快速增长。

截至2024年三季度，A股市场199家纺织服装类上市公司研发投入总额约为224.9亿元，比2023年同期下降4.4%；研发投入强度（研发费用与营业总收入比值）1.6%，与2023年同期比下滑0.09个百分点。其中，化纤板块受2023年研发投入大幅增长影响，2024年前三季度有所下降，降幅为10.7%，而纺机板块研发费用同比和研发投入强度最高，分别达16.0%和5.0%（表2）。

表1 2024年前三季度纺织服装主要子板块收入与利润增长情况

板块	营业总收入（亿元）	营业收入同比（%）	规模以上企业营业收入同比（%）	利润总额（亿元）	利润同比（%）	规模以上企业利润同比（%）
全行业	13672.4	1.1	4.0	497.0	−21.5	10.3
化纤板块	8693.5	3.7	6.9	140.0	−26.3	42.2
纺织板块	2241.5	−6.7	3.9	90.6	−20.5	11.5
产业用板块	1421.8	−2.8	6.1	122.3	−28.5	16.4
服装板块	865.5	1.0	1.0	104.2	−12.0	−2.6
家纺板块	213.3	−2.0	2.3	14.6	−26.4	−7.4
纺机板块	236.8	14.7	12.0	25.2	28.8	20.2

资料来源：上市公司三季报、中国纺联产业部

表2 2024年前三季度纺织主要子板块研发费用与投入强度情况

板块	上市公司数量（家）	研发费用（亿元）	研发费用同比（%）	研发投入强度（%）	研发投入强度同比增减（百分点）
全行业	199	224.90	−4.4	1.6	−0.09
化纤板块	37	119.38	−10.7	1.4	−0.22
纺织板块	48	31.40	10.4	1.4	0.22
服装板块	38	18.88	1.4	2.2	0.01
家纺板块	12	5.00	8.8	2.3	0.23
产业用板块	49	38.39	−3.2	2.7	−0.01
纺机板块	15	11.85	16.0	5.0	0.06

资料来源：上市公司三季报、中国纺联产业部

经营压力加大，盈利能力下滑

盈利能力方面，销售利润率和三费比率是衡量企业盈利能力的重要指标。根据2024年三季报，纺织全行业板块销售利润率下降1.0个百分点至3.6%；

三费比率同比增加0.3个百分点至7.6%。一个较高的销售利润率通常意味着企业在产品或服务的定价、成本控制等方面具有优势，而较低的三费比率体现了企业在费用管理方面的出色能力。纺织全行业板块销售利润率下降，而三费比率上升，显示纺织上市公司经营压力加大，盈利能力有所下降（表3）。

表3 纺织各板块上市公司财务指标比较

指标		报告期	全行业	化纤	纺织	服装	家纺	产业用	纺机
盈利能力	销售利润率（%）	2024年1~3季度	3.6	1.6	4.0	12.0	6.8	8.6	10.7
		2023年1~3季度	4.7	2.3	4.7	13.8	9.1	11.7	9.5
		同比增减（百分点）	-1.0	-0.7	-0.7	-1.8	-2.3	-3.1	1.2
	三费比率（%）	2024年1~3季度	7.6	3.3	8.9	35.7	25.9	11.3	10.8
		2023年1~3季度	7.3	3.2	8.2	34.4	24.4	10.2	10.6
		同比增减（百分点）	0.3	0.1	0.7	1.3	1.4	1.1	0.2
偿债能力	流动比率	2024年1~3季度	1.0	0.7	1.3	1.5	1.7	1.5	1.8
		2023年1~3季度	1.1	0.8	1.4	1.6	1.7	1.6	1.9
		同比（%）	-9.8	-11.5	-8.6	-2.6	1.8	-7.5	-2.9
	资产负债率（%）	2024年1~3季度	59.5	70.1	52.3	39.5	39.5	47.6	41.0
		2023年1~3季度	58.6	68.9	50.8	42.8	41.6	47.0	38.4
		同比增减（百分点）	0.9	1.1	1.4	-3.3	-2.1	0.7	2.7
营运能力	存货周转率（次）	2024年1~3季度	5.3	7.0	4.3	2.1	3.5	4.6	3.4
		2023年1~3季度	5.4	7.1	5.0	2.0	3.7	4.5	3.2
		同比（%）	-1.8	-0.8	-14.4	5.9	-5.2	3.5	4.4
	应收账款周转率（次）	2024年1~3季度	11.0	30.5	6.7	9.5	7.5	3.3	3.5
		2023年1~3季度	10.9	30.0	7.4	9.2	7.7	3.2	3.5
		同比（%）	1.3	1.9	-9.2	2.4	-2.8	2.7	0.2

资料来源：上市公司三季报、中国纺联产业部

其中，从各板块上市公司销售利润率看，除化纤板块销售利润率略低于同期规模以上化纤企业利润率外，其他板块上市公司销售利润率都要比同期规上企业利润率高。当企业能够以合理的成本生产

和销售产品，同时保持适当的定价策略时，就能够实现较高的销售利润率。这表明上市公司在市场竞争中具有较强的竞争力，能够有效地将销售收入转化为利润。截至2024年三季度，纺织、服装、家纺、产业用板块销售利润率分别为4.0%、12.0%、6.8%和8.6%，同比分别下滑0.7个百分点、1.8个百分点、2.3个百分点和3.1个百分点；纺机板块上市公司销售利润率达10.7%，同比上升1.2个百分点。截至2024年三季度，各板块三费比率都有不同程度的提高，除化纤板块三费比率略低于规上化纤企业平均值外，其他板块三费比率都超过规上行业企业数值。

偿债能力方面，流动比率和资产负债率是两个重要的财务比率，它们从不同角度反映了企业的偿债能力。一般来说，流动比率越高，表明企业短期偿债能力越强。当流动比率大于1.0时，意味着企业的流动资产足以偿还短期债务，企业的短期财务状况较为稳定。截至2024年三季度，纺织全行业板块流动比率为1.0，同比下降9.8%，流动比率处于合理区间。资产负债率则是衡量企业长期偿债能力的重要指标，它反映了企业负债与资产的相对比率。前三季度，纺织全行业板块资产负债率为59.5%，同比增加0.9个百分点，低于同期规模以上纺织行业资产负债率（60.2%），负债水平控制在合理区间。

从各板块看，除化纤板块流动比率为0.7外，其他板块流动比率都大于1.0，显示各板块总体财务状况稳定，服装、家纺、产业用和纺机板块流动比率都超过1.5倍，短期偿债能力较强。前三季度各板块资产负债率变化幅度不大，化纤板块资产负债率最高，为70.1%；服装和家纺板块资产负债率相对略低，均为39.5%，企业总体负债水平在可控范围内。

营运效率方面，存货周转率和应收账款周转率是两个至关重要的指标。截至2024年三季度，纺织全行业板块存货周转率为5.3次，较2023年同期略降1.8%，低于同期规上纺织行业存货周转率，反映了上市公司库存较大，消化效率明显低于规模以

上纺织企业的平均值。纺织全行业板块应收账款周转率为11.0次，较2023年同期提高1.3%，要高于同期规模以上纺织行业应收账款周转率，意味着上市公司比规上企业在回收应收账款方面能力更强。

从各板块看，前三季度化纤、纺织和家纺板块存货周转率有所下降，服装、产业用和纺机板块存货周转率略有上升，其中化纤板块存货周转最快，达7.0次，服装板块周转较慢，达2.1次。从资金使用效率看，纺织和家纺板块应收账款周转率略有下降，其他板块应收账款周转率上升。其中，化纤板块应收账款周转最快，达30.5次；产业用板块较慢，达3.3次。

各板块上市公司表现各异

详细分析各重点板块的业绩表现，在此选取共50家具有代表性上市公司作为样本，逐个观察并进行业绩分析。其中，产业用板块选取东方雨虹、中材科技、稳健医疗等10家企业；化纤板块选取了恒逸石化、桐昆股份、新凤鸣等10家企业；纺织板块选取了华孚时尚、际华集团、百隆东方等10家企业；服装板块选取了海澜之家、森马服饰、太平鸟等10家企业；家纺板块选取了梦百合、罗莱生活、孚日股份等5家企业；纺机板块选取杰克股份、慈星股份、宏华数科等5家企业（表4）。

从各细分行业板块来看，根据公司2024年三季报，服装板块效益分化严重，38家服装上市公司中有19家企业利润增长或减亏，另19家企业下降或亏损。在表4所示10家代表性服装上市公司中利润表现较好的是探路者和九牧王，利润同比分别增长159.0%和12.5%，销售利润率分别达9.3%和6.3%。探路者业绩表现良好，得益于产业政策引导和丰富的户外资源，国内户外运动已逐步成为一种新生活方式，户外人群渗透率持续提升，户外用品市场规模稳健增长，深耕户外运动产品的上市公司

表现良好。截至目前，有22家服装上市公司预披露了2024年全年业绩，其中浔兴股份、伟星股份、夜光明、锦泓集团、嘉曼服饰2024年全年净利润都实现了增长。

表4 纺织服装代表性上市公司营收、利润增速及费用率指标情况

证券代码	证券简称	营收同比（%）	利润同比（%）	销售费用率（%）		管理费用率（%）		财务费用率（%）		销售利润率（%）	
		2024年三季报	2024年三季报	2024年三季报	2023年三季报	2024年三季报	2023年三季报	2024年三季报	2023年三季报	2024年三季报	2023年三季报
000420	吉林化纤	1.5	19.3	1.1	1.3	2.6	2.6	6.5	6.4	2.0	1.7
000703	恒逸石化	-6.6	212.1	0.2	0.2	0.9	1.1	2.5	2.2	0.3	0.1
000850	华茂股份	3.9	9.3	0.7	0.8	3.2	3.4	1.5	2.1	7.2	6.8
000936	华西股份	19.7	24.6	0.2	0.1	1.6	1.8	0.8	0.7	5.9	5.7
000949	新乡化纤	1.0	883.6	0.4	0.4	2.7	2.6	1.8	1.5	4.2	0.4
002006	精功科技	5.5	-49.7	2.7	2.8	7.4	7.8	-0.2	-0.8	6.6	13.9
002029	七匹狼	-7.7	5.9	33.6	26.9	8.4	7.2	-4.0	-5.0	13.3	11.6
002042	华孚时尚	-15.6	-46.6	0.8	0.9	2.6	2.3	1.4	1.1	0.6	1.0
002080	中材科技	-7.8	-60.6	1.6	2.0	5.8	4.5	1.7	1.2	5.4	12.7
002083	孚日股份	0.7	42.6	2.1	2.2	3.5	3.7	1.3	1.3	10.6	7.5
002154	报喜鸟	-3.6	-23.5	41.0	36.9	7.6	7.7	-0.7	-0.9	15.5	19.6
002193	如意集团	12.6	-139.9	7.1	8.0	12.5	14.1	5.8	5.3	7.9	-22.3
002206	海利得	2.5	5.5	1.1	0.9	3.4	3.4	0.4	0.4	7.7	7.5
002254	泰和新材	0.4	-68.6	2.4	2.6	7.0	6.3	-0.2	-1.0	4.0	12.7
002271	东方雨虹	-14.4	-42.7	10.3	8.5	5.6	5.3	0.7	0.5	7.9	11.7
002293	罗莱生活	-14.7	-36.1	25.3	23.2	6.3	5.8	-0.7	-0.2	9.7	12.9
002327	富安娜	-2.0	-14.7	29.8	26.5	4.3	4.4	-0.7	-0.4	19.7	22.6
002404	嘉欣丝绸	10.9	-10.6	2.7	3.0	3.1	3.3	-0.3	-0.6	5.7	7.0
002563	森马服饰	5.6	-4.9	25.0	24.2	4.9	5.0	-1.3	-1.1	11.0	12.3
002832	比音勒芬	7.3	1.0	35.0	34.2	8.9	6.7	-0.9	-0.9	29.8	31.6

续表

证券代码	证券简称	营收同比（%）	利润同比（%）	销售费用率（%）		管理费用率（%）		财务费用率（%）		销售利润率（%）	
		2024年三季报	2024年三季报	2024年三季报	2023年三季报	2024年三季报	2023年三季报	2024年三季报	2023年三季报	2024年三季报	2023年三季报
002950	奥美医疗	21.4	67.4	2.8	2.2	8.7	12.5	0.7	0.9	13.5	9.8
003006	百亚股份	57.5	31.0	37.4	27.8	3.4	3.5	-0.1	-0.2	12.1	14.5
003036	泰坦股份	10.8	-36.3	1.8	2.4	4.4	4.1	0.7	-2.4	7.8	13.5
300180	华峰超纤	5.0	-590.9	1.8	2.4	5.0	5.0	1.1	1.5	3.6	-0.8
300307	慈星股份	3.7	185.0	7.9	7.1	9.0	8.9	0.0	-0.4	19.6	7.2
300577	开润股份	32.5	169.8	5.2	6.3	6.0	6.5	1.1	0.7	12.5	6.1
300737	科顺股份	-17.7	107.8	8.3	7.0	4.6	3.7	1.4	0.8	2.8	1.1
300888	稳健医疗	1.0	-73.3	26.0	24.0	7.7	7.2	-0.7	-1.3	11.2	42.5
301090	华润材料	0.1	-140.6	0.3	0.4	1.2	1.1	-0.4	-0.3	-1.7	4.3
600398	海澜之家	-2.0	-16.7	22.0	18.8	4.8	4.9	-0.9	0.3	16.1	19.0
600448	华纺股份	-3.2	-24.5	1.6	1.7	2.3	2.8	2.3	2.1	0.1	0.2
600626	申达股份	4.2	-108.3	1.6	1.5	5.0	5.7	1.6	0.5	0.2	-3.1
601233	桐昆股份	23.2	-2.0	0.1	0.1	1.4	1.6	1.3	0.9	1.2	1.6
601339	百隆东方	19.3	-25.3	0.6	0.6	4.0	5.2	1.8	2.0	7.4	11.9
601566	九牧王	6.0	12.5	43.8	34.9	6.6	7.9	0.0	-0.1	6.3	5.9
601718	际华集团	-9.9	-116.0	3.5	2.9	6.5	6.6	-0.2	-0.4	-0.3	1.7
603035	常熟汽饰	21.5	-2.5	1.0	0.9	5.8	5.8	1.1	1.2	10.8	13.4
603055	台华新材	47.5	94.7	1.0	1.1	2.8	4.3	1.7	1.2	13.5	10.2
603225	新凤鸣	11.3	-19.0	0.1	0.2	1.1	1.2	1.0	0.9	1.6	2.2
603301	振德医疗	-2.6	16.6	8.3	9.0	12.6	11.6	0.4	-0.9	12.2	10.2
603313	梦百合	7.2	-237.6	22.8	21.0	6.3	7.1	4.3	3.1	-3.1	2.4
603337	杰克股份	14.8	54.4	6.0	5.9	5.6	5.2	-0.3	-1.4	14.8	11.0
603365	水星家纺	-2.6	-16.3	25.0	23.5	5.4	4.8	-0.2	-0.5	9.3	10.8

续表

证券代码	证券简称	营收同比（%）	利润同比（%）	销售费用率（%）		管理费用率（%）		财务费用率（%）		销售利润率（%）	
		2024年三季报	2024年三季报	2024年三季报	2023年三季报	2024年三季报	2023年三季报	2024年三季报	2023年三季报	2024年三季报	2023年三季报
603511	爱慕股份	-8.0	-43.3	47.0	44.4	8.1	7.2	0.3	0.0	6.5	10.6
603518	锦泓集团	-5.6	-18.4	52.0	51.4	5.1	4.3	1.6	2.5	7.3	8.4
603808	歌力思	4.2	-52.6	50.8	45.4	8.6	8.4	0.9	1.1	4.7	10.2
603877	太平鸟	-13.1	-48.6	40.5	37.7	8.0	7.9	1.0	0.8	3.3	5.5
603889	新澳股份	10.3	5.8	1.8	1.9	2.8	2.7	0.7	-0.1	11.6	12.0
605189	富春染织	20.9	48.4	0.8	0.5	2.2	2.2	1.3	0.0	5.3	4.3
688789	宏华数科	43.4	29.5	6.5	8.3	6.2	6.1	-1.1	-5.7	29.2	32.3

资料来源：上市公司三季报、中国纺联产业部

化纤上市公司分化较大，37家上市企业2024年前三季度利润增长或减亏的公司有13家。其中，新乡化纤、苏州龙杰、荣盛石化、恒逸石化利润增速分别达883.6%、486.3%、421.4%、212.1%。在表4所示10家化纤代表企业中，新乡化纤、台华新材、华西股份、吉林化纤和海利得5家上市公司营业收入和利润总额实现了同比增长，且销售利润率都高于化纤板块平均值。有21家化纤上市公司预披露2024年业绩，其中，苏州龙杰、台华新材、华鼎股份、华西股份和桐昆股份5家公司2024年全年净利润预计增长。

纺织板块中企业表现各异，48家上市公司有21家实现利润增长或减亏。表4所示10家纺织代表公司中有5家企业营业收入与利润同比都增长，其中开润股份和如意集团利润总额同比分别增长169.8%和139.9%。有23家上市公司预披露2024年全年业绩，其中仅有4家预喜。开润股份依托全球化布局优势和先进生产制造能力，积极拓展服装品类代工

业务，优化生产经营效率；此外公司通过收购取得优衣库针织服装核心供应商上海嘉乐股份有限公司的控制权，带来销售收入与利润同比实现增长。如意集团持续加大国外重点客户开拓力度，带动海外销售量价提升，从而提高了公司整体业绩。

家纺12家上市公司中有3家企业2024年前三季度利润增长，这3家企业孚日股份、众望布艺和西大门营业收入也实现增长。孚日股份对内加大国内市场开拓力度，提升品牌影响力；对外稳存量、抓增量，持续加大全球市场开发，优化产品结构，实现盈利能力大幅提升，孚日销售利润率达到10.6%，远高于家纺板块平均值。但从家纺上市公司总体看，经营压力较大，富安娜、水星家纺、罗莱生活前三季度营业收入和利润总额同比都出现了负增长。

产业用板块49家上市公司中有25家2024年前三季度利润实现了增长或减亏。其中，华峰超纤、同大股份、元琛科技、申达股份、科顺股份实现利

润总额增速超过100%。表4所示10家产业用代表公司中华峰超纤、申达股份、奥美医疗、百亚股份实现营业收入和利润总额同比都增长。30家产业用上市公司预披露2024年全年净利润，其中18家企业实现全年业绩预喜。华峰超纤专注发展主营业务，积极拓展市场，加大研发投入，提升公司差异化产品竞争力，实现全年扭亏目标。奥美医疗实施多项先进技改，布局多个新市场新渠道，提升了传统产品市占率，推动了功能性敷料等产品的销售，预计全年利润超过3亿元。

纺机板块上市公司表现良好，2024年前三季度15家纺机上市公司中有10家实现利润增长或减亏。其中，慈星股份和金鹰股份利润同比分别增长185.0%和101.4%。截至发稿前，有10家纺机上市公司预披露了2024年全年业绩，有8家企业实现了全年业绩预喜。表4所示5家纺机代表公司中，预披露慈星股份、杰克股份、宏华数科实现2024年全年利润增长。

产业用1只新股上市，行业2公司融资15亿元

自2024年《国务院关于加强监管防范风险推动资本市场高质量发展的若干意见》（即"新国九条"）发布以来，"严把发行上市准入关"成为IPO（initial public offerings，首次公开发行股票）市场2024年全年的主旋律，IPO受理数量锐减，2024年A股市场通过IPO上市企业总数量为100家，在数量方面明显减少。而纺织企业仅有产业用板块的1家企业实现IPO上市，为生产医用敷料的健尔康医疗科技股份有限公司，首发融资3.52亿元。

2024年，A股市场有153家上市公司实施了定向增发或公开增发，定增融资2103.6亿元。其中，纺织行业2024年有2家上市公司通过增发筹资15.37亿元，分别为恒申新材筹资5.94亿元、精工科技筹资9.43亿元。

上市企业加快高质量发展步伐

百年变局加速演进，世界经济处于缓慢复苏进程，不确定性持续上升。2024年纺织服装行业上市公司的发展呈现出多元化的态势。在这个充满挑战与机遇的市场环境中，企业需要准确把握市场趋势，积极调整发展策略，在产品创新、渠道布局、品牌建设和智能化生产等方面不断创新，才能在未来的市场竞争中立于不败之地。

韧性活力提升。2024年中国纺织工业现代化产业体系建设继续迈出坚实步伐，中国年纤维加工总量稳定在6000万吨以上，占全球总量50%以上。一批优秀传统企业正向着国际化、品牌化、多元化、生态化方向加速迈进。2024年5家涉纺企业跻身《财富》世界500强，14家上榜《财富》中国500强，35家入选中国民营企业500强。专精特新企业持续涌现，蓬勃发展。纺织行业价值链各环节的科技创新属性日渐强化。材料创新、工艺创新、装备创新、产品创新、平台创新系统集成。高性能纤维产能全球占比超1/3；纺织机械自主化率超过75%，高端装备关键基础件国产化率超过50%。

机遇挑战并存。当前外部环境变化带来的不利影响加深，国内需求不足，部分企业生产经营困难，风险隐患较多。市场是引导产业发展方向和规模的关键因素。14亿人口消费升级催生的超大规模市场，不可能完全依靠外部供给来满足，建立完整的产业体系是必由之路。2024"全球服装品牌价值50强"排行榜中，中国以3.82%的品牌价值占比位居第7，与排名前三的法国（33.78%）、美国（21.86%）和意大利（11.88%）有较大差距。在传统与现代的时空融合、本土与全球的文化融合、美学与商业的价值融合中，构建具有中国风格的纺织服装时尚体系至关重要。在多极化世界的新现实下，在全球权力结构调整进程中，地缘政治、大国博弈持续深化，成为影响产业发展的深度变量。行业面临技术遏制、投资审查、出口管制、规则博弈、争

端解决等系统性挑战。加强风险预警与形势研判，引导行业健康发展刻不容缓。

坚持守正创新。我们身处一场全面改革之中，面临宏观环境的大调整、发展方式的大变革、竞争格局的大转变。不管是纺织服装行业企业还是上市公司都应强化基础研究和原始创新，解决卡脖子技术难题。发展 AI 驱动的科研范式，提升效率与质量。加强企业主导的产学研融合，强化重点实验室等平台建设。深度挖掘非遗文化、民族文化的价值与内涵，打造新品、精品、珍品，提升价值控制力、品牌溢价率。把握 AI 重塑时尚话语权机遇，在数字经济语境中打造大师、大牌、大事，构筑文化影响力、时尚话语权。巩固传统市场，开拓新兴市场，延展产业出海的空间和梯度，以优质供给深度嵌入国际市场体系。对接国际高标准经贸规则，发展跨境电商等新模式，推动内外贸一体化。发挥资本在塑造产业多元生态中的作用。优化投融资环境，吸引耐心资本、大胆资本；借助全球化资本整合资源，加快实现价值链跃迁。

（撰稿人：陆健）

中纺圆桌年会

中纺圆桌年会是由中国纺织工业联合会主办的纺织行业性智库年度会议，汇集相关政府部门、业界专家、企业精英及科研机构，共同探讨剖析宏观形势、研判行业走势、明晰发展方向。中纺圆桌首届年会于 2005 年举办，至今已成功举办十九届。在我国全面建设社会主义现代化国家的时代新征程中，年会将继续秉承"开放、融合、赋能"理念，为纺织行业推动高质量发展、构建现代化产业体系提供智慧支持。

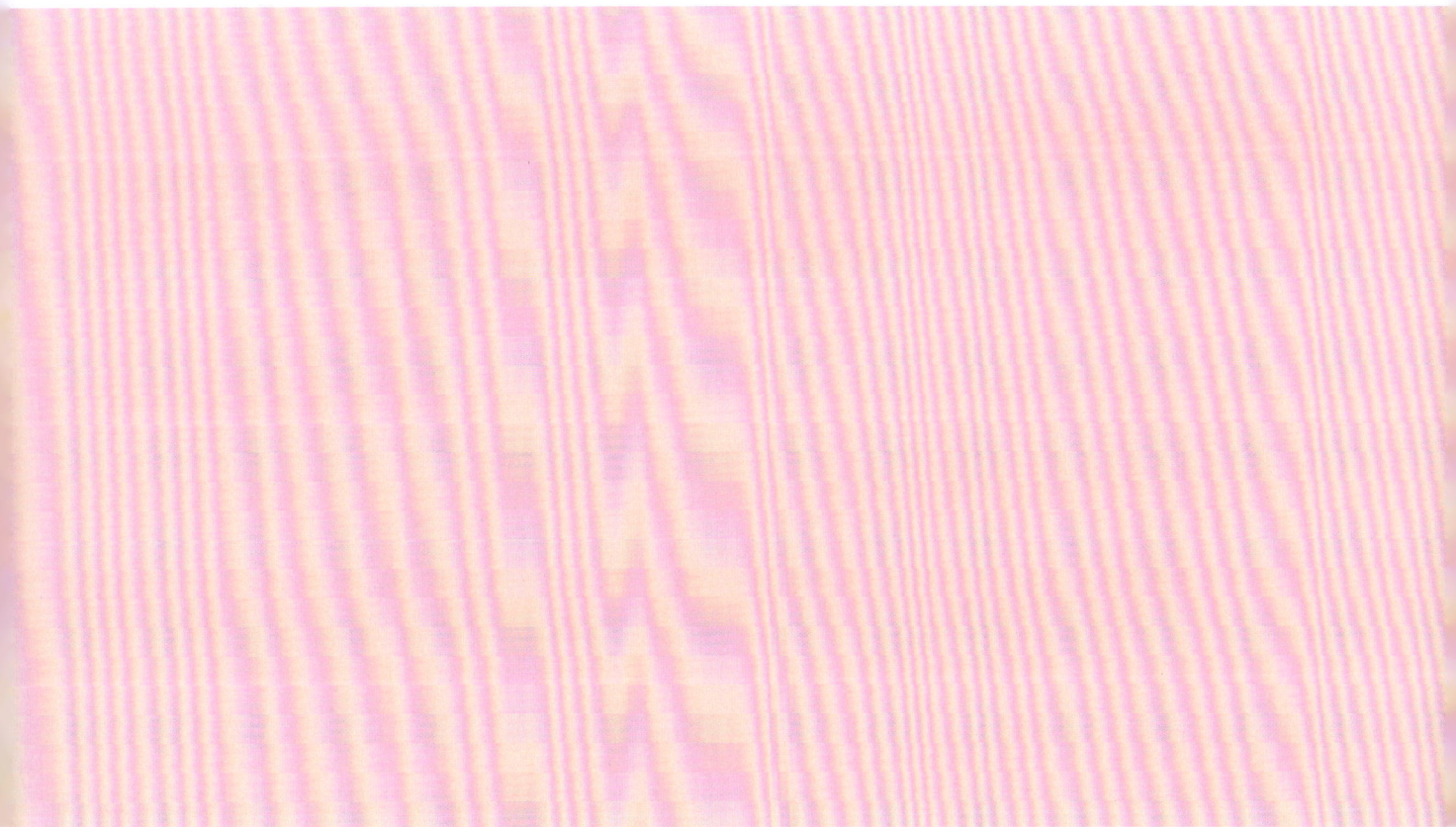

CNTAC

2024/2025 中国纺织工业发展报告

2024/2025 CHINA TEXTILE INDUSTRY DEVELOPMENT REPORT

原料供求

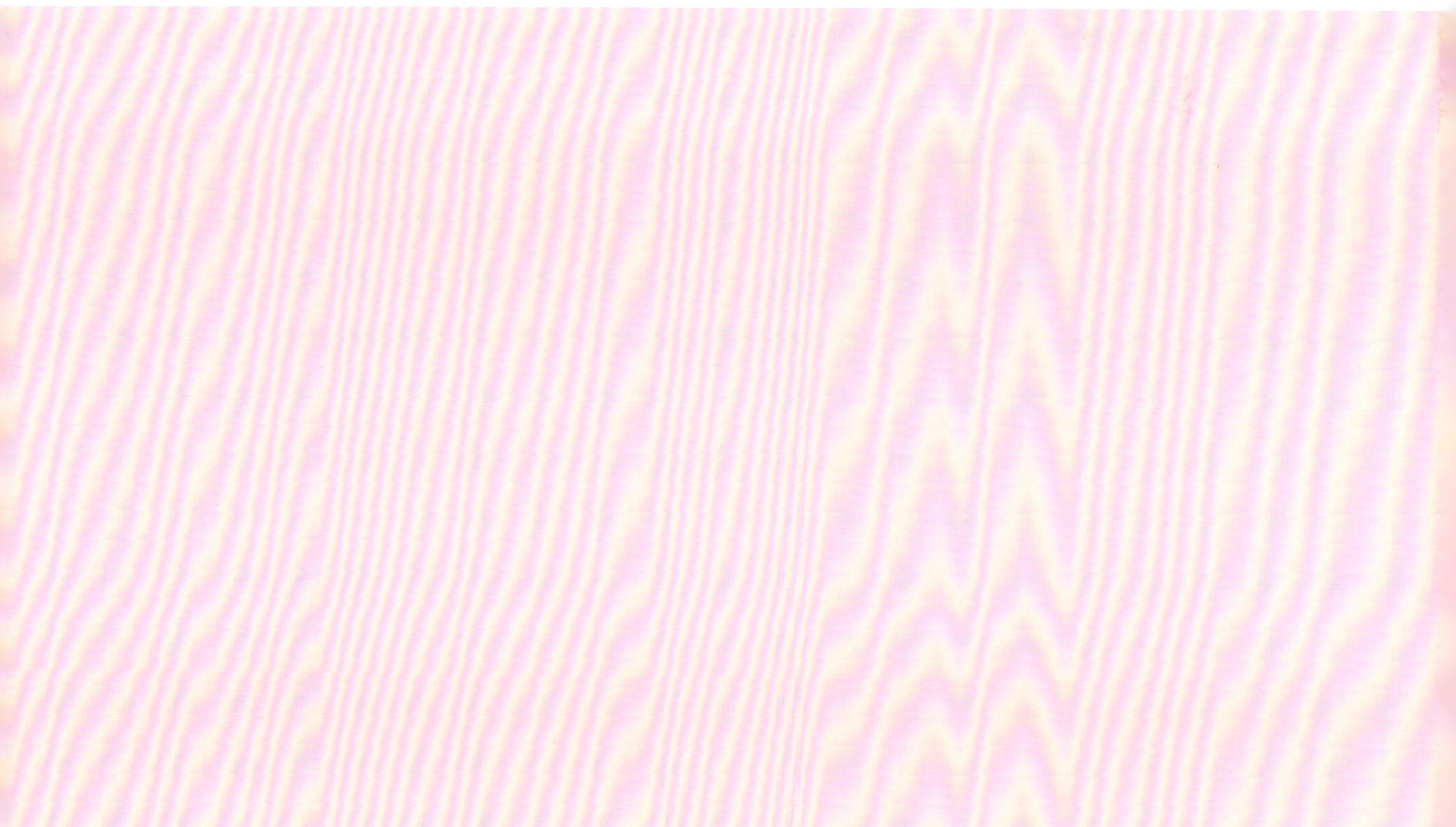

2024年棉花市场回顾及2025年展望

中国棉花协会

2024年，全球政治经济形势面临诸多变数，外部风险压力显著加大，全球棉花市场稳定性面临较大考验。随着全球通胀水平下行，美联储开启降息周期，为全球经济注入了流动性。但是，地缘冲突依旧暗流涌动，贸易保护主义阴霾仍未消散，部分国家持续筑起贸易壁垒，扰乱全球产业链供应链正常运转，国际贸易增速呈现放缓迹象，大宗商品价格承压运行。在此背景下，美国棉花产量实现增长，但由于国际棉价缺乏支撑，呈现"先涨后跌，震荡运行"走势。

在更趋错综复杂的外部形势下，我国积极应对国内外环境变化带来的诸多挑战与影响。通过精准施策，从财政扶持到金融助力，从产业引导到科技创新出台一系列政策"组合拳"，各项政策协同发力、精准落地，宏观经济运行稳中有进，为棉花产业平稳有序发展提供积极支撑。2024年，我国棉花生产实现面积、单产、产量"三增长"，原料供应维持宽松态势；国家有关政府部门增发20万吨棉花进口滑准税配额，并限定用于加工贸易方式进口，也为更好满足市场需求创造积极环境。然而，纺织服装终端市场需求不及预期，国内棉价缺乏支撑有所回落。新棉收购理性有序顺利完成，为棉花产业链稳定运行奠定了基础，且年内未启动中央储备棉投放。

展望2025年，我国宏观经济政策将持续发力，为棉花市场的平稳运行提供有力支撑，棉价波动幅度将有所收窄；国内棉花供应充足，新疆地区棉花产量有望再创新高，中国棉花协会预测2025年全国植棉意向面积将同比增长0.8%，其中新疆地区同比增长1.5%；棉花进口量有所下降，我国对美加征关税后，美棉进口成本上升，巴西、澳大利亚等国

进口量将有所增加；随着国家扩内需政策持续发力，预计2025年国内纺织服装消费将保持增长态势。国际方面，全球经济不确定因素明显增加，美国全面加征贸易关税举措带动全球贸易壁垒高筑，贸易摩擦若进一步加剧，我国纺织外贸订单流失风险将大幅增加。预计2024/2025年度全国棉花产量为666.4万吨，同比增长13.4%；进口量140万吨，同比下降56.7%；消费量794万吨，同比略增0.5%。

2024年棉花供求基本形势

一、棉花供给充足

（一）2024年我国棉花生产实现"三增长"

国家统计局数据显示，2024年，全国棉花播种面积4257.4万亩，同比增长1.8%。其中，新疆地区棉花播种面积3671.9万亩，同比增长3.3%；长江流域棉区播种面积302.1万亩，同比下降1.6%；黄河流域棉区播种面积246.3万亩，同比下降13.6%。分区域看，新疆地区棉花播种面积增加较多，得益于新疆地区棉花目标价格政策稳定，植棉预期收益有保障，棉农种植积极性高涨；而内地植棉受比较效益偏低、种植结构调整等因素影响，面积总体呈缩减趋势。近十年全国棉花种植面积变化见图1。

2024年，全国棉花单产继续提高，全国棉花单产144.8千克/亩，同比增长7.8%。其中，新疆地区棉花单产154.9千克/亩，同比增长7.6%。分区域看：新疆地区棉花自播种以来，光热条件良好，

降水较多，整体气象条件利于棉花生长发育，长势明显好于2023年，新棉采收期内晴好天气多，有利于提高棉花产量和品质；长江流域棉区2024年农业气象条件与2023年相当，植棉技术提高、品种优化，单产稳中有增，为73.2千克/亩，同比增长2.5%；黄河流域棉区前期高温干旱，后期降雨较多，棉花生产略受影响，单产83.7千克/亩，同比下降0.2%。

2024年，在面积增加和单产提高的共同带动下，全国棉花产量达616.4万吨，同比增长9.7%。其中，新疆地区棉花产量568.6万吨，同比增长11.2%；长江流域棉花产量22.1万吨，同比增长0.8%；黄河流域棉花产量20.6万吨，同比下降13.7%。

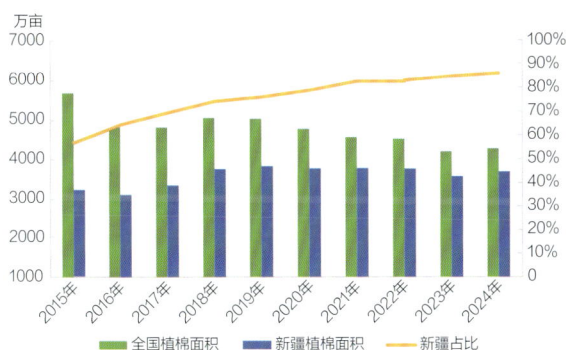

图1　近十年全国棉花种植面积变化

资料来源：国家统计局

（二）2024年新疆地区棉花质量达近六年来最好水平

我国新棉整体质量提升，各项指标良好。中国棉花公证检验数据显示，截至2025年2月28日，全国共有1093家棉花加工企业进行公证检验，检验量约2916.5万包，共658.6万吨，同比增长17.6%。其中，新疆地区棉647.8万吨，同比增长18.5%，全国占比98.4%；内地棉10.8万吨，同比下降14.3%，全国占比1.6%。

除颜色级指标外，全国新棉各项质量指标整体高于去年同期，其中白棉3级及以上占比70.3%，

同比低9.5个百分点，白棉四级占比26.7%，较去年同期提高9.3个百分点；纤维长度28毫米及以上占比98%，同比提高0.3个百分点；马克隆值A+B（3.5～4.9）档占比92.5%，同比提高0.4个百分点；断裂比强度S2（29.0～30.9）及以上档占比83.2%，同比提高19.5个百分点。

新疆地区棉花质量达近六年来最好水平。与2019年相比，长度指标提升0.4毫米，断裂比强度S2（29.0～30.9）及以上档提高49.4个百分点，马克隆值A+B（3.5～4.9）占比提高9.5个百分点，棉花可纺性明显提升。

（三）我国棉花进口量回升

2024年，我国棉花进口量显著增长，上半年，纺织市场需求逐步回暖，纺织服装出口数据持续增长，带动棉花进口量大幅增加。1～4月，棉花进口量同比增长2倍多；5月之后，进口大幅度下降；7月底，国家增发20万吨滑准税配额，增发配额数量低于2023年，同时纺织外销的订单不理想，叠加新棉丰产并大量上市，致使进口量持续走低。中国海关数据显示，2024年我国棉花累计进口量261万吨，同比增长33.8%。分国别看，巴西棉花进口量显著增长，全年共进口110万吨，同比上涨92.8%，占比42%，位于首位；美棉进口88万吨，同比上涨16.5%，占比33%，排名第二；进口澳棉33万吨，同比上涨21.2%，占比13%，排在第三。2024年棉花进口主要来源国占比见图2。

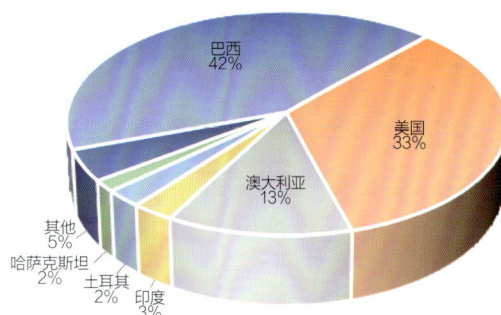

图2　2024年我国棉花进口主要来源国占比情况

资料来源：中国海关

分贸易方式看，进口贸易方式中一般贸易排在首位，共进口131万吨，同比增长61%，占比50%；进料加工贸易、保税监管场所进出境货物和海关特殊监管区域物流货物所占比率分别为4.5%、25%和20.5%。

二、棉花需求不及预期

2024年，我国棉纺织行业运行总体偏弱，外部压力加大，内需增长略显乏力，棉花市场供应充裕，但是纺织品服装出口增幅有限，同时化纤替代性不断增强，国内棉花需求增长不及预期。全球经济增速放缓，经济疲软态势抑制棉纺产品消费，主产棉国基本处于增产周期，产量大于消费，偏宽松的供需格局也将对全球棉价形成一定压力。

（一）全球棉花维持供应宽松格局

根据美国农业部全球棉花供需预测月报数据，2024/2025年度全球棉花消费量2537.4万吨，较2023/2024年度上调38.5万吨；全球棉花产量增至2633.6万吨，较2023/2024年度上调173.7万吨，同比增长7%，全球棉花产大于需，供应充裕。从主产棉国看，美国产量313.7万吨，较2023/2024年度上调51万吨，同比增长19.5%；巴西产量370万吨，较2023/2024年度上调52.9万吨，同比增长16.7%；印度产量较2023/2024年度下调8.7万吨，为544.3万吨，同比下降1.6%；澳大利亚产量117.6万吨，较2023/2024年度上调8.7万吨，同比增长8%；全球期末库存1705.5万吨，较2023/2024年度上调100万吨，同比增长6.3%，库存消费比为67.2%。

（二）国内消费稳定增长

国家统计局数据显示，2024年全国限额以上单位消费品零售总额192553亿元，同比增长2.7%。其中，限额以上单位服装、鞋帽、针纺织品类商品零售额同比增长0.3%。2024年纺织行业实现平稳

收官，利润实现增长。

2023年、2024年服装类商品零售类值情况见图3。

图3　2023年、2024年服装类商品零售类值情况

资料来源：国家统计局

（三）纺织品服装出口企稳

2024年，在国际形势和外部环境复杂多变的背景下，我国纺织品服装出口展现出了一定的韧性，实现了稳定增长，充分彰显了我国纺织服装产业链、供应链的强大坚韧。

据中国海关统计快讯，2024年我国纺织服装累计出口3011亿美元，同比增长2.8%。其中，纺织品出口额1419.6亿美元，同比增长5.7%；服装出口额1591.4亿美元，同比增长0.3%。从不同阶段的出口表现来看，上半年出口形势较为平稳。1~8月，中国纺织服装累计出口1977.7亿美元，同比增长1.1%。其中，纺织品出口930.7亿美元，增长3.5%；服装出口1047.1亿美元，同比下降1%。9~11月，纺织品服装出口压力加大，出口额出现小幅回落。12月，部分外贸企业受美国加征关税预期影响"抢出口"，当月出口额为280.7亿美元，同比增长11.4%，环比增长11.5%，为全年出口韧性释放提供支撑。

2023年、2024年我国纺织品服装出口金额统计见图4。

三、2024年国内外棉花价格情况

2024年，国内棉价先涨后跌，承压运行；国际市场，外围因素多扰动；产业层面，供应宽松、需

求疲软，棉价震荡回落，内外棉价差先扩大后缩小。

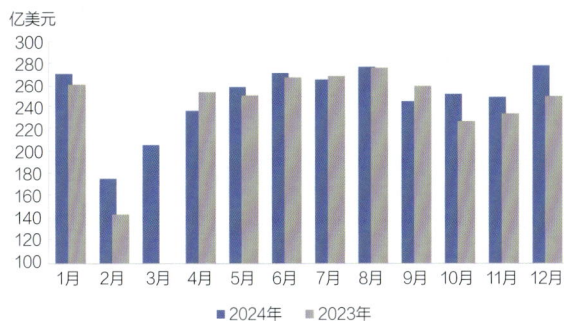

图4　2023年、2024年纺织品服装出口金额情况

资料来源：中国海关

（一）国内棉价震荡下跌

２０２４年，国内外棉价震荡回落。前两个月，国内宏观市场氛围转好，纺织企业订单充足，国内棉价连续上涨，2月29日中国棉花价格指数（CCIndex3128B）达到全年最高点，为17295元/吨；之后订单增长不及预期，加上新棉丰产，棉价连续回落，9月在宏观经济回升的带动下，国内棉价小幅反弹，10月初中国棉花价格指数（CCIndex3128B）最高至15691元/吨；第四季度，棉纺织市场再度走弱，棉价持续回落，12月31日中国棉花价格指数（CCIndex3128B）收于14675元/吨，为全年最低点，同比下跌1787元。2024年中国棉花价格指数（CCIndex3128B）年均价15966元/吨，同比下跌5%。

2024年国内外棉花价格走势见图5。

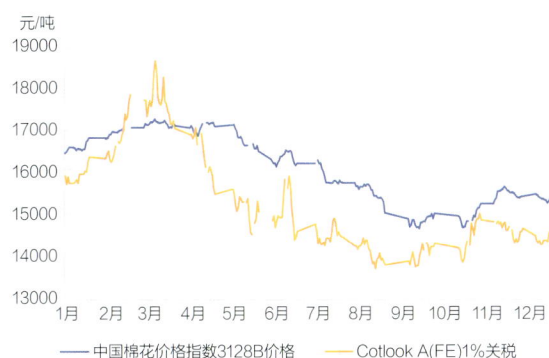

图5　2024年国内外棉花价格走势

资料来源：中国棉花协会、Cotlook网站

（二）郑棉期货成交量震荡下跌

2024年，国内期货价格承压运行，震荡回落。年初，纺织企业开局较好，郑棉期货价格跟随国际棉价连续上涨，郑棉主力合约最高涨至16000元/吨附近。但随后国内纺织市场旺季不旺特征明显，市场供应宽松格局持续，国内棉价缺乏支撑，叠加国际棉价震荡回落，郑棉期货开始震荡下行。4月中下旬开始，郑棉一路下跌，最低至13200元/吨附近。9月下旬新棉上市，有上涨预期和消费旺季预期，宏观政策也刺激市场情绪偏强，郑棉最高涨至14600元/吨附近。10月，新棉增产超预期，收购价格较低，郑棉价格跌至13300元/吨附近。12月15日以来，郑棉主力CF505合约盘面价格持续在13300～13600元/吨区间盘整，多空双方入市都趋于谨慎。

2024年郑棉期货主力合约量价情况见图6。郑商所棉花主力合约全年日均成交量29万手，比2023年低16.6万手，同比下跌36个百分点，最高单日成交量60万手。全年均价为14729.4元/吨，同比下跌6个百分点，其中最高价16470元/吨，最低价13330元/吨。

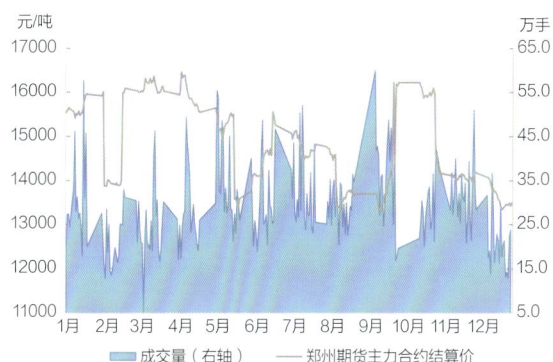

图6　2024年郑棉期货主力合约量价情况

资料来源：郑州商品期货交易所

（三）收购价同比大幅下跌 但波动幅度较小

2024/2025年度新棉开秤以来，加工企业经营普遍较为理性，入市谨慎，收购市场总体有序运行，收购价格跟随皮棉市场波动，大幅低于2023年，但

收购期间变动幅度不大。

开秤初期，由于新疆地区棉花丰产、现货价格弱势运行，开秤价格大幅低于上年，新疆地区手摘棉价格在 6.2 ~ 7 元 / 千克，机采棉在 5 ~ 6 元 / 千克；国庆节期间，收购价格有所上涨，最高分别涨到 7.4 元 / 千克和 6.4 元 / 千克左右；采收高峰期，机采棉大规模展开，籽棉价格震荡回落；收购末期，手摘棉和机采棉分别为 6.6 元 / 千克和 5.3 元 / 千克左右。中国棉花协会统计，截至 2025 年 1 月，全国 400 型棉花加工企业 3128 级籽棉年度平均收购价格 6.3 元 / 千克，同比下跌 15.9%，其中新疆地区 6.3 元 / 千克，同比下跌 16%，内地 6.6 元 / 千克，同比下跌 17.3%。

2024 年新疆地区与内地棉花收购价格走势见图 7。

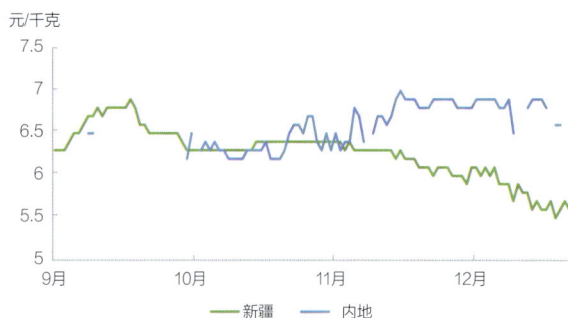

图 7　2024 年新疆地区与内地棉花收购价格走势

资料来源：中国棉花协会

（四）国际棉价先涨后跌

国际棉价走势与国内基本一致。2024 年初国际棉价涨幅大于国内，2 月内外棉价差开始倒挂，2 月 29 日 Cotlook A 指数达到 107 美分 / 磅，创全年最高；之后由于美国天气利于棉花播种，市场增产预期较强，国际棉价快速回落，3 月末内外棉价倒挂结束；随后受美联储开启降息周期、美棉签约量下降、地缘冲突加剧、美国大选等因素影响，国际棉价整体回落，内外棉价差在 300 ~ 1800 元之间波动，12 月 20 日 Cotlook A 指数创全年最低价 78.15 美分 / 磅。

2024 年 Cotlook A 指数年均价为 86.6 美分 / 磅，同比下跌 8%。Cotlook A 指数与 ICE 近期合约结算价格走势见图 8。

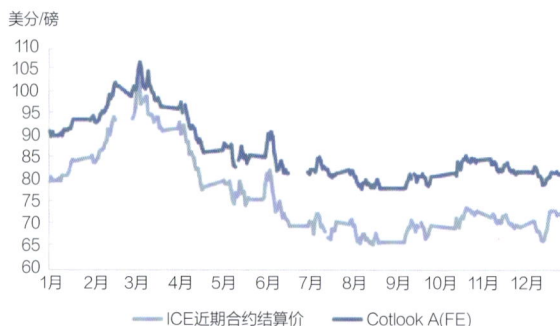

图 8　2024 年 Cotlook A 指数与 ICE 近期合约结算价格走势

资料来源：Cotlook 官网、中国棉花信息网

（五）内外棉价差小幅收窄

2024 年，内外棉价差短期倒挂，价差转正后小幅收窄。年初国内外棉价均小幅上涨，国际棉价涨幅高于国内。3 月末内外棉价倒挂结束，随后国际棉价开始回落，内外棉价差全年在 300 ~ 1800 元之间波动，年末价差在 700 元左右。

内外棉价差走势见图 9。

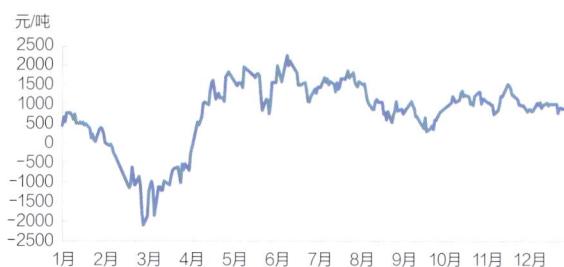

图 9　2024 年中国棉花价格指数 3128B 与 FC Index M 1% 滑准税价差走势

资料来源：中国棉花协会

四、2024 棉花供需宏观环境

2024 年我国围绕棉花产业与纺织服装领域出台多项政策，4 月起施行《中央储备棉管理办法》；7

月发放20万吨非国营加工贸易棉花滑准税配额，保障原料供给；新疆地区9月推行棉花目标价格补贴与质量挂钩政策，促进优质优产；同时，工信部与商务部联合开展纺织服装"优供给促升级"活动，推动行业高质量发展。

（一）中央储备棉管理办法

2024年，国家发展改革委、财政部联合印发《中央储备棉管理办法》，自2024年4月1日起施行，此管理办法明确提出，应加强中央储备棉的储存管理，要求中储粮集团和承储企业加强内部管控、实行专库专人专账管理，保证中央储备棉账账相符、账实相符、储存安全等，确保入库储备棉质量，明令不得擅自变更库点和串换品种、不得掺杂掺假和以次充好、不得故意拖延出库、不得以中央储备棉对外担保或清偿债务等。

（二）棉花进口管理政策

2024年7月31日，国家发展改革委发布关于2024年棉花关税配额外优惠关税税率进口配额申请有关事项的公告，为保障纺织企业用棉需要，经研究决定，发放2024年棉花关税配额外优惠关税税率进口配额，此次发放棉花进口滑准税配额数量为20万吨，全部为非国营贸易配额，限定用于加工贸易方式进口。

（三）棉花目标价格政策

2024年9月，为进一步完善棉花目标价格补贴政策，落实"优棉"要求，推动棉花生产流通中体现优质优补，持续提升棉花质量，新疆维吾尔自治区市场监督管理局等8部门印发《新疆棉花目标价格补贴与质量挂钩政策实施方案（2024—2025年）》，此方案提出兵地棉花互交互认、参与质量补贴有条件以及取消种植规模门槛。质量补贴的实施对于棉花实际种植者和棉花加工企业持续提升棉花质量有重要影响。

（四）两部门开展2024纺织服装"优供给促升级"活动

为深入贯彻中央经济工作会议精神，推动纺织服装行业高质量发展，提升供给质量，扩大传统消费，工业和信息化部联合商务部组织开展"2024纺织服装优供给促升级"活动。活动重点包括：推动数字纺织建设，培育纺织行业新质生产力；强化综合服务支撑，打造中国纺织名品方阵；推动绿色循环低碳，引领健康时尚消费理念；促进产业链协调发展，形成梯度发展产业布局；坚持高水平对外开放合作，激发内外贸市场新动能；加强宣传报道，推动行业创新和优质产品的广泛推广，营造有利的市场和消费环境。

2025年棉花市场展望

2025年，我国宏观发展环境较好，经济运行基础向新向好，市场主体及发展预期有效提振，棉价波动幅度或有所收窄。但国际棉花消费市场不容乐观，全球贸易摩擦广泛上行，终端需求疲软、美元走势影响各国棉制品采购、小额跨境商品加征关税导致全球棉花需求下降，产业链面临的不确定性显著上升。国际方面，美国加征关税举措存在较大变数，国际棉价稳定性仍待观察。国内方面，我国多地陆续发放纺服类消费券，扩内需举措的提振作用将逐步显现，且随着美棉进口量进一步减少，未来进口棉供应预期收紧，预计国内棉价将小幅回升。

（撰稿人：胡高帆）

2024 年涤纶市场回顾及 2025 年展望

浙江华瑞信息资讯股份有限公司

聚酯原料类

一、PX（对二甲苯）市场

（一）2024 年 PX 市场运行回顾

2024 年布伦特原油期货均价在 79.8 美元/桶，现货均价在 80.7 美元/桶，分别同比下跌 2.9% 和 2.3%；同期 WTI 原油期货价在 75.7 美元/桶，现货均价为 75.9 美元/桶，同比均下跌 2.4% 和 2.3%。2024 年，俄乌战争和中东地缘冲突对油价形成阶段性扰动。尽管 OPEC+ 延续其减产政策为油价托底，但在面临市场份额下滑时，内部矛盾渐起。产量恢复预期下，原油消费即将达峰，需求预期低迷令油价持续承压。

2024 年石脑油价格走势较为强势。上半年，由于俄乌战争，俄罗斯石脑油出口阶段性受阻，造成亚洲石脑油供应节奏失衡；年中开始，LPG 价格强势令石脑油作为替代裂解材料，需求支撑价格偏强运行；下半年，在未来多套新投裂解装置的需求预期下，石脑油仍较强势运行。2024 年，石脑油年均价在 674 美元/吨 CFR 附近，同比上涨 3.7%。CFR 石脑油效益（与布伦特原油期货价差）同比大幅度上涨 139% 至 74 美元/吨。2024 年原油和石脑油的价格及价差走势见图 1。

2024 年，PX 均价为 962 美元/吨 CFR，同比下跌 7.3%。年内 PX 价格走势大致可分为两阶段：一阶段为 1 到 6 月，PX 窄幅震荡僵持运行期；二阶段为 7~12 月，PX 价格大幅下跌后震荡运行期。2024 年 PX 价格走势见图 2。

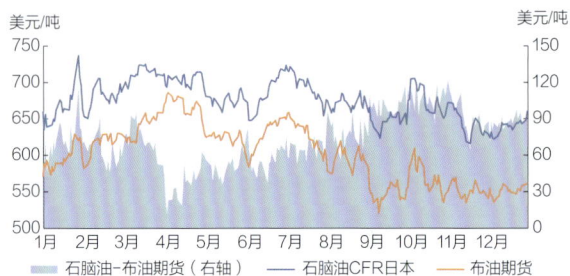

图 1　2024 年原油和石脑油的价格及价差走势

资料来源：华瑞信息（CCF）

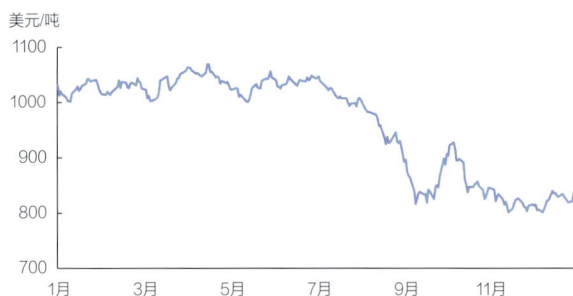

图 2　2024 年 PX 价格走势

资料来源：华瑞信息（CCF）

2024 年 PX 效益回落（主要指 PX 和石脑油价差），结束 2022 年以来的高位水平。全年来看，PXN 年均值为 288 美元/吨，同比下跌 25.8%。从绝对值看，PXN 最低在 11 月 7 日的 167 美元/吨，而最高在 6 月 7 日的 382 美元/吨。2024 年 PX、石脑油价格及两者价差走势见图 3。

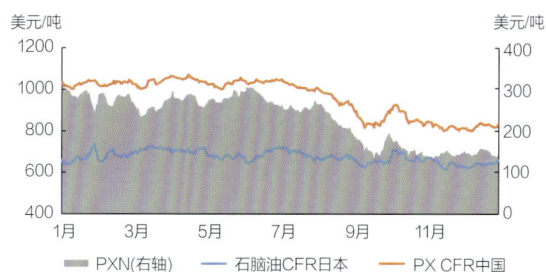

图3　2024年PX、石脑油价格及两者价差走势
资料来源：华瑞信息（CCF）

（二）2024年PX供需情况

至2024年底，中国大陆PX的产能维持在4367万吨，无新增产能。2024年国内PX产量在3781万吨左右，增速在12.3%。2024年国内PX总进口量约938万吨，同比增长约3.1%，进口依存度下降1个百分点至20%左右。2024年中国大陆PX仅在7月出口20吨和8月出口1吨，总计21吨。

（三）2025年PX市场展望

预计2025年PX的行情可能更集中在PX自身供需面的影响，以及原料走势带来的价格波动。2025年，原油价格重心进一步回落，甚至不排除破位下跌可能。供需面看，上半年国内依旧新投PTA为主，PX并无新增产能，叠加上半年PX的传统检修季，预计2025上半年PX仍会阶段性价格走强；下半年PTA新增产能依旧较多，但裕龙石化的PX能否顺利投产仍然面临不确定性，并且PX的检修可能有所减量，同时随着PTA的投产增多，PTA效益可能会压缩至亏损，进而导致企业减产降负的程度，这会拖累对PX需求，从而对PX带来一定压力。

二、PTA（精对苯二甲酸）市场

（一）2024年PTA市场运行回顾

2024年，PTA价格震荡后探底。上半年PTA现货价格在5750~6000元/吨区间震荡，原

油上涨后回落，但PTA先累库再去库，PTA成本面和基本面上涨驱动错开，PTA价格波动率下降，1~6月PTA价格波动率仅为1%。下半年原油重心下探，且调油逻辑弱化后PXN大幅回撤，同时宏观情绪偏弱，PTA累库兑现下，PTA价格跌幅扩大。9月底国内宏观超预期利好政策刺激商品信心以及油价反弹，PTA价格阶段性反弹，但随着商品氛围转弱以及油价回落，PTA价格再次走弱，四季度低位震荡为主。具体走势见图4。

图4　2024年PTA内外盘现货价格走势
资料来源：华瑞信息（CCF）

据华瑞信息（CCF）数据，2024年PTA内盘均价为5513.93元/吨，同比下降5.8%。2024年PTA美金均价为709.19美元/吨，同比下降8.8%。

2024年国内PTA加工差平均值为280.18元/吨左右（按照汇率卖出价计算），同比微跌2.0%，PTA企业延续亏损，加工差走势见图5。

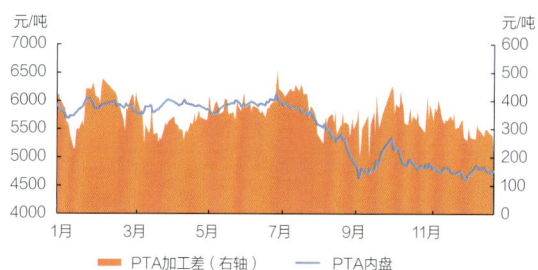

图5　2024年PTA内盘加工差走势
注　内盘生产价差按照0.655×PX×1.02×1.13×汇率中间价核算加工费。
资料来源：华瑞信息（CCF）

（二）2024年PTA供需情况

截至2024年底，中国大陆PTA产能8601.5万吨，同比增加6.7%。2024年国内PTA产量在7188万吨附近，进口总量（PTA+QTA）1.85万吨，出口441.76万吨，表观需求量约6748万吨。2024年PTA社会库存积累，全年累库在65万吨附近。

（三）2025年中国PTA市场展望

2025年PTA产能投扩仍然较为集中，产能增速预计在10%附近。而相比较上下游的扩能来看，PX预计有300万吨装置投产，聚酯装置整体有效影响量估计在500万吨左右。因此从产能结构来看，PTA产能过剩延续，同时面临原料偏紧的情况。

三、MEG（乙二醇）市场

（一）2024年MEG市场运行回顾

2024年内乙二醇价格宽幅整理，均价重心有所上移。基本面表现尚可，港口库存自五月起回落至低位运行，为市场价格形成有效支撑。9月底10月初受宏观气氛带动，乙二醇价格重心坚挺上行。随着利润改善，部分存量装置复产积极，乙二醇高位表现承压。但库存处于低位，聚酯负荷略超预期，对乙二醇形成支撑，价格走势见图6。

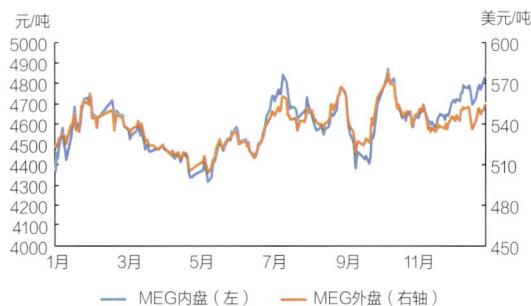

图6　2024年MEG内外盘
价格走势

资料来源：华瑞信息（CCF）

2024年CCF、MEG内外盘平均价分别在4596元/吨、539美元/吨，同比分别上涨512元/吨、50美元/吨。

2024年，石脑油制平均现金流在-157美元/吨，同比上升30美元/吨；乙烯制乙二醇外盘平均现金流为-93美元/吨，同比亏损减少34美元/吨；甲醇制乙二醇平均现金流为-1357元/吨，同比亏损减少306元/吨。

（二）2024年MEG供需情况

截至2024年底，中国大陆MEG企业总产能达2857.5万吨，产能增幅2%。2024年国内MEG产量为1960万吨，同比增加17%；进口总量为655万吨，同比减少8%；出口量为17万吨，同比增加64%；表观消费量约2599万吨。2024年MEG供需格局去库明显，整体在36万~37万吨附近。

（三）2025年MEG市场展望

2025年国内MEG产量增速将适度放缓，新增产量主要来自新装置输出以及价格重心抬升下部分装置复产。从价格的角度来看，2025年乙二醇均价重心较2024年将继续提升，其中受整体库存低位影响价格弹性将有所增加。

聚酯产品类

2024年底国内大陆地区聚酯产能在8634万吨，同比增速为8.1%。如果按照当年产量/年底产能来测算聚酯负荷，2024年聚酯负荷达到87%，同比提升3个百分点。2024年聚酯产量在7470万吨，同比增速在11.2%附近。2024年投产的主力变成了非纤品种，其中瓶片占据了绝对主力，而薄膜、切片投产量同样可观，相对来说长丝、短纤投产则是非常温和。

一、聚酯切片市场

（一）2024年聚酯切片市场运行回顾

2024年，聚酯切片价格走势表现为震荡后大幅下跌，再适度冲高回落。上半年，聚酯切片价格跟随原料小区间震荡，高低价差值仅四百元左右，切片多处于亏损状态。下半年，7月至9月中，在原油下跌和商品承压下，聚酯原料成本大幅回落，切片价格重心也逐步下探，跌幅达1千元左右；9月下旬至国庆假期，在国内宏观利好释放及国庆假期油价大涨的情况下，聚酯原料成本端出现反弹，带动切片价格重心抬升，但节后市场逐步呈回落态势，聚酯原料成本及切片价格也一路下探，切片价格于12月上旬刷新年内低位。具体价格走势见图7。

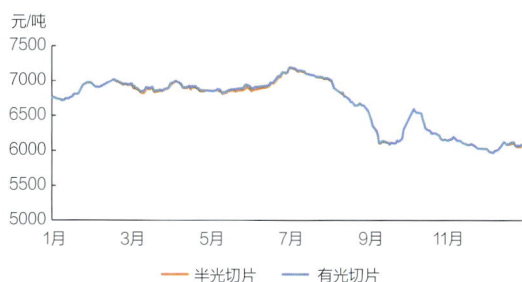

图7　2024年聚酯切片现货价格走势

资料来源：华瑞信息（CCF）

据CCF价格指数，2024年半光切片年均价为6652元/吨，同比下跌2.0%；有光切片年均价为6660元/吨，同比下跌2.4%。

2024年，聚酯切片加工差总体表现一般，半光、有光切片同比2023年均有所压缩，相对来说，上半年切片多处于亏损状态，而下半年则多处于盈利状态。2024年，半光切片平均加工差在410元/吨，较2023年缩小18元/吨，有光切片平均加工差在419元/吨左右，较2023年减少44元/吨。

（二）2024年聚酯切片供需情况

2024年，聚酯切片市场新增产能较多，纯切片和侧切片均有不少增量。考虑到部分含侧切片的聚酯老装置产能退出市场以及部分聚酯装置配套纺丝后减少或停止生产切片，至2024年底国内聚酯切片总产能大概在1120万～1130万吨左右（因侧切片产量可调剂，聚酯切片无明确产能数据），产能比2023年明显增长。

（三）2025年中国聚酯切片市场展望

2025年来看，尽管计划投产的纯聚酯切片新装置不多，但考虑到2024年的新产能在2025年产量释放更加明显，并且有部分聚酯长丝及薄膜新装置的侧切片增量，另外还存在个别旧装置重启的可能，因此，预计聚酯切片供需面压力依旧较大，甚至可能超过2024年。

二、聚酯瓶片市场

（一）2024年聚酯瓶片市场运行回顾

2024年聚酯瓶片行业仍处于集中投产期，新产能的供应冲击是行业面临的主要问题。2024年聚酯瓶片市场价格整体呈现震荡下跌，价格走势见图8。

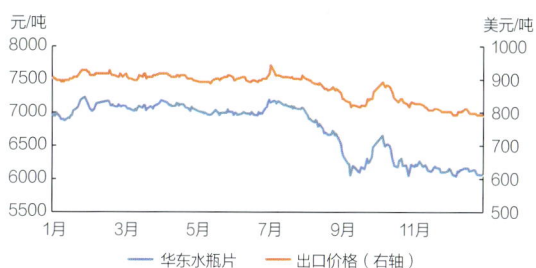

图8　2024年华东聚酯水瓶片和FOB中国出口价格走势

资料来源：华瑞信息（CCF）

据CCF指数，2024年华东水瓶片均价在6747元/吨，出口875美元/吨FOB上海港，同比分别下跌5.2%和5.6%。2024年内盘最高价格指数在7224元/吨，最低在6033元/吨；外盘最高价格指数在940美元/吨FOB上海港，最低价格指数790美元/吨FOB上海港。

据CCF统计，2024年聚酯瓶片内外盘平均加工区间分别为505.2元/吨和89.5美元/吨，同比分别下滑33.1%和10.5%。

（二）2024年聚酯瓶片供需情况

截至2024年底，国内聚酯瓶片产能为2043万吨/年，同比增长23%。2024年聚酯瓶片产量为1556万吨附近，同比增长19%。内需在862万吨附近，同比增14%；出口在585万吨附近（单个税则号39076110），同比增28%；综合税则号39076110和39076910以及各工厂口径统计以后的总量为635万吨附近，同比增31%，年末社会库存在229万吨附近，较2023年同期增长约59万吨。

（三）2025年聚酯瓶片市场展望

2025年，聚酯瓶片新投计划有所减少，但由于2023~2024年产能投放较快，聚酯瓶片行业供需格局将继续面临较大考验，部分装置继续面临淘汰或转产其他产品。与此同时，国内聚酯瓶片前四家产能比重超过80%，后期行业集中度将进一步提升。从工厂效益来看，2025年在新产能投放不多，而原料成本波动预计继续受限，聚酯瓶片的整体利润状况预计维持低位区间震荡为主，但预计较2024年有所改善。

三、涤纶长丝市场

（一）2024年涤纶长丝市场运行回顾

2024年，在世界经济走势、地缘政治形势、"欧佩克+"产量政策、新能源汽车发展等因素影响下，原油价格震荡偏弱。总聚合成本则呈现为上半年窄幅震荡，三季度震荡大幅下跌，四季度震荡略偏弱格局。2024年涤丝长丝价格全年来看，整体呈现为上半年窄幅震荡，下半年震荡趋弱的格局。具体价格走势见图9。

据CCF价格指数，2024年，半光POY150旦/48F、FDY150旦/96F、DTY150旦/48F低弹年均价

图9　2024年涤纶长丝价格走势

资料来源：华瑞信息（CCF）

分别在7475元/吨、8015元/吨、8895元/吨，较2023年分别下跌52元/吨、141元/吨、22元/吨。

从聚酯熔体投料成本来看，2024年熔体投料成本平均在6252元/吨，较2023年下跌108元/吨。因此，2024年，前纺名义现金流POY小幅改善，FDY略有下降，整体盈利，但盈利性依旧是FDY好于POY；后纺大厂DTY的现金流稍有提升。

（二）2024年涤纶长丝供需情况

截至2024年底，涤纶长丝产能为5273万吨，产能增速2.0%。2024年，涤纶长丝产量在4410万吨左右，同比增加8.6%。国内进口量在7.2万吨，同比增加8.5%；出口量在388.0万吨，同比减少2.8%。国内涤纶长丝表观消费在4029万吨左右，同比增加9.9%，处于历史高位。

（三）2025年涤纶长丝市场展望

2025年长丝产能增速虽然有所回升，但长丝负荷和库存再上升空间有限，预计长丝产量增速有所回落，尤其关注2025年春节期间涤纶长丝减停产情况，这对于年后市场起到比较至关重要的影响。2025年需求端的主要风险在于出口，尤其关注中美贸易战升级对出口带来的冲击，如果纺服出口增速没有出现明显下降，那么长丝供需格局仍会有一定改善，依旧适度看好长丝效益的修复。

四、直纺涤纶短纤市场

（一）2024年直纺涤纶短纤市场运行回顾

2024年直纺涤纶短纤冲高回落。年初价格在7340元/吨，高位在7月初7935元/吨，年底跌至6980元/吨，价格走势见图10。

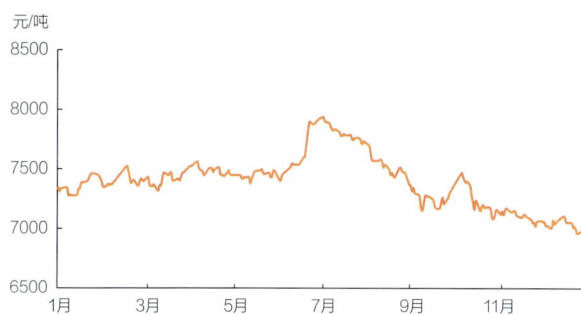

图10　2024年半光1.4旦直纺涤纶短纤价格走势

资料来源：华瑞信息（CCF）

2024年，直纺涤纶短纤年均价在7396元/吨，较2023年上涨3元/吨；年均加工差在1075元/吨附近，较2023年增加122元/吨。

（二）2024年直纺涤纶短纤供需情况

截至2024年底，国内直纺涤纶短纤产能在950.5万吨，同比增加0.8%。2024年，直纺纶涤短纤产量增加至810万吨，增速下滑至5.2%。国内未梳涤纶短纤出口总量为131.8万吨，同比增加9.4%；涤纶短纤进口量为10.6万吨，同比增加5%。结合库存方面来看，2024年年底较年初减少4.3天，因此综合评估，2024年国内直纺涤短国内表观需求量为728.6万吨，较2023年增加46.5万吨左右。

（三）2025年直纺涤纶短纤市场展望

从供应端来看，2025年仅10万吨新投计划，供应压力不大，主要在于工厂负荷的把控及闲置产能的恢复情况。需求端方面，国内提升内需，因此内需市场仍继续看增；外需方面，2025年特朗普上台，中美关系将再度紧张，出口压力加大，市场对终端服装外需预期不乐观。整体而言，2025年棉型产品迎来投扩空窗期，整体供需面相对乐观，加工差也将进一步改善，但中空及低熔点短纤压力依然存在。

（撰稿人：王伟飞　郝尚坤）

2024年全球主要羊毛市场产销及贸易情况

南京羊毛市场

2024年，世界经济继续在中低速增长的轨道上前行。尽管通胀压力有所缓解，但地缘政治冲突与贸易保护主义干扰、全球债务问题、大宗商品价格波动等因素仍然影响着全球经济的稳定性。我国宏观经济运行态势总体平稳、稳中有进，但国内外纺织服装终端消费略显疲弱，各类羊毛产品特别是高档制品的市场需求尚未全部释放，国际贸易形势呈现恶化迹象，不仅加大了对我国毛纺织行业平稳运行难度，也给羊毛原料市场带来诸多不确定性。

澳大利亚羊毛市场

澳大利亚产量预测委员会数据显示，2023/2024年度羊毛产量为31.8万吨，以19.5微米以细为主，与三十年前相比，该细度范围产量增加了159%，而28.5微米以粗产量则下降了16.7%，羊毛平均纤维细度有逐步降低趋势（图1、图2）。截至2025年3月，2024/2025年度羊毛产量最新预测为27.94万吨，较2023/2024年度预测降低12%；预计2024/2025年度绵羊总数量为6320万头，较2023/2024年度减少11.7%；平均每头羊的剪毛重量为4.42千克（含脂），较2023/2024年度减少0.5%。

2024年初澳大利亚市场在休市后复拍，开拍总供应量超五万包，为三年来首拍上市量最高值。牧民积极性较高对市场价格维持上涨态势具有支撑，但由于欧美市场库存较高，我国市场尚未启动，实质需求改善力度仍显乏力。市场成交量虽然高于往年水平，但交易价格震荡下行，细支毛与粗支毛销售呈现分化态势，粗支杂交毛销售量明显增加。进

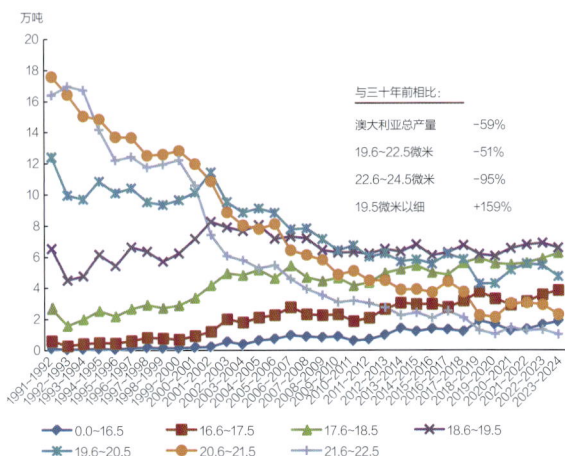

图1　澳大利亚羊毛主要细度产量变化情况

资料来源：AWEX

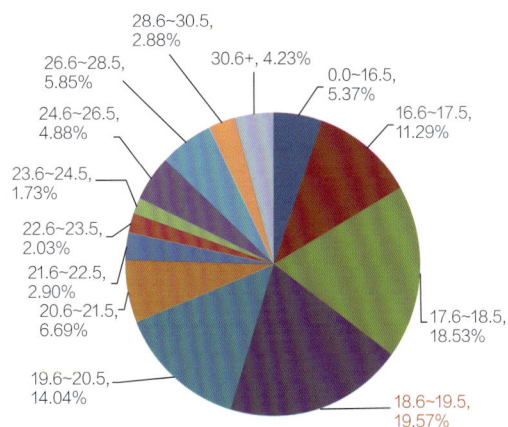

图2　2023/2024年度澳大利亚羊毛细度分布

资料来源：AWEX, AWTA

入2024/2025年度，拍卖市场价格维持在小区间范围内平稳波动，2024年9月末到10月我国股市上涨

行情带动羊毛市场价格上行，但很快回归正常价格区间。2024年12月中旬第25周拍卖时，东部市场指数（EMI）收于1154澳分/千克，同比下跌58澳分（-4.8%）；EMI美元价收于730美分/千克，同比下跌84美分（-10.3%）。2024/2025年度，澳毛总供应量为75.8亿包，同比减少15.2%，平均流拍率为5.0%。

新西兰羊毛市场

2024年新西兰阿瓦托托（WoolWorks）洗毛厂重新开业，有力缓解了前期洗净毛供应紧张的局面。但受新西兰恶劣天气影响，养羊条件下降，2024/2025年度预计30%羊羔会被宰杀，导致下一年度的羊毛减产可能超预期。新西兰毛地毯等室内装潢用纺织品需求稳定，花式纱上也有一定用量。欧洲以及印度市场需求较好，在需求大于供给的局面下，粗支毛价格2024年以来呈现稳步上涨态势，已经恢复到2020年前水平，甚至接近2018年高位，与澳洲粗支毛价格已大致相当。2024/2025年度至2024年末第25周拍卖后，新西兰粗支毛累计供应量为131456包，与2023/2024年度同期相比减少31952包，降幅为19.6%，但平均成交率高达90.1%，为四年来历史同期最高水平（图3）。

图3　新西兰粗支毛价格指数走势

资料来源：新西兰国际羊毛有限公司

南非羊毛市场

据南非羊毛局数据统计，由于羊毛价格波动，加之气候条件干旱，牧民减少养羊，转投其他作物，2023/2024年度羊毛产量约40592吨，同比减少4.5%。2024/2025年度南非羊毛产量预测约为4.1万吨，目前产量超87%为20.5微米以细，且70%以上的羊毛生产商均获得RWS认证（图4）。

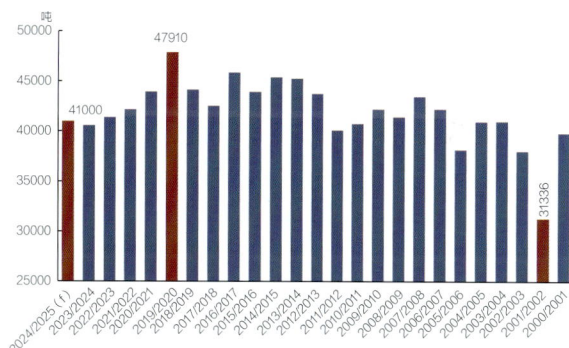

图4　近年来南非羊毛产量情况

资料来源：南非羊毛局

受全球宏观经济增长放缓、不确定不稳定因素增多影响，南非羊毛市场2024年初行情震荡偏弱，但进入2024/2025年度后较为平稳。与8月初相比，2024年12月末全美利奴指数收于164.21兰特/千克，认证指数收于166.89兰特/千克，较8月初分别下降0.9%和1.8%。从认证羊毛和非认证羊毛价格走势上看，受全球终端需求不足影响，2023年以来二者间价差持续缩小，2024/2025年度累计供应量121581包，成交率95.84%（图5、图6）。

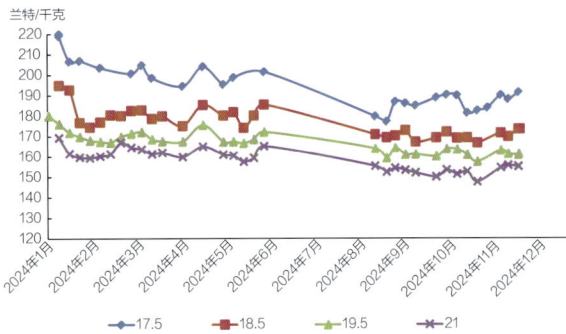

图5　南非羊毛非认证型号价格指数

资料来源：南非羊毛局

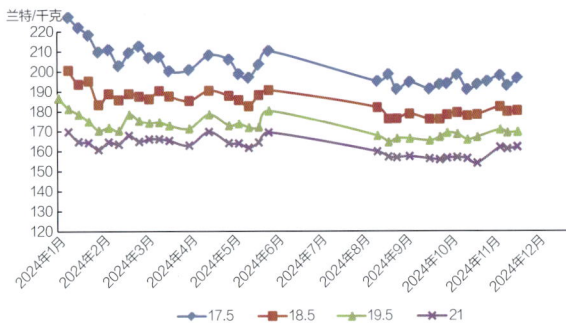

图6　南非羊毛认证型号价格指数

资料来源：南非羊毛局

中国羊毛市场

2024年，在较为复杂的外部环境下，我国毛纺织行业平稳发展的压力有所加大，虽然绿色低碳、数智转型、国际化发展等趋势更趋明朗，给毛纺织企业转型升级带来良好机遇，但海外羊毛及制品消费需求疲软、市场竞争加剧、贸易保护主义抬头等不确定不稳定因素亦不容忽视。我国是全球羊毛消费和贸易大国，对全球羊毛市场供需两端变化均有较为重要的影响。从国内需求来看，2024年我国居民消费者信心指数仍在低位徘徊，羊毛制品消费意愿尚待改善，相关纺织服装消费需求潜力还有待释放。居民消费升级趋势仍在持续，对品质化、绿色化羊毛制品消费增长的空间仍待进一步挖掘。随着

国家消费品以旧换新相关增量政策出台，我国羊毛需求有望进入小幅持续回暖的良性增长通道。

从我国主要羊毛原料贸易情况来看，分化态势较为明显。根据中国海关数据，2024年我国累计进口原毛数量约27.5万吨，同比增长8.6%；进口总额为19.48亿美元，同比减少0.61%。全年我国累计出口毛条3.3万吨，同比减少11.3%；同期出口总额3.7亿美元，同比减少17.53%（图7、图8）。

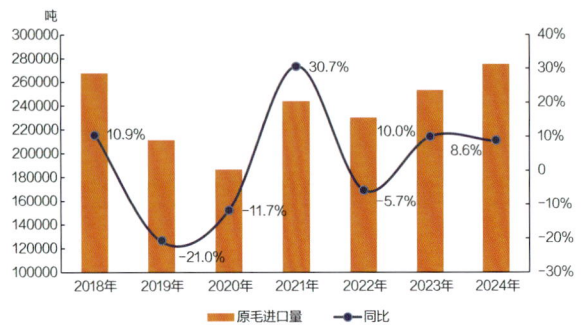

图7　2024年中国原毛进口量及变化

资料来源：中国海关

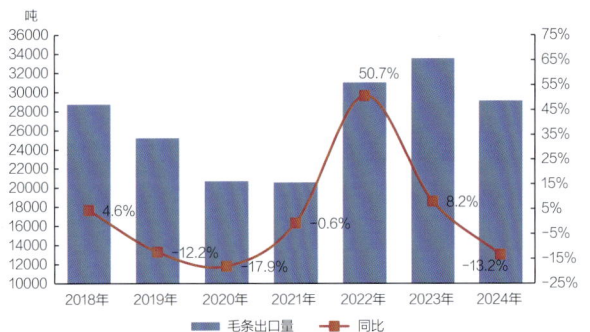

图8　2024年中国毛条出口量及变化

资料来源：中国海关

2024年，国内羊毛价格水平整体较2023年有所走低，终端消费需求不足是羊毛价格下行的主因。毛纺市场谨慎交易气氛更趋浓厚，多数企业回收货款难度比往年有所加大，部分企业也预防性提前配置2025年订单。但特朗普当选美国总统后宣称对我国及相关国家加征高额进口关税，抬升贸易壁垒，也导致企业对出口形势的预期更为悲观。在外贸形势更趋严峻、内销增量相对有限的背景下，市场成

交清淡态势贯穿全年。2024年12月，南京羊毛市场综合价格指数仅为6127分/千克，较2023年同期下跌1.4%（图9）。

2025年，全球及我国毛纺织产业平稳发展仍面临较大变数，毛纺企业需要更加谨慎、灵活应对复杂多变的市场环境。毛纺企业可以通过加强羊毛新工艺的研发和应用，推动产品向高端化、差异化、智能化方向发展，以提高产品的附加值和市场竞争力。同时智能化、数字化新技术的融合应用为毛纺企业开辟了新的赛道，对绿色环保与可持续发展提出了更高的要求，毛纺企业应加强产业链上下游之间的协同与合作，实现资源共享、优势互补和互利共赢。

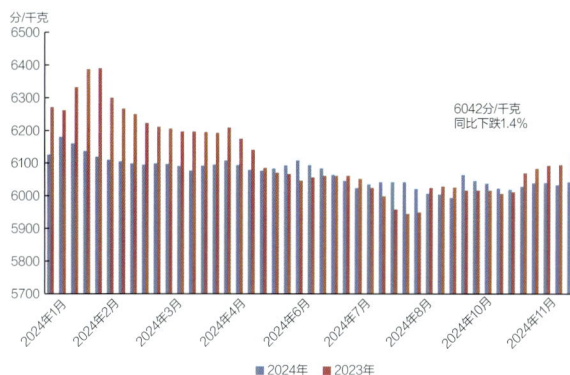

图9　南京羊毛市场综合价格指数

资料来源：南京羊毛市场

（撰稿人：蒋雅丽）

CNTAC

2024/2025 中国纺织工业发展报告

2024/2025 CHINA TEXTILE INDUSTRY DEVELOPMENT REPORT

统计资料

国内统计

国内统计数据资料详见表1~表9。

表1　2024年国民经济主要指标
Table 1　Main Indicators of National Economy in 2024

指标名称 Indicators	单位 Unit	数值 Value	比上年增长(%) Percentage Change over Previous Year
国内生产总值 GDP	亿元 100 million yuan	1349084	5.0
规模以上工业企业实现利润 Gained Profit of Enterprises above Designated Size	亿元 100 million yuan	74311	−3.3
其中：国有控股企业 State-Controlling Enterprises	亿元 100 million yuan	21397	−4.6
全部工业增加值 All Industrial Added Value	亿元 100 million yuan	405442	5.7
其中：规模以上企业增加值 Added Value of Enterprises above Designated Size	亿元 100 million yuan		5.8
其中：国有控股企业 State-controlled Enterprises	亿元 100 million yuan		4.2
股份制企业 Stock Enterprises	亿元 100 million yuan		6.1
外商及中国港澳台投资企业 Foreign, Hong Kong of China, Macao and Taiwan of China Invested Enterprises	亿元 100 million yuan		4.0
私营企业 Private Enterprises	亿元 100 million yuan		5.3
其中：采矿业 Mining and Quarrying	亿元 100 million yuan		3.1
制造业 Manufacturing	亿元 100 million yuan		6.1
电力、热力、燃气和水的生产和供应业 Production and Distribution of Electricity, Heat, Gas and Water	亿元 100 million yuan		5.3
全社会完成固定资产投资 Total Fixed Assets Investment in the Whole Country	亿元 100 million yuan	520916	3.1
固定资产投资（不含农户） Fixed Assets Investment Excluding Rural Household	亿元 100 million yuan	514374	3.2
全年社会消费品零售总额 Social Consumable Retail Total Amount	亿元 100 million yuan	483345	3.5

续表

指标名称 Indicators	单位 Unit	数值 Value	比上年增长(%) Percentage Change over Previous Year
全国居民消费价格指数 National Residents' Consumption Price Index	上年=100	100.2	0.2
全国居民人均可支配收入 National Residents' Disposable Income Per Capita	元 RMB YUAN	41314	5.3
其中：全国城镇居民人均可支配收入 National Urban Residents' Disposable Income Per Capita	元 RMB YUAN	54188	4.6
其中：全国农村居民人均可支配收入 National Rural Residents' Disposable Income Per Capita	元 RMB YUAN	23119	6.6
全年货物进出口总额 Imports and Exports Total Value	亿元 100 million yuan	438468	5.0
其中：出口总额 Export Total	亿元 100 million yuan	254545	7.1
进口总额 Import Total	亿元 100 million yuan	183923	2.3
全年货物进出口差额 Favorable Balance of Imports and Exports	亿元 100 million yuan	70623	22.2
年末国家外汇储备 National Foreign Exchange Reserve	亿美元 USD 100 million	32024	-1.1
广义货币供应量(M2)余额 Money Supply (M2) Balance in Broad Sense	万亿元 1,000 billion yuan	313.5	7.3
狭义货币供应量(M1)余额 Money Supply (M1) Balance in Narrow Sense	万亿元 1,000 billion yuan	67.1	-1.4
流通中现金（M0)余额 Balance of Cash (M0) in Circulation	万亿元 1,000 billion yuan	12.8	13.0
金融机构本外币存款余额 Home and Foreign Currency Balance of Deposits of Financial Organization	万亿元 1,000 billion yuan	308.4	6.4
全国总人口 National Total Population	万人 10,000 persons	140828	-0.1
全年城镇新增就业人员 Urban Newly-Increased Employees	万人 10,000 persons	1256	1.0
全国城镇调查失业率 National Urban Ivestigated Unemployment Rate	%	5.1	0.0（百分点）

表2　2024年纺织行业规模以上企业经济指标完成情况汇总表（不含纺织机械制造业）

Table 2　Main Indicators of Textile Enterprises above Designated Size in 2024

(Excluding Textile Machinery Manufacturing)

序号 Number	指标名称 Indicators	单位 Unit		本年累计 Current Year	去年累计 Previous Year	同比（%） Percentage Change over Previous Year
1	企业单位数 Number of Enterprises	户	household	37505	36739	
2	亏损企业数 Number of Loss-Making Enterprises	户	household	7857	7910	
3	亏损面 Proportion of Loss-Making Enterprises	%		20.95	21.53	-0.58（百分点）
4	营业收入 Operating Revenue	万元	10,000 yuan	483536632	465538225	3.87
5	营业成本 Operating Costs	万元	10,000 yuan	426199869	411210553	3.65
6	销售费用 Sales Expenses	万元	10,000 yuan	9998317	9666537	3.43
7	管理费用 Management Expenses	万元	10,000 yuan	17413540	16931844	2.84
8	财务费用 Financial Expenses	万元	10,000 yuan	3612883	3754747	-3.78
9	利润总额 Total Profit	万元	10,000 yuan	18506249	17222562	7.45
10	亏损企业亏损额 Total Loss of Loss-Making Enterprises	万元	10,000 yuan	4479584	4096095	9.36
11	资产合计 Total Assets	万元	10,000 yuan	473385132	458296618	3.29
12	其中：流动资产合计 Total Working Capitals	万元	10,000 yuan	266216082	253544965	5.00
13	其中：应收票据及应收账款 Trade and Bills Receivables	万元	10,000 yuan	62627211	58188611	7.63
14	存货 Inventory	万元	10,000 yuan	72055727	69319117	3.95
15	其中：产成品 Finished Goods	万元	10,000 yuan	38914969	36755642	5.87
16	负债合计 Total Liabilities	万元	10,000 yuan	281843720	269269617	4.67
17	出口交货值 Export Delivered Value	万元	10,000 yuan	61841120	58471168	5.76

注　2024年，纺织行业规模以上企业主要经济指标根据国家统计局发布的纺织业、服装服饰业和化纤业数据加总。

Note　In 2024, the main indicators of enterprises above designated size in the textile industry have been aggregated according to the data of the textile industry, apparel industry and chemical fiber industry released by the National Bureau of Statistics.

表3-1　2024年纺织行业规模以上企业经济指标分行业完成情况（不含纺织机械制造业）

Table 3-1　Industry Main Indicators of Textile Enterprises above Designated Size by Industrial Sectors in 2024 (Excluding Textile Machinery Manufacturing)

单位：万元
Unit:10,000 yuan

行业 Industrial Sectors		纺织行业（不含纺织机械制造业） The Overall Textile Industry（Excluding Textile Machinery Manufacturing）	纺织业 Textile	纺织服装、服饰业 Garment and Accessory Manufacturing	化学纤维制造业 Chemical Fiber Manufacturing
企业户数 Number of Enterprises		37505	21263	13820	2422
亏损企业数 Number of Loss-Making Enterprises		7857	4523	2774	560
亏损面（%） Proportion of Loss-Making Enterprises		20.95	21.27	20.07	23.12
营业收入 Operating Revenue	本年累计 Current Year	483536632	239880470	126991503	116664659
	去年累计 Previous Year	465538225	231602894	123585119	110350212
	同比(%) Compared Ratio	3.87	3.57	2.76	5.72
营业成本 Operating Costs	本年累计 Current Year	426199869	212042301	106946561	107211007
	去年累计 Previous Year	411210553	205204562	103961273	102044718
	同比(%) Compared Ratio	3.65	3.33	2.87	5.06
销售费用 Sales Expenses	本年累计 Current Year	9998317	4252664	4953080	792573
	去年累计 Previous Year	9666537	4047720	4853265	765553
	同比(%) Compared Ratio	3.43	5.06	2.06	3.53
管理费用 Management Expenses	本年累计 Current Year	17413540	8338726	7113096	1961718
	去年累计 Previous Year	16931844	8000327	7017522	1913995
	同比(%) Compared Ratio	2.84	4.23	1.36	2.49

表3-2　2024年纺织行业规模以上企业经济指标分行业完成情况（不含纺织机械制造业）

Table 3-2　Industry Main Indicators of Textile Enterprises above Designated Size by Industrial Sectors in 2024 (Excluding Textile Machinery Manufacturing)

单位：万元
Unit:10,000 yuan

行业 Industrial Sectors		纺织行业（不含纺织机械制造业） The Overall Textile Industry（Excluding Textile Machinery Manufacturing）	纺织业 Textile	纺织服装、服饰业 Garment and Accessory Manufacturing	化学纤维制造业 Chemical Fiber Manufacturing
财务费用 Financial Expenses	本年累计 Current Year	3612883	1973316	387510	1252056
	去年累计 Previous Year	3754747	2081495	469787	1203464
	同比(%) Compared Ratio	-3.78	-5.20	-17.51	4.04
利润总额 Total Profit	本年累计 Current Year	18506249	8686961	6238105	3581182
	去年累计 Previous Year	17222562	8398045	6143646	2680871
	同比增减 Change	7.45	3.44	1.54	33.58
亏损企业亏损额 Total Loss of Loss-Making Enterprises	本年累计 Current Year	4479584	2303675	896748	1279161
	去年累计 Previous Year	4096095	2055695	877798	1162602
	同比(%) Compared Ratio	9.36	12.06	2.16	10.03
资产总计 Total Assets	本年累计 Current Year	473385132	240756230	109504915	123123987
	去年累计 Previous Year	458296618	232877719	106246889	119172010
	同比(%) Compared Ratio	3.29	3.38	3.07	3.32
其中：流动资产合计 Total Working Capitals	本年累计 Current Year	266216082	140834649	72900800	52480633
	去年累计 Previous Year	253544965	132894802	70160035	50490128
	同比(%) Compared Ratio	5.00	5.97	3.91	3.94

续表

行 业 Industrial Sectors		纺织行业（不含纺织机械制造业） The Overall Textile Industry（Excluding Textile Machinery Manufacturing）	纺织业 Textile	纺织服装、服饰业 Garment and Accessory Manufacturing	化学纤维制造业 Chemical Fiber Manufacturing
其中：应收票据及应收账款 Trade and Bills Receivables	本年累计 Current Year	62627211	34918598	20281290	7427323
	去年累计 Previous Year	58188611	31928293	19164219	7096099
	同比(%) Compared Ratio	7.63	9.37	5.83	4.67
存货 Inventory	本年累计 Current Year	72055727	40294927	19234339	12526461
	去年累计 Previous Year	69319117	38672106	18201445	12445566
	同比(%) Compared Ratio	3.95	4.20	5.67	0.65
其中：产成品 (Include) Manufactured Products	本年累计 Current Year	38914969	21467607	10238883	7208479
	去年累计 Previous Year	36755642	20251726	9448562	7055354
	同比(%) Compared Ratio	5.87	6.00	8.36	2.17
负债合计 Total Liabilities	本年累计 Current Year	281843720	146030580	58759796	77053344
	去年累计 Previous Year	269269617	138468950	55982901	74817766
	同比(%) Compared Ratio	4.67	5.46	4.96	2.99
出口交货值 Export Delivered Value	本年累计 Current Year	61841120	25828287	29056887	6955946
	去年累计 Previous Year	58471168	24561030	27702882	6207256
	同比(%) Compared Ratio	5.76	5.16	4.89	12.06

注　2024年，纺织行业规模以上企业主要经济指标根据国家统计局发布的纺织业、服装服饰业和化纤业数据加总。

Note　In 2024, the main indicators of enterprises above designated size in the textile industry have been aggregated according to the data of the textile industry, apparel industry and chemical fiber industry released by the National Bureau of Statistics.

表4　2024年纺织工业产量增速汇总表（全行业规模以上企业）

Table 4　Main Products Output Rate of Textile Industry in 2024 (Enterprises above Designated Size)

序号 Number	名称 Products	累计同比(%) Percentage Change over Previous Year
1	纱 Yarn	1.32
2	棉纱 Cotton Yarn	−0.76
3	棉混纺纱 Blended Yarn	−3.59
4	化学纤维纱 Chemical Fiber Yarn	8.16
5	布 Cloth	2.23
6	其中：色织布（含牛仔布） Yarn-Dyed Fabric（Including Denim）	7.66
7	其中：棉布 Cotton Cloth	3.78
8	棉混纺布 Blended Cloth	−3.55
9	化学纤维布 Pure Chemical Fiber Cloth	3.42
10	印染布 Dyed and Printed Fabric	3.28
11	绒线（毛线）Wool Yarn	3.02
12	毛机织物（呢绒）Woolen Fabrics	−8.64
13	亚麻布(含亚麻≥55%）Linen Fabrics	−0.69
14	苎麻布(含苎麻≥55%）Ramie Fabrics	−11.86
15	蚕丝 Silk	3.79
16	其中：绢纺丝 Schappe Silk	9.34
17	蚕丝及交织机织物(含蚕丝≥30%) Silk Textile	6.25
18	蚕丝被 Silk Quilt	−7.53
19	非织造布（无纺布）Nonwoven	5.20
20	帘子布 Cord fabric	7.32
21	服装 Garments	4.22
22	机织服装 Non-Knit Clothes	−1.99

续表

序号 Number	名称 Products	累计同比(%) Percentage Change over Previous Year
23	其中：羽绒服装 Down & Feather Clothes	17.80
24	西服套装 Suits	-2.92
25	衬衫 Shirts	-5.83
26	针织服装 Knit Clothes	7.38
27	化学纤维用浆粕 Pulp for Man-Made Fiber	-2.73
28	化学纤维 Chemical Fiber	9.70
29	其中：纤维素纤维（人造纤维） Cellulose Fiber	6.09
30	其中：黏胶短纤维 Viscose Fiber	9.19
31	黏胶纤维长丝 Viscose Filament	13.17
32	醋酸纤维长丝 Cellulose Acetate Fiber	0.68
33	其中：合成纤维 Synthetic Fiber	9.47
34	其中：锦纶 Nylon (Polyamide Fiber)	5.18
35	涤纶 Polyester Fiber	10.02
36	腈纶 Acrylic Fiber	2.74
37	维纶 Polyvinyl Fiber	4.96
38	丙纶 Polypropylene Fiber	10.32
39	氨纶 Spendex Fiber	4.51

表5-1 2024年纺织工业产量增速分地区汇总表（全行业规模以上企业）

Table 5-1 Main Products Output Rate of Textile Industry by Provinces in 2024
(Enterprises above Designated Size)

地区 Region	纱 Yarn 累计同比(%) Percentage Change over Previous Year	棉纱 Cotton Yarn 累计同比(%) Percentage Change over Previous Year	棉混纺纱 Blended Yarn 累计同比(%) Percentage Change over Previous Year	化学纤维纱 Chemical Fiber Yam 累计同比(%) Percentage Change over Previous Year
全 国 National Total	1.32	-0.76	-3.59	8.16
北 京 Beijing				
天 津 Tianjin	24.19			24.19
河 北 Hebei	-8.82	-15.28	-6.56	12.70
山 西 Shanxi	-20.71	-20.96	-20.58	1116.22
内 蒙 Inner Mongolia				
辽 宁 Liaoning	-27.57	-10.64	-46.13	
吉 林 Jilin	21.63	-24.28		69.79
黑龙江 Heilongjiang	-30.17		31.40	-45.56
上 海 Shanghai	-2.09			19.83
江 苏 Jiangsu	5.80	1.32	-2.56	22.95
浙 江 Zhejiang	2.43	-0.22	-1.39	7.20
安 徽 Anhui	3.27	-6.09	1.67	49.04
福 建 Fujian	-4.28	-26.04	-21.61	4.18
江 西 Jiangxi	-5.08	-13.50	16.78	13.25
山 东 Shandong	5.45	5.09	9.56	4.67
河 南 Henan	-8.62	-9.61	-25.86	18.09
湖 北 Hubei	3.05	0.03	5.76	6.90
湖 南 Hunan	-26.14	-27.42	-6.49	-26.97
广 东 Guangdong	-18.74	-22.34	21.26	-16.86
广 西 Guangxi	-14.84	-22.38	-45.81	22.23
海 南 Hainan				
重 庆 Chongqing	14.79	8.28	104.28	-6.23
四 川 Sichuan	7.72	-12.28	12.74	21.58
贵 州 Guizhou	26.00		-46.38	192.19
云 南 Yunnan	55.04		-3.86	83.76
西 藏 Xizang				
陕 西 Shaanxi	-4.78	-3.09	-13.07	12.24
甘 肃 Gansu	2.46	2.46		
青 海 Qinghai			0.00	
宁 夏 Ningxia	-10.61	-7.68	-14.08	-35.25
新 疆 Xinjiang	16.41	20.37	-0.72	2.66

续表

布 Cloth 累计同比(%) Percentage Change over Previous Year	色织布 Yarn-Dyed Fabric 累计同比(%) Percentage Change over Previous Year	棉布 Cotton Cloth 累计同比(%) Percentage Change over Previous Year	棉混纺布 Blended Cloth 累计同比(%) Percentage Change over Previous Year	化学纤维布 Pure Chemical Fiber Cloth 累计同比(%) Percentage Change over Previous Year
2.23	7.66	3.78	-3.55	3.42
-13.57		-75.78	17.17	
2.64	31.50	1.42	-0.40	16.11
-33.27		-78.37	-26.30	
-15.14	40.63	-7.52	-81.52	0.71
-24.61		-24.61		
-10.13		-9.53	-28.48	-10.42
-8.17	-0.52	-11.67	-7.15	-1.98
1.34	17.72	5.88	-1.87	-3.23
-14.75	-23.49	-13.24	-3.76	-18.63
-5.75		0.19	-15.82	-1.27
-21.91	-21.55	-59.06	-8.96	13.58
3.17	11.61	3.36	-0.96	5.49
10.53	26.36	1.95	22.67	55.17
1.93	36.84	5.61	-11.29	1.23
-19.62	-31.12	-11.36	-32.24	
-0.10	4.66	-2.84	-0.76	4.57
49.69	49.40	26.05	1239.60	
25.77		-36.34	46.60	7.41
2.46		6.27	-2.88	19.73
-8.78				-8.78
-2.18		-3.04	0.47	-14.66
-21.79		-22.57	-8.70	-8.68
75.31		60.32	29.14	338.15

表5-2　2024年纺织工业产量增速分地区汇总表（全行业规模以上企业）

Table 5-2　Main Products Output Rate of Textile Industry by Provinces in 2024

(Enterprises above Designated Size)

地区 Region	印染布 Dyed and Printed Fabric	绒线（毛线） Knitting Wool	毛机织物（呢绒） Woolen Fabrics	亚麻布 Linen
	累计同比(%) Percentage Change over Previous Year	累计同比(%) Percentage Change over Previous Year	累计同比(%) Percentage Change over Previous Year	累计同比(%) Percentage Change over Previous Year
全　国 National Total	3.28	3.02	-8.64	-0.69
北　京 Beijing		12.14		
天　津 Tianjin	28.64			
河　北 Hebei	-4.72	47.46	11.68	-33.12
山　西 Shanxi	11.35	-18.40		
内　蒙 Inner Mongolia		33.42	12.04	
辽　宁 Liaoning	-35.67			-36.44
吉　林 Jilin			-2.13	
黑龙江 Heilongjiang				-15.89
上　海 Shanghai	22.05	-30.80		
江　苏 Jiangsu	2.37	-6.51	0.81	6.03
浙　江 Zhejiang	4.15	10.54	35.69	5.36
安　徽 Anhui	10.62		-10.99	-13.27
福　建 Fujian	-2.01	-20.51	-8.86	
江　西 Jiangxi	1.64	7.71	-99.93	
山　东 Shandong	9.85	16.68	-0.27	-17.15
河　南 Henan	27.61	-11.97	-28.23	-29.14
湖　北 Hubei	17.26			431.88
湖　南 Hunan	25.19			-33.36
广　东 Guangdong	-9.62	-12.38	-16.02	
广　西 Guangxi	-19.54			31.91
海　南 Hainan				
重　庆 Chongqing	30.03			
四　川 Sichuan	-3.31			
贵　州 Guizhou				
云　南 Yunnan				
西　藏 Xizang		-24.78		
陕　西 Shaanxi	5.47	-2.44		
甘　肃 Gansu			0.44	
青　海 Qinghai		15.35		
宁　夏 Ningxia		21.32		22.10
新　疆 Xinjiang	5.89	27.52		

续表

苎麻布 Ramie Fabrics	蚕丝 Silk	绢纺丝 Schappe Silk	蚕丝及交织物 (含蚕丝≥30%) Silk Textile	蚕丝被 Silk Quilt
累计同比(%) Percentage Change over Previous Year	累计同比(%) Percentage Change over Previous Year	累计同比(%) Percentage Change over Previous Year	累计同比(%) Percentage Change over Previous Year	累计同比(%) Percentage Change over Previous Year
−11.86	3.79	9.34	6.25	−7.53
	4.93			25.00
	−2.54			
				21.23
	5.17	27.15	18.62	3.45
	2.49	4.28	4.14	−12.83
	−9.73		25.28	−62.31
				25.86
−50.23	−36.25		12.09	−74.73
	4.17		−29.56	−10.27
	−37.30	13.14		184.49
−8.18	62.68			17.99
−0.90				77.62
	7.17			−20.21
−33.30	5.02	16.87	32.91	26.17
	16.08	−6.99	−64.03	−18.86
31.82	2.75	5.67	2.71	8.10
	19.26			−58.32
	21.14		−14.37	8.33
	6.90		−7.13	−63.28
			5.17	

表5-3　2024年纺织工业产量增速分地区汇总表（全行业规模以上企业）

Table 5-3　Main Products Output Rate of Textile Industry by Provinces in 2024

(Enterprises above Designated Size)

地区 Region	非织造布（无纺布） Nonwoven Fabric	帘子布 Cord Fabric	服装 Garments
	累计同比(%) Percentage Change over Previous Year	累计同比(%) Percentage Change over Previous Year	累计同比(%) Percentage Change over Previous Year
全　国 National Total	5.20	7.32	4.22
北　京 Beijing	-39.59		-5.97
天　津 Tianjin	16.33		-7.82
河　北 Hebei	-0.98		1.08
山　西 Shanxi			-1.94
内　蒙 Inner Mongolia	16.72		-19.97
辽　宁 Liaoning	-12.85		-0.56
吉　林 Jilin	-28.46	-42.93	-9.99
黑龙江 Heilongjiang	-0.03		-13.42
上　海 Shanghai	18.99		1.66
江　苏 Jiangsu	12.81	18.05	3.54
浙　江 Zhejiang	8.92	7.45	5.64
安　徽 Anhui	1.57		1.29
福　建 Fujian	13.38	-68.91	8.95
江　西 Jiangxi	-26.39		8.57
山　东 Shandong	4.85	3.66	5.71
河　南 Henan	-6.45	-3.51	3.34
湖　北 Hubei	-3.16		-17.18
湖　南 Hunan	27.88		-5.87
广　东 Guangdong	8.95	10.04	3.53
广　西 Guangxi	-39.45		-24.49
海　南 Hainan	2.94		
重　庆 Chongqing	-2.68		3.90
四　川 Sichuan	24.64		-23.78
贵　州 Guizhou			24.49
云　南 Yunnan			394.34
西　藏 Xizang			317.89
陕　西 Shaanxi	-2.50		-10.89
甘　肃 Gansu	1930.95		21.15
青　海 Qinghai			42.45
宁　夏 Ningxia			21.73
新　疆 Xinjiang	119.25		-6.36

续表

机织服装 Non-Knit Clothes	羽绒服 Down & Feather Clothes	西服套装 Suits	衬衫 Shirts	针织服装 Knit Clothes	化学纤维用浆粕 Pulp for Chemical Fiber
累计同比(%) Percentage Change over Previous Year	累计同比(%) Percentage Change over Previous Year	累计同比(%) Percentage Change over Previous Year	累计同比(%) Percentage Change over Previous Year	累计同比(%) Percentage Change over Previous Year	累计同比(%) Percentage Change over Previous Year
−1.99	17.80	−2.92	−5.83	7.38	−2.73
−18.04	−5.87	88.16	−9.36	5.28	
−8.60	50.11	212.45	−7.24	−4.64	
−5.79	−22.09	−4.12	−8.59	23.02	−13.38
6.38	14.65	30.84	−45.47	−18.06	
−53.85				−1.79	
0.04	−41.40	−6.91	23.00	−2.81	
−9.06	−0.03	−16.82	−8.78	−12.30	
−13.17		−12.85		−15.83	
2.18	45.72	−18.51	0.05	1.14	
3.85	52.27	15.76	−4.25	3.14	−7.96
2.87	−1.83	−14.89	−10.10	6.88	
−0.25	−21.34	7.37	18.43	2.74	11.29
−6.49	−5.79	12.69	−24.70	12.47	244.90
−8.83	3.69	−37.38	−77.39	16.28	
8.34	65.21	−28.88	3.65	4.54	8.10
−0.56	−6.57	−4.99	4.17	14.35	
−21.67	−6.54	−10.08	−30.66	−9.81	25.03
1.02	7.78	8.04	−1.92	−9.42	−4.22
−7.92	17.31	−6.08	1.22	8.03	
10.15	1.22	371.55	7.19	−32.54	
				0.00	
10.02	132.07	6.56	−29.42	−9.84	
−17.18	−47.05	−28.65	36.39	−35.29	−22.18
13.52	126.64			27.37	
598.12		−6.71	12.68	78.42	
				317.89	
−18.90		69.02	−69.52	48.24	
20.98		−13.13		25.84	
−69.59		−43.38	−2.52	57.56	
24.85		−39.90	−34.79	15.64	
4.28	−12.88		63.57	−20.90	22.79

表5-4 2024年纺织工业产量增速分地区汇总表（全行业规模以上企业）

Table 5-4 Main Products Output Rate of Textile Industry by Provinces in 2024

(Enterprises above Designated Size)

地区 Region	化学纤维 Chemical Fiber 累计同比(%) Percentage Change over Previous Year	纤维素纤维（人造纤维） Cellulose Fiber 累计同比(%) Percentage Change over Previous Year	黏胶短纤维 Viscose Staple 累计同比(%) Percentage Change over Previous Year	黏胶纤维长丝 Viscose Filament 累计同比(%) Percentage Change over Previous Year
全 国 National Total	9.70	6.09	9.19	13.17
北 京 Beijing	3.37			
天 津 Tianjin	−17.17			
河 北 Hebei	7.97	8.51	8.43	
山 西 Shanxi	16.62			
内 蒙 Inner Mongolia	39.79			
辽 宁 Liaoning	−10.79			
吉 林 Jilin	7.61	7.37	5.88	9.48
黑龙江 Heilongjiang	−3.15			
上 海 Shanghai	1.60			
江 苏 Jiangsu	17.56	−0.07	10.83	−96.40
浙 江 Zhejiang	2.74	1.34		
安 徽 Anhui	6.95	−5.44		
福 建 Fujian	12.47	7.51	7.48	
江 西 Jiangxi	14.64	17.40	17.40	
山 东 Shandong	37.74	19.69	20.14	−5.60
河 南 Henan	10.65	24.96		26.32
湖 北 Hubei	−11.09	0.16	0.35	0.91
湖 南 Hunan	398.18	8.20		
广 东 Guangdong	19.47	−29.38		232.73
广 西 Guangxi				
海 南 Hainan				
重 庆 Chongqing	6.90			
四 川 Sichuan	−9.45	−12.10	−14.86	0.17
贵 州 Guizhou	−0.23			
云 南 Yunnan	−6.21	−7.27		
西 藏 Xizang				
陕 西 Shaanxi	−16.31	−10.11		
甘 肃 Gansu				
青 海 Qinghai				
宁 夏 Ningxia	18.16			
新 疆 Xinjiang	19.47	5.85	0.61	

续表

醋酸纤维长丝 Acetate Filament	合成纤维 Synthetic Fiber	锦纶 Nylon Fiber	涤纶 Polyester Fiber	腈纶 Acrylic Fiber
累计同比(%) Percentage Change over Previous Year	累计同比(%) Percentage Change over Previous Year	累计同比(%) Percentage Change over Previous Year	累计同比(%) Percentage Change over Previous Year	累计同比(%) Percentage Change over Previous Year
0.68	9.47	5.18	10.02	2.74
	-9.31	-9.31		
	5.32		8.19	-5.48
	16.62	19.21	-27.80	
	22.88			
	-10.79		-12.36	
	11.60			10.99
	-3.15			-3.15
	0.91	4.76	-7.23	15.70
-2.76	18.07	0.89	19.72	-10.40
34.21	2.73	-14.10	3.06	-7.93
	8.34	21.87	9.54	-8.57
	12.45	8.81	13.68	
	-3.29		2.76	
32.13	66.00	145.90	29.88	5.74
	10.90	11.50	13.93	
	-6.51	63.71	-4.51	
	-7.38	-17.01		
0.77	36.12	32.42	45.73	
	6.79		11.21	
	-2.12	56.88	-3.56	
	-0.23		-0.23	
-7.27	1.37		1.37	
-10.11	-39.92			
	15.62			
	47.73	70.48	53.05	

表5-5　2024年纺织工业产量增速分地区汇总表（全行业规模以上企业）

Table 5-5　Main Products Output Rate of Textile Industry by Provinces in 2024

(Enterprises above Designated Size)

地区 Region	维纶 Polyvinyl Formal Fiber 累计同比(%) Percentage Change over Previous Year	丙纶 Polypropylene Fiber 累计同比(%) Percentage Change over Previous Year	氨纶 Spendex Fiber 累计同比(%) Percentage Change over Previous Year
全　国 National Total	4.96	10.32	4.51
北　京 Beijing			
天　津 Tianjin			
河　北 Hebei		−9.00	8.11
山　西 Shanxi			
内　蒙 Inner Mongolia	22.88		
辽　宁 Liaoning		−1.13	
吉　林 Jilin			
黑龙江 Heilongjiang			
上　海 Shanghai		22.70	
江　苏 Jiangsu		11.91	−43.79
浙　江 Zhejiang		−8.12	13.17
安　徽 Anhui	21.47	−9.45	
福　建 Fujian	16.06	4.77	−7.62
江　西 Jiangxi	15.30		
山　东 Shandong		19.37	−56.24
河　南 Henan		−16.89	7.26
湖　北 Hubei		9.27	−74.03
湖　南 Hunan	0.58		
广　东 Guangdong		30.63	22.19
广　西 Guangxi			
海　南 Hainan			
重　庆 Chongqing	−52.91		8.20
四　川 Sichuan			
贵　州 Guizhou			
云　南 Yunnan			
西　藏 Xizang			
陕　西 Shaanxi			
甘　肃 Gansu			
青　海 Qinghai			
宁　夏 Ningxia			15.62
新　疆 Xinjiang		17.30	

注　规模以上企业划分标准为年主营业务收入2000万元及以上工业法人企业。

Note　Enterprises above designated size refer to enterprises whose revenue from principle business is over 20 million yuan per year.

资料来源（表1~表5）：国家统计局

Source(Table 1~Table 5): National Bureau of Statistics of China

表6　全国纺织品服装出口贸易总值表

Table 6　China's Import and Export Total Value of Textile and Apparel

年度 Year	项目 Item	进出口 Import and Export（亿美元）（USD 100 Million）	出口 Export（亿美元）（USD 100 Million）	进口 Import（亿美元）（USD 100 Million）	贸易差额 Balance of Trade（亿美元）（USD 100 Million）	累计同比(%) Percentage Change over Previous Year		
						进出口 Import and Export	出口 Export	进口 Import
2014年	全国 The Whole Nation	43030.4	23427.50	19602.90	3824.60	3.40	6.10	0.40
2014年	纺织 Textile Industry	3343.33	3069.58	273.75	2795.83	4.60	5.10	−0.62
2014年	纺织占全国比重 Textile vs. Nation(%)	7.77	13.10	1.40				
2015年	全国 The Whole Nation	39586.40	22765.70	16820.70	5945.00	−8.00	−2.80	−14.10
2015年	纺织 Textile Industry	3176.92	2911.48	265.44	2646.04	−4.48	−4.78	−1.01
2015年	纺织占全国比重 Textile vs. Nation(%)	8.03	12.79	1.58				
2016年	全国 The Whole Nation	36849.30	20974.40	15874.80	5099.60	−6.80	−7.70	−5.50
2016年	纺织 Textile Industry	2942.99	2701.2	241.79	2459.41	−7.36	−7.22	−8.91
2016年	纺织占全国比重 Textile vs. Nation(%)	7.99	12.88	1.52				
2017年	全国 The Whole Nation	41044.70	22634.90	18409.80	4225.10	11.40	7.90	15.90
2017年	纺织 Textile Industry	3001.24	2745.05	256.19	2488.86	1.98	1.62	5.96
2017年	纺织占全国比重 Textile vs. Nation(%)	7.31	12.13	1.39				
2018年	全国 The Whole Nation	46230.40	24874.00	21356.40	3517.60	12.60	9.90	15.80
2018年	纺织 Textile Industry	3120.50	2849.71	270.79	2578.92	3.97	3.81	5.70
2018年	纺织占全国比重 Textile vs. Nation(%)	6.75	11.46	1.27				
2019年	全国 The Whole Nation	45753.00	24984.10	20768.90	4215.10	5.70	7.30	3.80
2019年	纺织 Textile Industry	3061.79	2807.05	254.74	2552.31	−1.88	−1.50	−5.93
2019年	纺织占全国比重 Textile vs. Nation(%)	6.69	11.24	1.23				

续表

年度 Year	项目 Item	进出口 Import and Export （亿美元） （USD 100 Million）	出口 Export （亿美元） （USD 100 Million）	进口 Import （亿美元） （USD 100 Million）	贸易差额 Balance of Trade （亿美元） （USD 100 Million）	累计同比(%) Percentage Change over Previous Year		
						进出口 Import and Export	出口 Export	进口 Import
2020年	全国 The Whole Nation	46559.13	25899.52	20659.62	5239.90	1.70	3.60	-0.60
2020年	纺织 Textile Industry	3300.12	3066.61	233.51	2833.10	7.78	9.25	-8.33
2020年	纺织占全国比重 Textile vs. Nation(%)	7.09	11.84	1.13				
2021年	全国 The Whole Nation	59954.34	33160.22	26794.12	6366.10	28.80	28.00	29.70
2021年	纺织 Textile Industry	3627.52	3346.33	281.19	3065.14	9.92	9.12	20.42
2021年	纺织占全国比重 Textile vs. Nation(%)	6.05	10.09	1.05				
2022年	全国 The Whole Nation	62509.41	35444.34	27065.07	8379.28	4.30	6.90	1.00
2022年	纺织 Textile Industry	3640.48	3409.49	231.00	3178.49	0.36	2.50	-19.67
2022年	纺织占全国比重 Textile vs. Nation(%)	5.82	9.62	0.85				
2023年	全国 The Whole Nation	59368.26	38800.24	25568.02	8232.23	-5.00	-4.60	-5.50
2023年	纺织 Textile Industry	3327.92	3104.64	223.28	2881.36	-8.59	-8.94	-3.34
2023年	纺织占全国比重 Textile vs. Nation(%)	5.61	8.00	0.87				
2024年	全国 The Whole Nation	61622.89	35772.22	25850.67	9921.55	3.80	5.90	1.10
2024年	纺织 Textile Industry	3399.49	3182.26	217.23	2965.03	2.15	2.50	-2.71
2024年	纺织占全国比重 Textile vs. Nation(%)	5.52	8.90	0.84				

表7 全国纺织品服装分月度进出口贸易总值表

Table 7 China's Import and Export Total Value of Textile and Apparel by Month

单位：亿美元

Unit: USD 100 million

年月 Month/Year	进出口 Import and Export	出口 Export	进口 Import	贸易差额 Balance of Trade	1月至当月累计 From January to This Month			
					进出口 Import and Export	出口 Export	进口 Import	贸易差额 Balance of Trade
2023年1月 01/2023	294.00	280.06	13.93	266.13	294.00	280.06	13.93	266.13
2023年2月 02/2023	169.77	153.05	16.71	136.34	463.76	433.12	30.65	402.47
2023年3月 03/2023	299.65	280.72	18.93	261.79	763.39	713.82	49.58	664.24
2023年4月 04/2023	288.99	272.22	16.77	255.45	1052.33	985.98	66.35	919.63
2023年5月 05/2023	285.48	267.10	18.38	248.72	1337.71	1253.06	84.64	1168.42
2023年6月 06/2023	302.39	284.09	18.30	265.79	1613.14	1510.19	102.95	1407.25
2023年7月 07/2023	305.21	285.64	19.57	266.07	1918.04	1795.81	122.24	1673.57
2023年8月 08/2023	315.54	293.79	21.75	272.04	2229.05	2085.06	143.99	1941.08
2023年9月 09/2023	297.39	276.89	20.50	256.40	2523.69	2359.21	164.48	2194.74
2023年10月 10/2023	262.33	242.86	19.46	223.40	2781.85	2597.91	183.94	2413.98
2023年11月 11/2023	269.79	250.15	19.64	230.51	3042.89	2839.32	203.57	2635.75
2023年12月 12/2023	287.08	267.39	19.69	247.70	3327.92	3104.64	223.28	2881.36
2024年1月 01/2024	308.51	289.22	19.28	269.94	308.51	289.22	19.28	269.94
2024年2月 02/2024	203.17	187.97	15.20	172.77	511.68	477.19	34.49	442.71

续表

年月 Month/Year	进出口 Import and Export	出口 Export	进口 Import	贸易差额 Balance of Trade	1月至当月累计 From January to This Month			
					进出口 Import and Export	出口 Export	进口 Import	贸易差额 Balance of Trade
2024年3月 03/2024	240.02	221.03	18.99	202.04	751.64	698.18	53.46	644.72
2024年4月 04/2024	271.40	253.37	18.03	235.33	1022.94	951.46	71.48	879.98
2024年5月 05/2024	293.11	275.93	17.18	258.75	1314.69	1226.06	88.63	1137.42
2024年6月 06/2024	305.57	288.65	16.92	271.73	1619.58	1514.04	105.54	1408.50
2024年7月 07/2024	301.86	282.53	19.33	263.21	1920.03	1795.18	124.85	1670.32
2024年8月 08/2024	313.55	294.93	18.61	276.32	2233.37	2089.95	143.43	1946.52
2024年9月 09/2024	279.61	261.75	17.86	243.90	2511.52	2350.26	161.26	2189.00
2024年10月 10/2024	287.92	269.33	18.59	250.74	2799.40	2619.54	179.86	2439.68
2024年11月 11/2024	283.68	265.89	17.80	248.09	3083.08	2885.44	197.64	2687.79
2024年12月 12/2024	316.70	297.11	19.60	277.51	3399.49	3182.26	217.23	2965.03

表8-1　2024年纺织品服装进出口额

Table 8-1　China's Import and Export of Textile and Apparel in 2024

金额单位：亿美元

Value Unit: USD 100 million

项目 Item	出口 Export						进口 Import					
	小计 Subtotal		纺织品 Textiles		服装 Garments		小计 Subtotal		纺织品 Textiles		服装 Garments	
	当年 Current Year	同比(%) Percentage Change over Previous Year	当年 Current Year	同比(%) Percentage Change over Previous Year	当年 Current Year	同比(%) Percentage Change over Previous Year	当年 Current Year	同比(%) Percentage Change over Previous Year	当年 Current Year	同比(%) Percentage Change over Previous Year	当年 Current Year	同比(%) Percentage Change over Previous Year
一、贸易方式 Mode of Trade	3182.26	2.50	1510.23	5.50	1672.03	-0.07	217.23	-2.71	109.38	-7.80	107.85	3.06
1.一般贸易 Normal Trade	2577.95	2.86	1311.97	5.99	1265.98	-0.19	159.66	-3.37	67.40	-11.26	92.26	3.35
2.进料加工 Import Material Processing	102.74	-1.62	48.04	2.63	54.70	-5.08	23.26	-0.98	22.63	-0.53	0.63	-15.11
3.来料加工 Raw Materials on Client's Demand	19.04	-11.67	1.50	3.75	17.54	-12.78	7.85	-12.81	7.57	-13.62	0.28	16.75
4.其他贸易 Others	482.54	2.15	148.72	2.28	333.82	2.09	26.46	3.50	11.77	5.48	14.68	1.96
二、主要国家地区 Major Countries and Regions												
1.亚洲地区 Asia	1460.07	1.26	827.19	5.91	632.88	-4.23	141.82	-4.72	86.71	-9.40	55.11	3.69
(1)中国香港 Hongkong，China	46.31	11.25	19.80	9.80	26.52	12.35	0.39	-24.88	0.17	-15.51	0.22	-30.64
(2)中国澳门 Macao,China	1.36	29.36	0.41	46.17	0.96	23.33	0.05	-66.37	0.00	-73.12	0.05	-66.37
(3)中国台湾 Taiwan,China	24.98	-5.89	7.18	1.79	17.80	-8.68	9.55	-2.66	9.38	-2.42	0.17	-14.40
(4)日本 Japan	169.25	-7.85	49.42	-6.81	119.83	-8.28	18.98	-10.66	15.85	-7.73	3.13	-23.04
(5)韩国 Korea	103.98	-1.82	31.87	-1.47	72.11	-1.97	11.28	-6.60	8.23	-1.52	3.05	-18.01
(6)土耳其 Turkey	21.19	-12.65	16.62	-17.54	4.57	11.40	3.40	-11.62	0.81	6.92	2.60	-16.15

续表

项目 Item	出口 Export						进口 Import					
	小计 Subtotal		纺织品 Textiles		服装 Garments		小计 Subtotal		纺织品 Textiles		服装 Garments	
	当年 Current Year	同比(%) Percentage Change over Previous Year	当年 Current Year	同比(%) Percentage Change over Previous Year	当年 Current Year	同比(%) Percentage Change over Previous Year	当年 Current Year	同比(%) Percentage Change over Previous Year	当年 Current Year	同比(%) Percentage Change over Previous Year	当年 Current Year	同比(%) Percentage Change over Previous Year
(7)东盟 Eastern Union	554.68	6.39	386.56	9.61	168.12	-0.36	65.13	5.20	33.12	-3.95	32.00	16.71
2.欧洲 European	579.57	3.32	187.29	4.08	392.28	2.96	63.63	0.35	17.10	-2.56	46.54	1.46
欧盟 EU	421.10	5.17	133.64	7.64	287.46	4.07	58.27	-0.41	14.94	-3.81	43.32	0.82
3.非洲 Africa	231.49	-5.55	152.22	0.84	79.26	-15.81	2.40	-3.63	0.29	-8.88	2.11	-2.87
4.大洋洲 Oceania	81.95	-8.56	24.56	-5.77	57.39	-9.71	0.28	10.48	0.23	13.56	0.04	-3.04
(1)澳大利亚 Australia	70.21	-9.65	20.39	-7.67	49.82	-10.44	0.25	15.20	0.21	19.22	0.04	-1.45
5.北美自由贸易区 North America Free-Trade Area	662.69	7.97	227.55	8.04	435.14	7.93	7.61	9.77	4.86	3.05	2.75	24.08
(1)美国 USA	558.12	8.01	182.09	9.56	376.03	7.28	5.38	3.73	4.51	2.78	0.87	8.96
(2)加拿大 Canada	42.93	6.38	14.50	6.70	28.43	6.22	1.95	30.43	0.15	-6.10	1.80	34.72
(3)墨西哥 Mexico	61.64	8.68	30.96	0.40	30.68	18.55	0.28	11.66	0.21	18.15	0.07	-3.04
6.欧盟、美国 EU,USA	977.39	6.76	314.90	8.75	662.50	5.84	63.60	-0.07	19.44	-2.34	44.16	0.97
7.非欧盟、美国 Non-EU, USA	2201.35	0.69	1193.49	4.65	1007.86	-3.63	153.07	-3.82	89.93	-8.90	63.14	4.48
8."一带一路"沿线国家 The Belt and Road	1271.02	2.95	799.39	6.89	471.63	-3.10	101.30	-1.90	50.25	-12.67	51.05	11.65

表8-2　2024年纺织品服装进出口额

Table 8-2　China's Import and Export of Textile and Apparel in 2024

金额单位：亿美元
Value Unit: USD 100 million

项目 Item	出口 Export						进口 Import					
	小计 Subtotal		纺织品 Textiles		服装 Garments		小计 Subtotal		纺织品 Textiles		服装 Garments	
	当年 Current Year	同比(%) Percentage Change over Previous Year	当年 Current Year	同比(%) Percentage Change over Previous Year	当年 Current Year	同比(%) Percentage Change over Previous Year	当年 Current Year	同比(%) Percentage Change over Previous Year	当年 Current Year	同比(%) Percentage Change over Previous Year	当年 Current Year	同比(%) Percentage Change over Previous Year
三、分原料加工 Divided on Raw Material Processing												
1. 棉制产品 Cotton Products	693.94	0.11	206.45	0.66	487.49	-0.12	75.27	-11.22	41.52	-16.73	33.75	-3.37
2. 毛制产品 Wool Products	55.49	3.51	16.26	-3.07	39.23	6.51	19.88	-1.53	5.09	-6.10	14.79	0.14
3. 麻制产品 Bast Products	23.44	27.82	23.44	27.82	0.00	0.00	1.50	-0.56	1.50	-0.56	0.00	0.00
4. 丝制产品 Silk Products	11.55	-0.68	6.85	3.11	4.70	-5.73	2.58	-2.96	0.21	-6.91	2.37	-2.60
5. 化纤制产品 Chemical Fiber Products	1828.74	2.97	1008.63	6.38	820.11	-0.94	80.41	4.73	43.88	-0.96	36.53	12.49
6. 未列名其他材料 Others	569.11	3.11	248.60	5.10	320.51	1.62	37.59	0.60	17.17	-0.80	20.41	1.81

中国纺织

CHINA TEXTILE

中国纺织工业联合会会刊

我们**关注**，中国纺织产业的每一步进程；

我们**汇聚**，纺织界的顶级资源；

我们**贯通**，纺织产业链的对话平台；

我们**分享**，纺织人的情怀故事；

我们**拓新**，为纺织企业提供决策指南。

Infocus

Collection

Connection

Sharing

Exploration

Innovation

纺织天下·强国版图

www.tex1951.com
010-85229015
zgfz530@126.com

新媒体矩阵号

| 微信｜公众平台 | 视频号 | 中国童装 | 零售特新 | i尚·游 |

中国纺织官网
www.tex1951.com

头条号

抖音

中国纺织 CHINA TEXTILE
中国童装

CHINA TEXTILE官网
www.cntex2006.com

新浪微博
weibo.com

西瓜视频

小红书

网易号

搜狐号

觉非云

微视

中国纺织专精特新

中国纺织

中国童装新传媒

表9-1　2024年纺织原料及制品章类进出口额

Table 9-1　Import and Export of Textile Raw Material and Manufactures by Chapters in 2024

金额单位：亿美元

Value Unit: USD 100 million

类章 Category and Chapter	全贸易方式 Multi-Trade Mode		一般贸易 Normal Trade		进料加工 Import Material Processing		来料加工 Raw Materials on Client's Demand	
	当年 Current Year	同比(%) Percentage Change over Previous Year	当年 Current Year	同比(%) Percentage Change over Previous Year	当年 Current Year	同比(%) Percentage Change over Previous Year	当年 Current Year	同比(%) Percentage Change over Previous Year
一、出口　Export								
十一大类 (50~63章) Eleven Categories (Chapter 50～63)	2988.29	2.61	2418.73	3.00	95.67	-1.26	18.92	-14.19
50章 丝及丝绸 Chapter 50: Silk and Silk Cloth	7.16	-10.82	6.97	-10.90	0.02	-30.49	0.00	30.69
51章 毛及毛织品 Chapter 51: Wool and Woolen Fabric	16.94	-17.67	13.90	-16.28	1.69	-0.96	0.79	-48.64
52章 棉及棉织品 Chapter 52: Cotton and Cotton Fabric	108.38	1.72	99.46	3.65	2.84	-34.85	0.00	-4.79
53章 麻及麻织品 Chapter 53: Bast and Bast Fabric	20.03	25.96	19.02	27.31	0.34	-22.35	0.00	0.00
54章 化纤长丝及织品 Chapter 54: Chemical Fiber Filament and Fabric	296.60	3.56	258.99	3.38	10.28	15.43	0.10	-20.06
55章 化纤短纤织品 Chapter 55: Chemical Fiber Spun Fabric	141.90	7.42	125.17	6.70	4.77	-1.76	0.12	13.75
56章 絮、毡、无纺织物 Chapter 56: Wadding, Felt, Nonwovens	80.04	5.85	69.60	6.37	2.04	-7.81	0.35	21.52
57章 铺地织品 Chapter 57: Floor Cloth	43.83	9.49	35.98	6.39	1.08	72.61	0.03	0.67
58章 特种织物花边 Chapter 58: Special Fabric Lace	60.99	7.53	52.79	8.55	1.21	8.97	0.04	14.84

续表

类章 Category and Chapter	全贸易方式 Multi-Trade Mode		一般贸易 Normal Trade		进料加工 Import Material Processing		来料加工 Raw Materials on Client's Demand	
	当年 Current Year	同比(%) Percentage Change over Previous Year	当年 Current Year	同比(%) Percentage Change over Previous Year	当年 Current Year	同比(%) Percentage Change over Previous Year	当年 Current Year	同比(%) Percentage Change over Previous Year
59章 涂层布及工业用布 Chapter 59: Coating and Industrial Fabric	99.62	7.54	87.48	6.80	4.94	19.02	0.07	-10.45
60章 针织布 Chapter 60: Knitting Fabric	237.73	10.45	203.53	14.23	12.24	6.94	0.02	-47.08
61章 针织服装及附件 Chapter 61: Knitting Garments and Accessories	852.71	3.27	656.79	1.71	19.48	-0.62	3.14	-18.27
62章 机织服装及附件 Chapter 62: Tatting Garments and Accessories	677.74	-3.76	500.54	-2.26	24.34	-9.17	13.61	-11.43
63章 其他纺织织物 Chapter 63: Other Fabric	344.62	3.63	288.50	3.28	10.38	-2.35	0.65	7.33
二、进口 Import								
十一大类 (50~63章) Eleven Categories (Chapter 50~63)	308.97	3.43	214.62	4.14	27.39	-1.08	8.53	-11.87
50章 丝及丝绸 Chapter 50: Silk and Silk Cloth	0.83	3.52	0.72	8.47	0.04	-46.91	0.03	-5.52
51章 毛及毛织品 Chapter 51: Wool and Woolen Fabric	27.63	-0.80	21.82	2.97	2.28	-13.27	2.10	-7.96
52章 棉及棉织品 Chapter 52: Cotton and Cotton Fabric	93.35	3.89	55.35	2.99	7.60	10.11	0.62	-10.01
53章 麻及麻织品 Chapter 53: Bast and Bast Fabric	16.13	14.55	10.95	11.59	0.34	-32.03	0.14	25.30
54章 化纤长丝及织品 Chapter 54: Chemical Fiber Filament and Fabric	20.93	0.02	12.80	-0.32	4.99	1.78	1.55	-13.98

表9-2　2024年纺织原料及制品章类进出口额

Table 9-2　Import and Export of Textile Raw Material and Manufactures by Chapters in 2024

金额单位：亿美元

Value Unit: USD 100 million

类章 Category and Chapter	全贸易方式 Multi-Trade Mode		一般贸易 Normal Trade		进料加工 Import Material Processing		来料加工 Raw Materials on Client's Demand	
	当年 Current Year	同比 (%) Percentage Change over Previous Year	当年 Current Year	同比 (%) Percentage Change over Previous Year	当年 Current Year	同比 (%) Percentage Change over Previous Year	当年 Current Year	同比 (%) Percentage Change over Previous Year
55章 化纤短纤织品 Chapter 55: Chemical Fiber Spun Fabric	15.33	5.60	8.93	12.19	2.26	-2.41	1.07	-8.08
56章 絮、毡、无纺织物 Chapter 56: Wadding, Felt, Nonwovens	11.20	-0.06	7.65	-2.91	1.68	-4.67	0.44	-32.56
57章 铺地织品 Chapter 57: Floor Cloth	0.90	0.00	0.51	6.47	0.05	40.46	0.00	-89.95
58章 特种织物花边 Chapter 58: Special Fabric Lace	2.70	-6.66	1.19	-4.35	0.83	-3.92	0.52	-15.11
59章 涂层布及工业用布 Chapter 59: Coating and Industrial Fabric	12.86	-0.40	7.37	2.43	3.83	-3.96	0.83	-9.90
60章 针织布 Chapter 60: Knitting Fabric	6.45	-4.51	2.67	7.77	2.53	-10.82	0.96	-20.09
61章 针织服装及附件 Chapter 61: Knitting Garments and Accessories	38.58	-2.66	32.22	-3.09	0.28	70.02	0.07	8.90
62章 机织服装及附件 Chapter 62: Tatting Garments and Accessories	58.86	11.05	50.85	11.52	0.14	-46.69	0.13	102.28
63章 其他纺织织物 Chapter 63: Other Fabric	3.20	-5.30	1.58	-9.52	0.53	18.78	0.06	-14.12

数据来源（表6~表9）：中国海关

Source（Table 6~Table 9）：China Customs

国际统计

国际统计数据资料详见表1~表15。

表1　世界纺织纤维产量及增速

Table 1　Worldwide Textile Fiber Production and Growth Rate

产量单位：万吨
Output Unit: 10,000 ton

年份 Year	合计 Total		天然纤维 Natural Fibers		化学纤维 Manmade Fibers			
	产量 Output	同比 增速(%) y-o-y in	产量 Output	同比 增速(%) y-o-y in	小计产量 Output	同比 增速(%) y-o-y in	其中合成纤维产量 The Output of Synthetic Fibers	同比 增速(%) y-o-y in
2000	5615.1	5.6	2501.4	2.1	3113.7	5.9	2836.6	5.7
2005	7346.9	7.7	3300.7	21.3	4046.2	8.0	3709.0	8.6
2010	8021.1	10.7	2841.2	-3.5	5179.9	13.8	4743.2	13.8
2015	10243.1	4.3	3222.4	-0.4	7020.7	5.9	6393.0	6.4
2020	11328.3	-3.2	3225.0	0.5	8103.3	-0.7	6658.3	-9.4
2021	11894.6	5.0	3016.1	-6.5	8878.5	9.6	8059.7	21.0
2022	11915.7	0.2	3159.3	4.7	8756.4	-1.4	7960.4	-1.2
2023	12189.7	2.3	3088.0	-2.3	9101.7	3.9	8495.7	6.7

表2　世界天然纤维及化学纤维比重

Table 2　The Proportion of Worldwide Natural Fibers and Manmade Fibers

单位：%

年份 Year	合计 Total	天然纤维 Natural Fibers	化学纤维 Manmade Fibers	
			小计 Subtotal	合成纤维 Synthetic Fibers
2000	100.0	44.5	55.5	50.5
2005	100.0	44.9	55.1	50.5
2010	100.0	35.4	64.6	59.1
2015	100.0	31.5	68.5	62.4
2020	100.0	28.5	71.5	58.8
2021	100.0	25.4	74.6	67.8
2022	100.0	26.5	73.5	66.8
2023	100.0	25.3	74.7	69.7

表3 世界纺织纤维产量增量及年均增速

Table 3 Worldwide Textile Fiber Production Increment and Average Annual Growth Rate

产量增量单位：万吨
Increment Unit：10,000 ton

年份 Year	合计 Total		天然纤维 Natural Fibers		化学纤维 Manmade Fibers		纺丝成网 Spunlaid	
	增量 Increment	年均增速（%） Average Annual Growth Rate	增量 Increment	年均增速（%） Average Annual Growth Rate	增量 Increment	年均增速（%） Average Annual Growth Rate	增量 Increment	年均增速（%） Average Annual Growth Rate
2000~2005	1807.2	5.6	799.3	5.7	932.5	5.4	75.4	8.5
2005~2010	824.7	2.1	−459.5	−3.0	1133.7	5.1	150.5	10.8
2010~2015	2404.3	5.2	381.2	2.6	1840.9	6.3	182.3	8.2
2015~2020	1452.1	2.6	2.6	0.0	1082.6	2.9	367.0	10.6
2020~2023	698.7	1.9	−137.0	−1.4	998.4	3.9	−162.7	−6.2

表4 世界天然纤维消费量

Table 4 Worldwide Natural Fibers Consumption

单位：万吨
Unit：10,000 ton

年份 Year	合计 Total	棉 Cotton	毛* Wool*	麻** Bast**	其他*** Other***
2000	2548.8	1966.7	134.3	332.7	115.1
2005	2963.0	2361.2	121.9	368.7	111.2
2010	3142.2	2530.5	110.4	382.4	118.9
2015	3057.1	2457.9	113.2	364.8	121.2
2020	2905.2	2304.0	103.1	378.2	119.9
2021	3190.2	2571.0	103.6	390.7	124.9
2022	3218.9	2584.3	105.1	402.3	127.2
2023	3018.8	2369.4	110.4	408.6	130.4

*羊毛为洗净毛；**麻包括亚麻、大麻、黄麻、苎麻及其他麻纤维

***其他包括蕉麻、剑麻、椰壳纤维、木棉、丝、西沙尔麻

*clean weight;**flax,hemp,jute,ramie and allied fibers;***abaca,agave,coir,kapok,silk and sisal.

资料来源（表1~表4）：纤维年报
Source（Table 1~Table 4）：The Fiber Year 2024

表5　世界棉花产量、消费量及期末库存量

Table 5　Worldwide Cotton Production 、Use and Endings Stocks

单位：万吨

Unit: 10,000 ton

年份 Year	产量 Production	消费量 Use	期末库存 Endings Stocks
2000	1940.7	2021.3	1062.2
2005	2593.9	2501.3	1264.9
2010	2510.3	2480.5	973.7
2015	2192.1	2441.3	2043.1
2020	2461.4	2571.0	1948.5
2021	2506.4	2583.0	1873.5
2022	2446.5	2364.1	1951.9
2023	2411.5	2496.0	1861.3
2024	2568.8	2552.7	1878.1

资料来源：ICAC

Source：ICAC

表6　世界及主要地区化学纤维产量

Table 6　Production of Chemical Fibers by Major Regions in the World

单位：百万吨

Unit: million ton

地区　Regions	2000	2005	2010	2015	2020	2022	2023
世界合计　Total	31.1	40.5	51.8	70.2	81.0	87.6	91.0
中国大陆　Mainland of China	6.7	17.6	30.0	47.3	59.4	63.9	68.4
印　度　India	1.9	2.3	4.2	5.3	5.4	7.0	7.3
美　国　USA	4.2	3.9	2.8	2.9	2.7	2.6	2.4
土耳其　Turkey	0.8	1.0	1.0	1.3	1.8	2.0	1.9
印度尼西亚　Indonesia	1.4	1.2	1.7	1.8	1.7	1.7	1.5
越　南　Vietnam	0.0	0.1	0.2	0.4	0.9	1.1	1.1
泰　国　Thailand	0.9	1.1	0.9	0.8	0.8	0.9	1.0
中国台湾　Taiwan of China	3.2	2.9	2.4	2.0	1.3	1.2	1.0
韩　国　Korea	2.8	1.8	1.6	1.5	1.2	1.1	0.9
巴基斯坦　Pakistan	0.5	0.6	0.4	0.5	0.4	0.6	0.6
日　本　Japan	1.5	1.2	0.9	0.8	0.6	0.6	0.5
马来西亚　Malaysia	0.4	0.5	0.5	0.5	0.4	0.4	0.3

表7 世界主要品种化学纤维产量

Table 7 Worldwide Production of Chemical Fibers by Major Material

单位：百万吨
Unit：million ton

化学纤维 Chemical Fiber		2000	2005	2010	2015	2020	2022	2023
合　计	Total	31.1	40.5	51.8	70.2	81.0	87.6	91.0
涤纶长丝	PES FY	10.7	15.7	24.5	37.4	45.9	51.3	53.3
涤纶短纤	PES SF	8.1	11.1	13.4	15.6	16.9	17.4	18.4
锦纶长丝	PA FY	3.6	3.6	3.8	4.8	5.1	5.4	5.4
锦纶短纤	PA SF	0.5	0.4	0.2	0.2	0.3	0.4	0.4
丙　纶	PP	2.8	3.3	3.0	3.2	3.4	3.1	2.9
腈　纶	PAN	2.6	2.6	2.0	1.8	1.3	1.3	1.3
纤维素纤维短纤*	Cellulosic SF*	2.2	2.9	4.0	5.9	6.5	7.0	7.5
纤维素纤维长丝	Cellulosic FY	0.5	0.5	0.4	0.3	0.3	0.3	0.4
其他 Others		0.2	0.4	0.6	0.9	1.2	1.4	1.5

* 2005年及之后包括莫代尔和莱赛尔。
* Since 2005 with modal and lyocell fibers included.

资料来源（表6、表7）：纤维年报
Source（Table 6，Table 7）：The Fiber Year 2024

表8 全球纺织品、成衣进出口额

Table 8 Global Import and Export of Textiles and Clothing

单位：亿美元
Unit: USD 100 million

年份 Year	出口额 Export			进口额 Import		
	合计 Total	纺织品 Textiles	成衣 Clothing	合计 Total	纺织品 Textiles	成衣 Clothing
2000	3539.8	1562.6	1977.2	3683.9	1653.3	2030.5
2005	4815.8	2031.1	2784.7	4943.7	2149.1	2794.6
2010	6008.1	2491.7	3516.4	5543.7	2165.8	3377.9
2015	7418.5	2882.3	4536.2	7893.5	3100.4	4793.1
2020	7790.3	3286.6	4503.7	8569.4	3615.3	4954.1
2021	8986.6	3533.1	5453.5	9885.2	3886.4	5998.8
2022	9303.0	3525.8	5777.2	10233.3	3878.4	6354.9
2023	8721.3	3240.8	5480.5	9593.4	3564.9	6028.5

表9 中国纺织品、成衣进出口贸易状况

Table 9 China's Import and Export of Textiles and Clothing

单位：亿美元

Unit: USD 100 million

年份 Year	出口额 Export			进口额 Import			贸易顺差 Trade Surplus
	合计 Total	纺织品 Textiles	成衣 Clothing	合计 Total	纺织品 Textiles	成衣 Clothing	
2000	522.1	161.4	360.7	140.2	128.3	11.9	381.8
2005	1152.1	410.5	741.6	171.3	155.0	16.3	980.8
2010	2066.9	768.7	1298.2	202.0	176.8	25.2	1864.9
2015	2835.1	1089.3	1745.7	255.4	189.7	65.7	2579.7
2020	2955.9	1540.9	1415.0	236.0	141.1	94.9	2719.9
2021	3173.7	1444.7	1729.0	284.5	161.5	123.0	2889.2
2022	3306.8	1482.6	1824.2	230.1	122.1	108.0	3076.7
2023	2990.8	1343.4	1647.4	222.8	120.5	102.3	2768.0

表10 中国纺织品、成衣出口额占全球出口份额

Table 10 The Proportion of China's Export Value of Textiles and Clothing to the World

金额单位：亿美元

Value Unit: USD 100 million

年份 Year	合计出口 Export Value of Total			纺织品出口 Export Value of Textiles			成衣出口 Export Value of Clothing		
	全球 World	中国 China	中国 占比（%） Ratio	全球 World	中国 China	中国 占比（%） Ratio	全球 World	中国 China	中国 占比（%） Ratio
2000	3539.8	522.1	14.7	1562.6	161.4	10.3	1977.2	360.7	18.2
2005	4815.8	1152.1	23.9	2031.1	410.5	20.2	2784.7	741.6	26.6
2010	6008.1	2066.9	34.4	2491.7	768.7	30.9	3516.4	1298.2	36.9
2015	7418.5	2835.1	38.2	2882.3	1089.3	37.8	4536.2	1745.7	38.5
2020	7790.3	2955.9	37.9	3286.6	1540.9	46.9	4503.7	1415.0	31.4
2021	8986.6	3173.7	35.3	3533.1	1444.7	40.9	5453.5	1729.0	31.7
2022	9303.0	3306.8	35.5	3525.8	1482.6	42.1	5777.2	1824.2	31.6
2023	8721.3	2990.8	34.3	3240.8	1343.4	41.5	5480.5	1647.4	30.1

表11　2023年全球纺织品进出口国和地区10强

Table 11　Top 10 Exporters and Importers of Textiles in 2023

金额单位：亿美元
Value Unit: USD 100 million

	出口　Export					进口　Import			
排序 Rank	国家和地区 Countries & Regions		金额 Value	占全球 （%） Proportion to the World	排序 Rank	国家和地区 Countries & Regions		金额 Value	占全球 （%） Proportion to the World
	全　　球	World	3240.8	100.0		全　　球	World	3564.9	100.0
1	中国大陆	Mainland of China	1343.4	41.5		欧　　盟	EU	714.5	20.0
	欧　　盟	EU	704.2	21.7	1	美　　国	USA	320.8	9.0
2	印　　度	India	180.4	5.6	2	越　　南	Viet Nam	180.2	5.1
3	德　　国	Germany	139.9	4.3	3	德　　国	Germany	129.3	3.6
4	土 耳 其	Turkey	132.7	4.1	4	中国大陆	Mainland of China	120.5	3.4
5	美　　国	USA	124.0	3.8	5	孟加拉国	Bangladesh	105.7	3.0
6	意 大 利	Italy	121.5	3.7	6	意 大 利	Italy	88.8	2.5
7	越　　南	Viet Nam	110.3	3.4	7	日　　本	Japan	83.1	2.3
8	巴基斯坦	Pakistan	82.1	2.5	8	法　　国	France	80.9	2.3
9	韩　　国	Korea, Republic of	69.7	2.2	9	英　　国	United Kingdom	70.1	2.0
10	荷　　兰	Netherlands	67.8	2.1	10	土 耳 其	Turkey	65.2	1.8

表12　2023年全球成衣进出口国和地区10强
Table 12　Top 10 Exporters and Importers of Clothing in 2023

金额单位：亿美元
Value Unit: USD 100 million

出口　Export				进口　Import			
排序 Rank	国家和地区 Countries & Regions	金额 Value	占全球 （%） Proportion to the World	排序 Rank	国家和地区 Countries & Regions	金额 Value	占全球 （%） Proportion to the World
	全　球 World	5480.5	100.0		全　球 World	6028.5	100.0
1	中国大陆 Mainland of China	1647.4	30.1		欧　盟 EU	2041.5	33.9
	欧　盟 EU	1625.3	29.7	1	美　国 USA	893.5	14.8
2	孟加拉国 Bangladesh	473.9	8.6	2	德　国 Germany	444.6	7.4
3	越　南 Viet Nam	310.4	5.7	3	法　国 France	274.9	4.6
4	意大利 Italy	302.7	5.5	4	日　本 Japan	256.2	4.2
5	德　国 Germany	297.0	5.4	5	西班牙 Spain	216.1	3.6
6	土耳其 Turkey	187.3	3.4	6	英　国 United Kingdom	214.0	3.6
7	荷　兰 Netherlands	175.7	3.2	7	意大利 Italy	208.2	3.5
8	法　国 France	168.5	3.1	8	荷　兰 Netherlands	199.9	3.3
9	印　度 India	153.7	2.8	9	波　兰 Poland	142.2	2.4
10	西班牙 Spain	153.4	2.8	10	韩　国 Korea, Republic of	128.1	2.1

表13　2023年全球纺织品、成衣出口国和地区10强
Table 13　Top 10 Exporters of Textiles and Clothing in 2023

金额单位：亿美元
Value Unit: USD 100 million

排序 Rank	国家和地区 Countries & Regions	合计 Total	纺织品 Textiles	成衣 Clothing	占全球(%) Proportion to the World
	全　球 World	8721.3	3240.8	5480.5	100.0
1	中国大陆 Mainland of China	2990.8	1343.4	1647.4	34.3
	欧　盟 EU	2329.5	704.2	1625.3	26.7
2	孟加拉国 Bangladesh	493.9	20.0	473.9	5.7
3	德　国 Germany	436.9	139.9	297.0	5.0

续表

排序 Rank	国家和地区 Countries & Regions		合计 Total	纺织品 Textiles	成衣 Clothing	占全球(%) Proportion to the World
4	意 大 利	Italy	424.2	121.5	302.7	4.9
5	越 南	Viet Nam	420.7	110.3	310.4	4.8
6	印 度	India	334.1	180.4	153.7	3.8
7	土 耳 其	Turkey	320.0	132.7	187.3	3.7
8	荷 兰	Netherlands	243.5	67.8	175.7	2.8
9	法 国	France	221.1	52.5	168.5	2.5
10	西 班 牙	Spain	201.1	47.6	153.4	2.3

表14　2023年全球纺织品、成衣进口国和地区10强
Table 14　Top 10 Importers of Textiles and Clothing in 2023

金额单位：亿美元
Value Unit: USD 100 million

排序 Rank	国家和地区 Countries & Regions		合计 Total	纺织品 Textiles	成衣 Clothing	占全球(%) Proportion to the World
	全 球	World	9593.4	3564.9	6028.5	100.0
	欧 盟	EU	2756.0	714.5	2041.5	28.7
1	美 国	USA	1214.3	320.8	893.5	12.7
2	德 国	Germany	573.9	129.3	444.6	6.0
3	法 国	France	355.8	80.9	274.9	3.7
4	日 本	Japan	339.3	83.1	256.2	3.5
5	意 大 利	Italy	297.0	88.8	208.2	3.1
6	英 国	United Kingdom	284.2	70.1	214.0	3.0
7	西 班 牙	Spain	265.5	49.4	216.1	2.8
8	荷 兰	Netherlands	255.9	56.0	199.9	2.7
9	中国大陆	Mainland of China	222.8	120.5	102.3	2.3
10	越 南	Viet Nam	192.2	180.2	11.9	2.0

表15　2022~2023年亚洲主要国家和地区纺织品、成衣出口贸易变化

Table 15　The Export of Textiles and Clothing in Asia from 2022 to 2023

单位:亿美元

Unit: USD 100 million

排序 Rank	国家和地区 Countries & Regions		纺织品出口 Textiles Export		成衣出口 Clothing Export		合计 Total	
			2023年	2022年	2023年	2022年	2023年	2022年
1	中国大陆	Mainland of China	1343.4	1481.3	1647.4	1824.2	2990.8	3305.5
2	孟加拉国	Bangladesh	20.0	21.7	473.9	457.1	493.9	478.8
3	越　南	Viet Nam	110.3	110.2	310.4	353.0	420.7	463.2
4	印　度	India	180.4	193.3	153.7	176.4	334.1	369.7
5	巴基斯坦	Pakistan	82.1	92.7	80.6	95.7	162.6	188.4
6	印度尼西亚	Indonesia	26.9	31.9	83.3	100.8	110.2	132.7
7	韩　国	Korea, Republic of	69.7	83.0	21.1	22.0	90.8	105.0
8	中国香港	Hong Kong of China	24.9	32.4	65.5	68.5	90.4	100.9
9	柬埔寨	Cambodia	2.7	3.3	79.7	91.2	82.4	94.5
10	日　本	Japan	56.9	60.0	10.1	9.2	67.0	69.2
11	中国台湾	Taiwan of China	61.3	83.3	5.0	6.9	66.3	90.2
12	泰　国	Thailand	30.3	34.6	34.9	40.9	65.1	75.5
13	阿联酋	United Arab Emirates	18.9	22.3	40.0	42.0	59.0	64.3
14	马来西亚	Malaysia	16.9	19.8	39.7	57.8	56.7	77.6
15	斯里兰卡	Sri Lanka	4.0	4.5	47.2	58.6	51.2	63.1
16	缅　甸	Myanmar	0.5	0.5	44.4	56.2	44.9	56.7
以上合计		Total Value of the Above	2049.2	2274.8	3136.8	3460.5	5185.9	5735.3

资料来源（表8~表15）:世界贸易组织

Source (Table 8~Table 15): World Trade Organization